深度学习视域下健康行为素养培育的体育课堂教学实践

吴爱军 著

吉林科学技术出版社

图书在版编目（CIP）数据

深度学习视域下健康行为素养培育的体育课堂教学实
践 / 吴爱军著. -- 长春：吉林科学技术出版社，2022.9
　　ISBN 978-7-5578-9764-2

　　Ⅰ．①深… Ⅱ．①吴… Ⅲ．①体育课－教学研究－高
中 Ⅳ．①G633.962

中国版本图书馆CIP数据核字(2022)第179481号

深度学习视域下健康行为素养培育的体育课堂教学实践

著　　　　　吴爱军
出 版 人　　宛　霞
责任编辑　　王运哲
助理编辑　　李红梅
封面设计　　长春美印图文设计有限公司
制　　版　　长春美印图文设计有限公司
幅面尺寸　　185mm×260mm
字　　数　　250 千字
印　　张　　13.5
印　　数　　1–1500 册
版　　次　　2022年9月第1版
印　　次　　2023年4月第1次印刷

出　　版　　吉林科学技术出版社
发　　行　　吉林科学技术出版社
地　　址　　长春市福祉大路5788号
邮　　编　　130118
发行部电话/传真　　0431-81629529 81629530 81629531
　　　　　　　　　　81629532 81629533 81629534
储运部电话　　0431-86059116
编辑部电话　　0431-81629518
印　　刷　　三河市嵩川印刷有限公司

书　　号　　ISBN 978-7-5578-9764-2
定　　价　　95.00元

目 录

绪 论 1
    第一节 研究缘起 1
    第二节 文献综述 9
    第三节 研究设计 15

第一章 核心素养视域下体育健康行为素养培育 20
    第一节 新时代下发展学生核心素养的背景 20
    第二节 从核心素养到学科核心素养 27
    第三节 体育学科中健康行为素养价值内涵 33

第二章 深度学习理论与体育健康行为素养培育 39
    第一节 深度学习理论在学科教学的价值运用 39
    第二节 深度学习理论与健康行为素养培育的关系 44
    第三节 健康行为素养下的深度学习关注领域 48
    第四节 深度学习理论下学习方式的多元转变 54

第三章 深度学习下体育健康行为素养的教学设计 62
    第一节 健康行为素养培育下学习目标制定 62
    第二节 体育健康理论知识的内容体系建构（案例）结构化 66
    第三节 健康行为素养下理论课课型的转变 80

第四章 深度学习下健康行为素养的教学实施 122
    第一节 基于学情的健康行为素养培育方略 122
    第二节 深度学习视域下健康行为素养培育策略 126
    第三节 不同内容下体育实践课中健康行为素养培育方略 131

第四节　不同内容下体育健康课中健康行为素养培育方略............158

第五节　基于情境化创设健康行为素养的培育策略.....................183

第五章　深度学习下健康行为素养的教学评价.....................190

第一节　健康行为素养评价体系构建原则.............................190

第二节　健康行为素养评价体系的构建方略.........................193

第三节　健康行为素养评价体系的实践操作.........................198

后　记...209

绪 论

进入21世纪以来，社会的政治、经济、文化及科技水平不断地快速发展，尤其是智能化的水平日新月异，走进了高速的发展期，社会文明程度不断革新。未来的社会将变得越来越趋向科技发达，高度文明，人才的竞争将成为社会发展的主要推动力。如何让我们的学生适应将来的世界，是世界各国教育面临的共同的巨大挑战。国民教育教学的改革是促进与培育人才质量的主要抓手，是提高人才竞争的主要战场。自21世纪初，国家就推动了第八次基础教育改革，截至今日，已走过了二十个年头。在政府和教育主管部门的大力推进下，各级各类学校的基础教育改革有条不紊开展中，教育教学的改革中虽然取得了丰硕的阶段性成果，但是也遇到了各种各样的问题，新的困难与挑战也随着成果的产生而凸显。教育教学的改革永远走在不断反思、不断革新的路途当中。党的十八大明确提出"把立德树人作为教育的根本任务"。2014年3月，《教育部关于全面深化课程改革 落实立德树人根本任务的意见》强调落实立德树人根本任务的突破口为深化课程改革，其是重要的抓手。在2018年全国教育大会上，进行了国家教育的新定位，即党的十九大从新时代坚持和发展中国特色社会主义的战略高度，作出了优先发展教育事业、加快教育现代化、建设教育强国的重大部署。学校是国家推进教育发展的主阵地，是党的教育事业蓬勃发展的核心，学校的发展直接关乎着国家教育发展，因此，学校的办学内涵的发展，办学品质的提升是新时代之下学校教育教学管理者的根本任务，这是建设教育强国的重要工作之一。

第一节 研究缘起

课堂是教育教学实施的主阵地，更是教育教学改革和发展的核心话题。在落实国家层面立德树人的根本任务前提下，培育学生的学科核心素养，课堂便成了教育教学改革与研究的重点，是落实学科核心素养的重要平台。深度学习视域下的体育课堂，是一种新的教学理念，采用新的教学策略，为健康行为素养的培育提供了新的课堂变革思路。

一、深度学习是深化课程改革、落实立德树人的需要

2014年，国家以全面深化课程改革作为新时代落实立德树人根本任务的标志性工程。将基础教育阶段的目标追求定为发展学生的核心素养，在深化学校课程改革的大环境下作为其重要的工作，深度学习产生与运用，便成为当下各学科课程改革的重点方面与内容。

（一）深度学习是基础教育课程改革深化的必然选择

课程改革与深化并非一朝一夕能够完成的，这需要教育教学改革者，结合当下我国教育方针与政策，教育发展的趋势与规律，以及学生身心全面发展的需要而制定改革的理念与方向。当前课堂变革的目标和任务必须全面依赖一线的教师，在教育教学改革研究专家学者的指导下，进行系统化及科学化的教学变革。在前期课堂变革的调研中发现，学习方式的转变、利用教学分层体现差异化教学、拓展学生的视野全面培育学生学科核心素养等，均是当下教育教学变革的热点话题。面对这些变革中需要关注和解决的话题，需要一线的校长与教师在理论上进行科学的解读，如何引导学生有深度地学，其前提是教师有深度地教，深度教的前提便是深度的教材理解，深度的教材分析与设计，以及深度的课堂学习与评价，这是促进学生有深度学习的核心保证。教师科学认知教和学的过程，明确教学过程中的核心要素和关键环节，这为学生有深度的学习夯实了基础。

深度学习源自计算机人工智能领域，早期对深度学习理解为其是学习样本数据的内在规律和表示层次，这些学习过程中获得信息对诸如文字、图像和声音等数据的解释有很大的帮助。它的最终目标是让机器能够像人一样具有分析学习能力，能够识别文字、图像和声音等数据。深度学习是一个复杂的机器学习算法，在语音和图像识别方面取得的效果，远远超过先前相关技术。但当应用于学科教学，其赋予了新的价值与内涵，很多学科开始将"深度学习"应用于各自的学科教学中。"深度学习"理论的运用能使得在教师深度的教中，促进学生有深度地学的样态，这也是解决当前基础教育存在的问题，以及一线教师关注的教育教学变革的话题。"深度学习"的应用与开展，势必成为当下基础教育阶段课程改革的重要"助推剂"，是课堂教学质量提升的必然选择，也是促进学生健康全面发展的必然选择。

（二）深度学习是教学改革中核心素养培育的助推剂

进入21世纪，我国课程改革充分借鉴了国际课程改革优秀的成果基础上，以普通高中课程改革为例，在2017年修订了各个学科的课程标准。特别是关注了中国学生的核心素养的发展，提出了指导性的发展学生核心素养研究成果的转化和落实，力求聚焦各个学科课程本质与特点，体现了学科的育人价值，挖掘对学生核心素养培育的独特价值。从理论层面来说，发展学生的核心素养是党的教育方针与政策的具体化和细化，是践行国家教育的核心的"落脚点"，针对不同的学科素养的培育，需要有力的抓手，深度学习是核心素养落地，教学改革的助推剂，其出现对课程学习后达成的正确价值观念，必备品格和关键能力，起举足轻重的作用。习近平总书记在党的十九大报告中明确指出要全面贯彻党的教育方针，落实立德树人根本任务，为社会主义培育建设者与接班人。为谁培养人、培养什么人、怎样培养人成为教育教学工作者的重要的核心任务，也即"面向未来教育要培养什么样的人"的问题。为落实这一根本任务，2016年提出的我国学生核心素养便有了实实在在的抓手。核心素养以"全面发展"为根本的出发点和最终的落脚点，是新时代下教育的育人目标，为实现目标，学习方式必须要优化，但深度学习便是教学变革的助推剂，促进教育教学变革。

（三）深度学习是落实立德树人根本任务的智慧之旅

为实现立德树人这一个根本任务，发展学生的核心素养是实现立德树人的主要目标，更是其实现的重要保障。深度学习以培养学生核心素养为根本任务与追求，深度学习是基于理解的学习，是学习者以高阶思维的发展及实际问题的解决为目标，相对于浅层学习来说，深度学习是深度的思辨，深度的知识习得。以整合的知识为内容，积极主动、批判性地学习新的知识及思想，并且将它们融入原有的认知结构中，且能将已有的知识迁移到新的情境中的一种学习[①]。深度学习是一种理解性的学习，面向未来的未知世界的学习，学习者必须有更加深层次的理解与思考。基于深层次的思考与理解，意味着学习者拥有的知识与技能是围绕学科核心素养概念、主题及问题组织与串联起来的。在学习中，从多个角度，并在真实的情境中，以问题为导向开展的学习，并进行知识技能的迁移，在生活中加以应用。深层次的学习有助于提高学生的思想道德认知水平，使学生在深度学习的环境中，道德水平得以提升，更富有人性、具有同理心以及更加愿意遵守社会道德行为准则，做一名优秀品德的公民。

二、深度学习是课堂教学变革、培育学科素养的需要

① 安海. 促进深度学习的课堂教学策略研究 [J]. 课程·教材·教法，2014，34（11）：57-62.

历年来教育改革的最终目标是否实现，还是主要看学校层面和课堂层面上是否得到质的变化，是否促进教学有新的发展、新的突破。教育理念的更新与教育理论的运用，往往是通过学校的课堂教学实践体现出来的。多少年以来，课堂的变革推进教育改革的重要工作，随着国家教育发展的不断深入，国民对教育需求的扩大，对于教育的要求越来越高，使得面对当前课程实施与课堂教学中的问题亟待解决，这符合教育发展的需要，更符合国民对国家提供优质教育教学平台的需要，深度学习是一种全新的教学理念，其出现给教学变革带来了生机与活力。

（一）深度学习是给核心素养培育提供新的理念

　　教学的核心目的是培养人，如何培养人是所有教育教学管理者面对的话题，这也是教育教学研究者研究的主题。如何培养人，其途径、方法、策略有哪些，一直是教育教学者不断追问的话题，不断追寻的真谛。自发展学生核心素养提出以来，如何使得核心素养培育"落地生根"，实现立德树人的根本任务，真正使得课堂教学成为落实学生核心素养培育重要平台，是当下主要探寻的主题。当前的教学如果一直停留在知识点传授，而忽视了学生在学科知识传授中人的培养，这里培养是全方位、多元化的。育人是所有学科教学的主旨，是指向各个学科核心素养与能力的培育，从而培养全面发展的人。一直以来，很多课堂的学习存在着"浅层次""机械化""单一化"的学习方式与模式，使得学生沦为学习的工具，被动地参与学习，这违背了课堂教学本具有的规律与特性。使得课堂教学低效，不能发挥课堂教学本身所具有的功能。如何解决这样的问题，从根本上改变这样的现状，深度学习便成为当下的"及时雨"，其就是相对于"浅层学习"所提出来的，从原始的人工智能科学领域中，移到学科教学中，使得学科教师从而进行厘清其特有的规律与特性。

　　深度学习的提出主要是基于"浅层次学习"而产生的，其能有效地促进学生核心素养的培育，其是实现立德树人的根本目的，促进了学生全面健康发展的重要的理论基础。深度学习的理论的运用，使得课堂教学学生从被动走向主动、从机械地接收到理解性的记忆与知识的迁移、从浅层次的知识获得到深层次的思辨与加工获得知识与技能。深度学习并非是一种教学方式与模式的呈现，而是在教师的教、学生的学上面有了一个新的认识、新的理念及新的抓手。其鼓励教师从深度的教材分析、深度的教学设计、到深度的教学中，研究学生获得知识技能的规律，进而促进学生深度的获得，真正帮助学生学习与成长。

（二）深度学习使得核心素养培育从抽象到具体

深度学习是在教师深度的教与学生深度的学的基础上开展实施的，教师是开展深度学习的主导者，学生是主体，在教师深度的教的环境之下，学生能做到主动参与思考、积极建构知识体系、深度开展体验，强调学生在学习中的教育性的发展，其较心理学的一般理论，站位与立足点更高更远，在培育学生各学科教学核心素养上有了全新的抓手，使得核心素养的培育从抽象逐渐走向具体。在教学中，教师有新的理念，能基于学生紧抓教育的规律，探寻深度学习下的知识体系如何建构，学生思维品质如何培养，学科关键能力如何得到提高等一系列需要解决的问题。

曾经有学者对深度学习持有质疑的态度，简单地认为人的学习本质是受大脑指挥的，所有的一切认知均来源于大脑的活动表现，"深度"对应的是大脑思维的哪种状态，这可能是个十分复杂且需要科学实验才有可能解决的问题[①]。若从认知神经学来界定学习者学习的话，这样的观点似乎是正确的，但学生的学习并不是我们认为的神经生理和心理学所能解决的，不仅仅是学生知识的获得，更是道德、能力、责任感等多元的培养与习得，此时的"大脑"的功能往往发挥的作用只占其中的一部分，也需要在特定的学习环境条件下，有社会意识的主观能动性的活动进行。这不仅延伸出了深度学习不仅强调心理学上的抽象的个体参与和个体建构，更强调学习者在社会关系中个体主动建构与参与体验。深度学习强调学习者个人的主动参与超越了学习者发展的期待。从而进一步验证，深度学习的产生使得核心素养的培育从抽象走向具体，使得核心素养的培育不再虚无缥缈。

三、深度学习下健康行为素养是促进学生全面发展的需要

健康行为素养是体育学科三大核心素养之一，它是增进学生身心健康和积极适应外部环境的综合表现，是改善健康状况并逐渐形成良好生活方式的关键。如何有效地培育学生的健康行为素养，是当前体育教育教学研究者关注的话题。而深度学习理论的提出，使得体育学科健康行为素养培养有了新的支撑点和立足点。随着《普通高中体育与健康课程标准（2017年版）》的颁布，体育学科核心素养主要包括运动能力、健康行为及体育品德三个方面。课堂教学是核心素养"落地生根"的最主要载体。

（一）深度学习使得健康行为素养培育"落地生根"

深度学习主要有三个明显的特征，第一，深度解读学科知识，真实参与其中。知识

---

① 方运加."深度学习"深在哪儿[J].中小学数学（小学版），2018（4）：34.

传授与学习是学校教育教学开展实施的"阿基米德点"，是各学科教学的核心，在一切围绕教学开展的活动中，学习者无法回避对知识的再思考与审视。但深度学习的特性表明，其主要是对知识以及其本身概念的真正理解，不是机械地简单地将知识加以灌输与吸收，非浅层的学习，而是深层次全面理解的活动过程。学生在教师的引导下，进行真实的参与，全身心地投入，体验深度学习下带来点的收获。第二，深入学科思维方法，培养学习品质。思维能力培养是发展学生核心素养的重要内容，而思维能力的提升是通过不断地参与学习思考、不断训练、螺旋上升，在实践当中形成一定的优秀品质，深度学习的出现恰恰要求学生掌握必需的思维方法，达到一定的思维水平，才能达成深度学习的目标。第三，多维度深入学习，构建知识体系。在深度学习过程中，当学生达到一定的思维水平，可以使所学的知识点之间有一定的连续性、逻辑性、扩展性，可以有效帮助学生构建自己的知识体系，牢固地掌握所学知识，并且能够灵活地运用于学习与生活中。

一直以来对于健康行为素养的培育，在体育教学中有所淡化，或者是教师与学生均未对其充分重视，使得无论是学习目标的制定，还是课堂教学实践中关于健康行为的知识与能力习得。从原有的三基到义务教育阶段课程目标的五个领域向四个领域的转变，体育健康行为素养的培育往往最难以在学科教学中得以体现，培育学生此方面的素养成为蜻蜓点水，一带而过，未能给予学生全面发展、终身发展起到重要的作用。《普通高中体育与健康课程标准（2017版）》中重新将健康行为素养进行独立的罗列与表述，并提出了相关的内容要求和教学提示，足见其对于学生发展的重要价值和意义。健康行为素养是学生增进身心健康和积极适应外部环境的综合表现，是改善健康状况并逐渐形成良好生活方式的关键。根据对健康行为素养领域内容的分析，其领域内容涉及的知识点较碎、面较广，不仅仅是体育理论课中健康知识的传授，更有在学科教学的有意识的培养与渗透，其对于当前一线教师来讲，是相对较为困难的，并且很难找到一定立足点开展实施教学。深度学习理论的提出，能让学生在教师的有目标与计划的实施下，秉行体育学科技能教学的主线，通过让学生深入参与其中，以期提升学生在健康行为领域的知识技能的获得。就当前体育学科教学现状，浅层次的学科教学，很难使得学生健康行为素养得到培育，深度的学习能有效地提高健康行为素养的培育，是教师深度的教和学生深度的学组成的双边活动，两者有机地结合，协同发展，在体育教学实践之中潜移默化地提升学生健康行为素养。

（二）深度学习促进培育健康行为素养教学转变

基于对深度学习概念以及健康行为素养培育下的体育深度学习的价值认识，转变与

落实教学策略与方法，可着力提高健康行为素养培育的效度。深度学习的运用使得健康行为素养的教学得以改变，促进教学质量的不断提升。

1. 厘清课程体系，重构知识内容的转变

根据体育课特性，一般分为室内理论课与实践课，室内理论课教学基本集中在健康知识与体育项目理论知识内容，而健康知识教学更多的是倾向于培育学生健康行为素养领域内容较多。因此室内课对于学生健康行为素养的培育占据了室内课教学的主要部分。而实践课中的健康行为素养部分也在进行有效的渗透与培育。可见，对健康行为素养培育的内容进行整合联系，构建知识体系就显得十分重要。

深度学习视域下的健康行为素养培育，这就要求教师整合各知识点之间的联系，建构体育健康知识体系。《普通高中体育与健康课程标准（2017版》中"必修必学内容"里"健康教育"中笼统地罗列了九大块的教学内容，并且附有相关的教学说明，但作为一线的教师一定要将"健康行为素养"领域内容与课程标准中要求有机地进行整合，形成一定的课程教学体系，将单元计划及课时计划之间形成紧密的联系，唯有知识成为体系，才为学生的深度学习、知识点的前后联系奠定坚实的基础。因此三大领域，五个单元进行整体构建健康知识体系，并且有效地开展教学。

在单元教学中，各课时计划的层次性与梯度关联性也是重要的考虑方面，需要整体考虑制订单元计划内的课时教学进度安排，让学生能有整体的每一个健康行为单元学习框架的知识架构，这为学生后续的深度学习，自主构建知识体系，纵向联系，融会贯通，提供了必要的保证。在学习中，很多的知识点是渗透于体育学科实践教学中的。教师在室内理论教学中可以将实践课中呈现的典型性案例带进课堂，引发学生进行深入的思考。深度学习强调知识的迁移与运用，在制定与整合各知识点的联系，建构体育健康知识体系时，教师在课时计划制定时（课时教案），学会将知识点向日常的学习生活中联系，根据不同的知识点设置相关的问题与情境，给予学生更加广阔的学习空间，让学生有分析、综合、比较等思考问题、解决问题的过程。在整合联系知识点的教学当中，提高学生对健康行为素养知识的整体性架构，由表层学习走向深度学习。

2. 重视思维品质，引导学习方式的转变

深度学习是以高阶思维为核心特征的学习活动的过程。对于健康行为素养的培育中，需要改变以往的简单地灌输性、介绍性的知识传授，摒弃教学中问题提出过于肤浅、缺乏对学生已有知识的储备的挑战等状况。教师积极以高质量的问题，丰富的教学方式与方法驱动学生学习，引导学生深度参与学习之中，能灵活地运用分析、综合、评价、创造等高阶思维进行健康行为知识的学习，锤炼深刻性、广阔性与批判性等良好的思维品质，这不仅仅是提高学生学习的参与度，更为学生思维品质的提升提供帮助。

元认知策略应用的反思性学习是深度学习的重要特征。在学习当中需要学习者通过自身的思维方式、学习认知的过程，已经通过习得后的结果性评价等进行深刻反思，能及时地针对自我情况进行调整、理解、运用，并且进行知识的迁移与延伸。因此，唯有引导学生进行深度学习，深度思辨，积极进行有效的反思所学，才能真正使得学生所学知识学以致用。在整个健康行为素养培育的知识体系中，教师需引导学生深度思辨，前后联系，自主建构知识，将内容进行延伸与拓展，促进学生的健康发展。

3. 关注创设情境，注重教学方法的转变

美国的 Leigh Chiarelott 在其《情境中的课程》中提出：情境化教与学的特征有将学习内容跟学习者的经验联系起来；促使学生积极学习；能够使学生有机会自主学习；鼓励从个人经验和集体经验中建构个人化的意义；在真实情境中评价学习结果，并允许从个人经验的角度去解释多元的意义[①]。深度学习，教师不仅是知识的呈现者与传授者，更是学生学习中的引路者，创设有效的学习情境，提供有挑战、有意义的问题，设置有价值的主题，让学生在情境中全身心地参与体验，在体验当中获得知识，促进发展。在《普通高中体育与健康课程标准（2017版）》"课程基本理念"中明确指出，注重知识传授中将知识点置于复杂情境之中，引导学生用结构化的知识和技能去解决体育与健康实践中的问题。深度学习下的健康素养培育，创设了一定的情境，能激发学生学习动机，引导学生在自主、合作、探究中获得整体的认知。在创设的情境中，学生能有亲身的体验，在情境中深度厘清知识点的联系，在合作探究中深度进行交流与合作，最大化促进学生体育健康行为素养的养成。在实践课教学中，对这一类的健康行为素养的培育，通过实践中出现的问题，或者是呈现良好的氛围进行及时的点评。如篮球技能教学两人或多人的传切配合中，设置真实的"实战"情境，给予学生体验，带着问题思考，在合作中探究，培养学习者勇于接纳他人，善于协作，增进心理健康的意识，建立良好的社会适应能力。而在创设情境时，力求做到"精""真""新"的特点。"精"主要是情境创设要具有典型性，能直接切合知识要点的传授，能给予最为直观地体验与感受，情境创设不在多，或者繁杂，而在于精而明确；"真"主要是情境创设符合实践需要，认识来自实践，任何知识的传授都必须紧密联系实际，这就要求在情境创设时以实际生活基础的情境案例，符合体育学科实践的特点，所有选择的情境材料来自社会生活、学生实际，具有真实性，只有真实可信，学生才能积极参与学习；"新"是指任何情境的创设都需要符合时代的发展、教育的发展、学生的需求。尤其是在核心素养大环境下有些情境已经不能够符合当下教

① Leigh Chiarelott. 情境中的课程———课程与教学设计 [M]. 杨明全，译. 北京：中国轻工业出版社，2007:6.

育教学实际，缺乏实效性，过时的情境很难调动学生练习的兴趣，让深度学习成为空中楼阁。这就要求教师善于学习，选择情境材料时紧紧关注实际发展的形势、关注社会生活，同时需符合学生的知识技能储备状况，创新性选择情境学习，引导学生进行体验，走向深度学习。

深度学习视域下的健康行为素养培育的教学转变，核心目的是使体育健康行为素养的培育从零散走向整合，从被动走向主动，从浅层的学习走向深度的探究习得。通过深度学习，不断培养学生思辨能力、探究能力并促进学生体育健康行为素养养成，培养学生创新精神、综合能力和优良品格。

第二节 文献综述

体育学科的健康行为素养作为健康行为的重要组成部分，是指个体用身体练习为基本手段，为维持或促进健康而进行的有目的有意识的社会活动，原有的体育教学方式已经不能够适应当前健康行为素养培育的需求，需要研究者从理论层面深入剖析，实践层面大胆创新，以便适应新时代下体育教育教学发展需求。

一、概念内涵

体育健康行为素养一词源于健康素养，最早在21世纪初被引入我国后受到政府的高度重视，随后延伸到心理学及教育学等研究方向中。美国社会学者埃尔德的生命历程理论表明，体育健康行为素养的培养就是个体的生命历程嵌入了历史时间和他们在生命岁月中所经历的事件之中，同时也被这些时间和事件塑造着，个体具有主观能动性，可以建构他们自身的生命历程。在公共卫生领域，王芹、齐书春及周曰智认为体育健康行为作为健康行为的重要组成部分，指个体以身体练习为基本手段，为维持或促进健康而进行的有目的有意识的社会活动。在教育方面，《普通高中体育与健康课程标准（2017版）》中指出健康行为素养是三大核心素养之一，是增进身心健康和积极适应外部环境的综合表现，是体育锻炼意识与习惯、健康知识掌握与运用的具体表现，是改善健康状况并逐渐形成良好生活方式的关键。在体育研究方面，体育健康行为的效果应体现为主体的内外兼修与身心一统，既能增强体质，又能塑造优良的道德品质。所以，体育健康行为至少包含体育健身行为和体育文明行为两个方面，体育健身行为是实现体质健康的重要途径和手段，体育文明行为则是良好道德品质的基础和表现。从电子信息研究领域来说，体育健康行为素养是个体利用体育信息和体育锻炼手段促进自身健康的能力，从而更好地提升整体的健康素养。

以上几种观点从不同的角度对体育健康行为进行阐述，综合上述理论可以看出，体育健康行为不仅仅停留在学校教育或者是体育教育之中，它横跨多个层面、学科研究领域，并且承担着举足轻重的责任与地位。

二、价值取向

《普通高中课程标准（2017版》指出，健康行为是体育锻炼意识与习惯、健康知识掌握与运用的具体表现，是发展运动能力和体育品德的核心，是所有学科核心素养达成中最核心的素养。深度学习下的体育健康行为素养培育的研究指向学生的发展，其核心目标是促进学生健康行为素养的培育。就当前体育学科教学的现状，浅层次的学科教学，很难使得学生健康行为素养得到培育，深度学习的理论运用是教师深度的教和学生深度的学组成的双边活动，两者有机地结合，协同发展，在体育教学实践中潜移默化地提升学生健康行为素养。

健康行为是增进身心健康和积极适应外部环境的综合表现，是提高健康意识、改善健康状况并逐渐形成健康文明生活方式的关键，有利于培养学生养成良好的习惯和意识，强健体魄，促进身心健康。通过研究可以得知健康行为的养成是体育与健康学习的核心追求，作为体育工作者，我们要彻底解决健康问题，只有具备了健康行为，它进一步提升了运动能力核心素养的价值，对于体育学科的作用及效果是独有的且非常关键的，为运动技能的学习创造良好的条件，给体育品德的养成和发展奠定基础。

三、研究现状

20世纪90年代以来，健康素养受到国际研究者和政府机构的广泛关注，在世界范围掀起了健康素养的研究热潮。综合来看，从图书情报与传播学、心理学和教育学的角度对健康素养的研究逐渐增多，不断地丰富着健康素养的研究领域。

与国外研究相比，我国健康素养研究表现为起步较晚、进展较快的特点。2008年我国卫计委发布《中国公民健康素养 基本知识与技能（试行）》（以下简称《健康素养》），随后制定《中国公民健康素养促进行动工作方案（2008 － 2010 年）》，以推进健康素养促进行动。这些文件也直接促成了对健康素养研究的发展，在健康素养理论、评价工具的开发、健康素养的影响因素、提高健康素养的方法与途径、健康素养和健康促进的关系、健康素养的干预等方面均存在一定数量的研究成果。健康素养研究正朝着更深入且具体的方向推进，健康素养的内涵与评估已成为该领域的基础研究和热门研究领域，作为健康素养研究目标的健康教育和健康促进、评估工具的适应性以及其改进和应用等也是健康素养领域持续的研究热点。

习近平总书记在2016年全国卫生与健康大会上发表了重要讲话，指出要将人民健康放在优先发展的战略地位，提升健康素养是全面提升健康水平的前提，为全面推进健康中国建设指明方向。在新时期的健康战略规划中，体育教育的重要性不言而喻。目前，国内健康教育课的覆盖率已达到98%，有利于体育健康行为素养培育"落地生根"，增进身心健康，积极适应外部环境，改善健康状况并逐渐形成良好的生活方式。健康行为素养的传授本质上是体育理论课中健康知识的传授，有利于促进学生体育健康行为素养的养成及运用，是教师深度的教和学生深度的学组成的双边活动，两者有机地结合，协同发展，在体育教学实践中潜移默化地提升学生健康行为素养，它体现出体育和健康学习的核心追求，进一步提升了运动能力核心素养的价值，为养成体育品德奠定基础。

2016年，《中国学生发展核心素养》正式对外发布，其明确"培养全面发展的人"是育人核心目标。而学科教学是核心素养"落地生根"的重要载体，学科教师需要有重点地提炼各学科素养的体系与构成，厘清学科教学对发展学生核心发展的独特性和重要性。《普通高中体育与健康课程标准（2017版）》中指出，体育学科核心素养包括运动能力、健康行为、体育品德三个方面，健康行为素养是三大核心素养之一，是增进身心健康和积极适应外部环境的综合表现，是改善健康状况并逐渐形成良好生活方式的关键。如何有效地在体育教学中实施，让体育学科核心素养培育"落地生根"，是当前体育学科教学重点关注的问题。

当前对于体育核心素养中的健康行为素养的培育研究并不多，通过在《中国知网》28篇高度关联的学术论文进行检索分析。对体育健康行为素养培育研究，还是2019年3月在全国中小学最具影响力的体育学科期刊《体育教学》中出现过关于相关主题的研究，且研究仅仅停留在厘清健康行为素养内各个相关内容之间的关系（尹志华、华东师范大学教授）、分析体育锻炼与健康行为的关系（尹志华、华东师范大学教授）以及如何实施体育健康行为素养的培育策略（吴爱军，江苏省常州市教师）层面，缺少有深度与广度的研究，并且这些关于体育核心素养的研究所呈现的学术论文仅仅指导实践教学，从教师如何教的角度阐述，并不可以完全从发展学生体育健康行为素养角度出发。

四、策略方法研究

对于体育健康行为的培育方法，当前从不同角度有一些具有代表性的研究成果。

（一）以创设社会体育事件为基础延伸到"知""行""信"三方面形成了多种健康行为素养的培育方法

在"知"（体育健康知识）方面，通过整合联系，建构体育健康知识体系、深度思辨，引导学生进行知识延伸、创设情境，关注健康行为知识体验三个方面培育学生的健康行为；在"信"（体育健康意识）方面，通过社会体育事件情境，明辨正确健康行为，转化为体育健康意识；在"行"（体育健康行为）方面，在前两个方面的作用之下，引导学生更好地学习运动项目，刺激学生的行为产生改变，培育有深度的正确的健康行为素养。另外，学生体育锻炼意识与习惯的形成，在学生学习运动项目与达成健康行为素养之间搭建一座桥梁。形成健康行为素养则并非直截了当，中间需要个体以运动项目为载体形成体育锻炼意识与习惯，之后在长期的体育锻炼中培养个体的健康行为。

（二）生命历程下体育健康素养的培育

青少年时期的体育经历很可能成为成年期"转变"（重拾体育锻炼）的诱因，青少年时期的体育经历很可能在成年期的某个时间点的体育经历被放大。总而言之，在这个恰当的时间点，个体可能获得与过去和历史的一种联系，进而重构个人的体育生活方式，提升自身的体育健康素养。在体育和健康课程中强化体育健康知识教育，渗透体育价值观；在日常保健课程中强调通过体育锻炼行为维护和促进自身健康的重要性，注重体育健康知识和方法的渗透，使体育健康观成为青少年科学健康观的重要组成部分；通过第二课堂及课外活动、组织体育健康知识竞赛或者体育活动比赛等，激发了青少年体育健康知识的积累与运用，强化其体育意识。

（三）初中体育健康素养的具体实施方面

1. 整合联系，建构体育健康知识体系

作为一线教师一定要将"健康行为素养"领域内容与课程标准中要求有机地进行整合，形成一定的课程教学体系，将单元计划、课时计划之间形成紧密的联系，唯有知识成为体系，才为学生的深度学习，知识点的前后联系奠定了坚实基础。

2. 深度思辨，引导学生进行知识延伸

教师积极以高质量的问题，丰富的教学方式与方法驱动学生学习，引导学生深度参与学习之中，能灵活地运用分析、综合、评价、创造等高阶思维进行健康行为知识的学习，锤炼深刻性、广阔性与批判性等良好的思维品质，这不仅能提高学生学习的参与度，更能为学生思维品质的提升提供帮助。

3. 创设情境，关注健康行为知识体验

教师创设有效的学习情境，提供有挑战、有意义的问题，设置有价值的主题，激发学生学习动机，引导学生在自主、合作、探究中获得整体的认知，使学生在情境中全身心地参与体验，在体验中获得知识，促进发展。

4. 建立健康意识，打下坚实基础

学生健康意识的形成需要教师在教学中经常并且反复地以多种形式主动有目的地引导。无论在体育教学中的设计环节，还是在实践中，需要教师有目的地培养学生健康意识，同时学校可以提供多种不同的平台，让学生健康意识培养创设一定的氛围。

五、评价方法研究

当评价一个学生的健康行为核心素养水平高低时，目前比较常用的是从四个方面的表现进行评价，即体育锻炼意识与习惯，健康知识掌握与运用、情绪的调控、环境适应的能力。基于不同的评判角度，更要剖析内部原因，运用不同的手段分别评价。例如，如果要基于体育锻炼意识与习惯的角度来评判学生的健康行为素养水平，首先要对学生的锻炼意识与习惯进行评价。

可以看出评价方式只是基于宏观层面搭建基本框架，具体评价内容、指标等并没有给出统一的、硬性标准，这就需要体育工作者思考适合各学校的和有针对性的对于体育健康行为素养的具体评价方法。

六、总结与展望

通过对体育健康行为的资料搜集和研究，能清楚发现对于体育健康行为的含义研究能从多个角度切入，系统分析出各领域所指向的内容，为体育健康行为扩展层面。相比较之下，与之相关的培育方法和评价方式的研究显得十分欠缺，就体育健康行为的主要培育方式来说，只是借鉴个别的社会体育事件以及学校体育工作来进行分析，研究的范围较小而且不具有广泛适用性，不利于体育工作者进行借鉴或使用。就中小学体育教育而言，众多研究中没有出现具体的有针对性的培育方法，这对青少年的生长发育影响很大。此外，培育方法研究的欠缺也就直接影响了评价方式的形成，当前对于体育健康行为的评价方式只是停留在宏观的几个指标之中，没有根据学校、学生等具体因素进行具体细化。

通过文献研究，对未来关于体育健康行为的培育有了几处展望。

1. 良好的体育健康行为素养的形成绝不仅仅是学校的责任，需要社会、政府、家庭高度关注学生的健康水平，将学生的运动能力、体育品德以及健康行为相互融合，相互渗透，相互作用下促进体育健康行为的发展与提高。

2. 健康行为素养作为体育学科所独有的核心素养，当前在高中阶段已经深入课堂教学之中，而在目前的中小学体育教育教学中，运动技能的培育比重居高不下，体育教师严重忽视对于学生健康行为的培育，即便偶有关注，往往也只关注健康理念和知识的传授，严重忽视健康行为素养的培育以及健康技能的体验和培养。这就需要各中小学校仔细研读有关体育健康行为的具体含义，综合各个学校情况与学生发展水平，因校制策，因材施教，形成具有特色的体育健康行为素养的培育方法和评价方式，有效地促进学生自身良好的体育健康行为素养的形成。

3. 学生能否形成良好的健康行为，健康教育的有效开展是重要保障，不仅仅停留在课堂教学当中，而是与健康教育相关的知识融入日常的体育技能教学实践活动中密切相关。教师应该帮助学生通过实践掌握和运用健康教育相关知识和技能，积极引导学生在学习过程中培养良好的生活方式，丰富过程体验，最终发展体育健康行为素养。

4. 当前深度学习理论提出，可以促进学生在体育学习过程当中，当学生达到一定的思维水平，可以使所学的知识点之间有一定的连续性、逻辑性、扩展性，可以有效帮助学生构建自己的知识体系，牢固地掌握所学知识，并灵活地运用于学习与生活中。深度学习下的体育健康行为素养培育的研究指向学生的发展，核心目标是促进学生健康行为素养的培育。就当前体育学科教学现状，浅层次的学科教学，很难使得学生健康行为素养得到培育，深度学习的理论运用是教师深度的教及学生深度的学组成的双边活动，两者有机地结合，协同发展，在教学实践中潜移默化地提升学生健康行为素养，这也是体育教育教学研究的核心主题和方向。

第三节　研究设计

一、研究的思路和方向

深度学习下健康行为素养培育的体育课堂教学实践，就是通过体育课堂教学研究，探索在深度学习视域下培育初中生体育健康行为素养的实践路径、策略、方法及评价等。从前期的研究情况分析，学科教学是核心素养落地生根的重要载体，学科教师需要有重点地提炼各学科素养的体系与构成，厘清学科教学对发展学生核心素养的独特性与重要性。《普通高中体育与健康课程标准（2017年版）》中指出，体育学科素养包括运动能力、健康行为、体育品德三个方面。体育教学作为落实核心素养最主要的载体，一直以来教学中运动能力和体育品德的培养是最主要关注的两个点，但健康行为的培育在很大程度上有所缺失，或者说被一线教师有所忽视。从原有的三基到义务教育阶段课程目标的五个领域向四个领域的转变，体育健康行为素养的培育往往最难以在学科教学中得以体现，培育学生此方面的素养成为蜻蜓点水，一带而过，未能给予学生全面发展、终身发展起重要的作用。《普通高中体育与健康课程标准（2017年版）》中重新将健康行为素养进行独立的罗列与表述，并提出了相关的内容要求与教学提示，足见其对于学生发展中的重要价值与意义。如何把以往表层的健康行为教学渗透转变为深刻、细腻的深度教学，真正让体育学科教学为学生的健康行为素养培育"落地生根"。

深度学习是一种基于理解为根本前提的学习方式，其主要还是相对较浅层学习基础上提出的深层次学习，是人的低阶思维向高阶思维发展的学习形式与方式。体育学科的深度学习是指在教师的引导下，学生围绕某个体育运动项目或健康知识具有一定挑战性的学习主题，并为之主题学习开展相应体验式为主的多种探究活动，针对体育学科知识体系中相应的知识点，充分厘清体育学科特性与规律，在以身体练习为主要手段促进学生思维达到一定的深度，形成一定知识与技能，解决了体育学科教学中的问题，培育学生体育学科核心素养。深度学习下的体育学习就是让学生有目的地完成教师所布置的挑战性任务，解决教师设置的问题，或是在学习中遇到的新问题有效解决所进行的探究活动,实现学生学习方式的多元化呈现 ①。体育课堂教学模式构建和实践,其核心目标是优化课堂教学形式方式,促进学生有效地学习。健康行为素养视角下,厘清体育学习的外延与内涵,使得体育课堂教学无论从外在的形式上,还是内在的生成过程,都指向学生在体育知识与技能的习得,培育了体育学科核心素养。

深度学习是学生在教师有计划有目的的引导下,具有挑战性的学习主题的开展。因此,在开展深度学习之前,一定是教师有深度的教学设计与理念,才能有后续的学生深度的学习的挑战主题、环境的创设的呈现。在开展深度学习的研究过程中,研究的方向一定是科学的教学设计策略,基于健康行为素养培育的学习主题的提炼,深度学习下的学习情境的创设,此外,根据学习的需要制定切实可行的学习目标,这是深度学习视域下学科高阶思维的重要呈现。

因此,在已厘清深度学习内涵特征的前提下,把主题的开展紧紧围绕在深度学习视域下,寻找其规律、路径、策略、方法、评价等,以提高初中学生体育健康行为素养为根本目标,并为达成目标进行实践探索。

二、研究的主要方法

(一)文献研究法

深度学习理论,《普通高中体育与健康课程标准(2017年版)》解读文本、相关理论书籍与期刊等,指导实际教学研究与实践工作的开展,为书稿后续的文献综述奠定基础。

(二)调查研究法

结合具体项目研究问题,向初中学生、相关体育教师展开问卷调查,以搜集资料,深入研究,撰写调查问卷报告,为论著的科学性及实效性夯实基础。

(三)行动研究法

定期开展有针对性的、主题式的初中体育课堂教学研讨活动,整理课堂实录,并建立有典型意义的教学课型、教学案例,并及时有效地提炼,充实书稿中案例部分的材料,有理有据,将理论紧紧与实践相结合,提高了书稿的实用价值。

(四)经验总结法

总结各阶段研究经验,组织撰写教育案例、教育论文充实于论著,完善论著的知识

---

① 中华人民共和国教育部. 普通高中体育与健康课程标准(2017版)[M]. 北京:人民教育出版社,2017.12.

体系，丰富论著的内容，使书稿整体质量得以提升。

三、研究的主要内容

（一）厘清深度学习与体育健康行为素养之间的联系

体育健康行为素养是2《普通高中体育与健康课程标准（2017年版）》中提出的三大核心素养之一，是增进身心健康和积极适应外部环境的综合表现，是改善健康状况并逐渐形成良好生活方式的关键。根据对健康行为素养领域内容分析，其领域内容涉及的知识点较碎、面较广，不仅仅是体育理论课中健康知识的传授，更加是学科教学的有意识的培养与渗透，其对于当前一线教师来说，相对较为困难且很难找到一定立足点开展教学。深度学习的理论提出，在教学实践中主要重视：实践经验与知识的相互转化，让学生在主动活动中成为真正的教学主体，帮助学生通过深度加工把握知识的本质；在教学活动中模拟社会实践等，健康行为素养的培育与学习就是要能让学生在教师有目标与计划实施下，秉行体育学科技能教学的主线，通过让学生深度参与其中，以期提升学生在健康行为领域的知识技能获得。就当前体育学科教学现状，浅层次的学科教学，很难使得学生健康行为素养得到培育，而深度学习能有效地提高健康行为素养的培育，是教师深度的教和学生深度的学组成双边活动，两者有机结合，协同发展，在体育教学实践中潜移默化地提升学生健康行为素养。

（二）深度学习视域下建构体育健康行为素养的知识技能体系

在提倡深度学习下的体育学科素养培育，这就要求教师整合各知识点之间的联系，依据《普通高中体育与健康课程标准（2017年版）》，建构体育健康行为素养知识技能体系。让学生能有效进行知识技能的前后联系，学会知识和技能的迁移与拓展。深度学习下的健康行为素养知识技能体系，能使学生更加清晰地在教师的引导下，学会自主建构，自主将知识技能应用于生活之中，不断使新旧知识形成网络，不断地产生能力的增长点，指向学生体育健康行为素养的培育。

（三）深度学习视域下体育健康行为素养培育的教学设计策略

课堂教学设计就是指教育实践工作者以各种学习和教学理论为基础，依据教学对象的特点和自己的教学理念、风格，运用系统的观点和方法，遵循教学过程的基本规律，对教学活动的目标内容、组织形式、活动方式、资源利用、学习情境、评价指导策略、教师角色以及教学活动过程所作的系统策划与安排。在整个教学设计系统中，课堂教学设计处于微观操作层面，它是直接影响教师课堂行为与学生学习质量的关键的设计环节。深度学习下的教学设计，其实践操作层面方法更加多元，指向了学生学科素养的达成。

（四）深度学习视域下培育体育健康行为素养的路径与策略

利用深度学习理论，探寻培育体育健康行为素养的价值取向，通过研究，厘清体育理论课（室内课）与实践课之间的差异性与共同点，形成一系列的各具特色且符合教学特性的路径与策略，如问题情境的创设、课型的优化与整合、高阶思维的培养、注重反思建构、体验性的学习等，为路径策略的形成夯实必要的基础，指出向体育健康行为素养的培育。

（五）深度学习视域下体育健康行为素养评价的构建与实施

课堂教学评价专指对在课堂教学实施过程中出现的客体对象所进行的评价活动，其评价范围包括教与学两个方面，其价值在于课堂教学。课堂教学评价是促进学生成长、教师专业发展和提高课堂教学质量的重要手段。评价是教学实施的有效反馈，具有导向功能、激励功能、决策和鉴定功能，能够促进课堂教学改革更加实效。在深度学习中，提倡"基于表现、基于证据、基于案例、基于数据"的评价。构建本项目研究主要内容的评价体系，并进行有效的实施，主要是检验实施效果，及时地进行反馈，优化我们的路径与策略，在深度学习视域下，为有效培育学生的体育健康行为素养提供支持。

四、研究的局限性

体育学科有体育品德、运动技能、健康行为三大核心素养，本科研成果更多的是在深度学习视域下践行健康行为素养的培育，在本主题的研究中，基于深度学习，研究深度学习环境下的体育学科的特点与样态，如何导向健康行为素养的培育。但由于体育学科教学本身所具有的特性，使得并不能完全兼顾到学科特性开展高效研究，难免会出现研究中的盲区，或者是缺陷与不足。这主要表现在下列几个方面：

（一）忽视体育学科其他素养培育与关注

体育课堂是培育学生学科核心素养的重要的平台。体育学科教学更是这样，在研究深度学习视域下健康行为素养的培育，容易忽视对体育品德、运动技能素养的关注度，其实体育学科教学素养的培育需要齐头并进，但由于主题研究的切入点导向健康行为素养的培育，不能面面俱到，否则研究点多而广，不可以聚焦某个素养培育的研究，这也是此主题研究首要的局限性。

（二）实践课中的健康行为素养关注较多

体育课堂教学有实践课与理论课两种主要的授课形式，实践课更多是室外的实践课教学，理论课更多是室内的健康教育课及有关体育项目的介绍裁判法介绍等理论知识。本主题的研究更是关注深度学习视域下的实践课的研究，实践课教学设计，实施策略，以及如何进行科学合理的评价，指向深度学习视域之下的实践课的健康行为素养的培育，这是此主题研究重要的局限。这也是将来进一步开展此主题研究时，关注体育理论课如何开展健康行为素养的培育，或者将两种课型进行科学的整合与运用，在深度学习视域下更好地促进学生健康行为素养的养成。

第一章　核心素养视域下体育健康行为素养培育

第一节　新时代下发展学生核心素养的背景

　　培育和发展学生的核心素养是当今世界范围内教育教学改革的一个重要理念。我国自2016年颁布学生核心素养发展报告以来，怎样在中小学的教育教学实践中落实核心素养的理念，成为众多学者关注的话题。我们国家的课程改革经历了从"双基"向"三维目标"的转变，再从三维目标向核心素养的转变，我们所经历的次次教育改革都是对我们要培养一个人具有什么样品质的终极问题的再思考。

　　在以核心素养的教育时代背景下，我们不仅要认识到核心素养的内在规定性，是个性与共性、知识与能力、实用与无用的统一。我们必须要将核心素养的发展贯彻到底，落到实处。这不仅要坚持将学科核心素养与跨学科核心素养相融合，还要坚持学科课程与实践活动课程相融合，坚持教师指导和学生自我养成相融合[①]，本文也从支持体系建构的角度做下列一些思考。

一、新时代下学生核心素养的基本内涵及结构

　　"核心素养"是当今世界范围指导教育教学改革的重要理念之一，但是因为社会、政治、经济、文化背景的不同，各个国家对核心素养的理解却存在一些差异。

（一）核心素养的内涵

　　"核心素养"这一概念最早是联合国经济合作与发展组织（OECD）在"21世纪核心

---

① 石翠红. 发展学生核心素养的实践路径探析 [J]. 赤峰学院学报（哲学社会科学版），2019，40（11）：97-100.

素养框架的研究和制定"中提出的,它将核心素养的内涵界定为:"素养不仅是知识与技能的体现,核心素养还是在特定情境中另一种体现,通过调动心理社会资源,以此来满足复杂需要的能力和素养。而核心素养有三个衡量的条件:一是对社会以及个体能产生有价值的结果;二是帮助个体在多样化的环境之下满足重要的需求;三是它不仅对学科专家重要,还对我们所有人都很重要。"

在 OECD 的影响下,欧盟的一个研究小组在2002年发布的《知识经济时代的核心素养》报告,认为"核心素养是代表了一系列的知识、技能、态度的集合,他们是可迁移的、多功能的,这些素养是每个人自我发展、融入社会及完成工作所必需的,是所有个体达成自我实现和发展、成为主动的公民、融入社会与成功就业所需的素养"[①]。

相对于西方这两种对"核心素养"的经典定义,日本对核心素养的界定则主要从人的发展与社会发展相结合的角度出发,从"尊重学生个性发展和创造性发展,尊重文化传统,培养学生的自我教育能力",到提高学生"生存能力"的目标转向,其宗旨是:"培养丰富的人性和社会性;培养具有国际视野的日本人,养成学习和思考的自觉能力;掌握基础知识和基本技能,充分地发展个性,推进特色教育和特色学校建设。[②]"

综上可以看出,不论是西方还是东方,对于核心素养的界定都指向个体在社会当中所需要的素养,注重个体发展的同时也关注社会发展。

我国2014年开始对"核心素养"的研究,其中较典型且被广泛接受的是北师大课题组根据我国的文化传统以及现今人才需求形势所作出的界定,"核心素养是学生在学校中相应的教学阶段过程中,不断形成的,不断发展的,并且适应个人终生发展和社会所需求的重要品格和实践能力。素养导向是关于青年学生对知识、对技能、对情感、对态度及对价值观等多方面要求的融合,还是一个指向了过程,我们最需要关注的,是学生在这个培养过程中所感所想,而不是结果导向;与此同时,核心素养不仅具有稳定性和开放性,还有发展性等特点,而这些特点的产生都是在与时俱进的动态优化过程中完成的,个体能适应未来社会并且可以促进青年学生终生的学习,是一定上实现学生全面发展的基本保障。"

总体来看,"核心素养"主要是指在人发展过程中适应社会所必需的知识、技能,而"学生核心素养"就是学生在学习阶段所需要培养的知识、能力,使其能够适应现在及将来学习、生活、工作。作为当下我国学生发展核心素养的主要界定,北师大课题组以"三个方面的六大核心素养"较好地回答了"新时期中国学生需要具备什么素养才能应对社会发展、促进社会发展"的问题。

① 李赵鹏,曹瑾. 武术与民族传统体育专业核心素养构建与培育策略 [J]. 福建师大福清分校学报,2020(5):95-100.

② 周方雨歌. 国内外核心素养研究及对小学英语教育发展的启示 [J]. 语文学刊,2016(22):174-176.

（二）核心素养的结构

依据不同人才培养标准，各国在"核心素养"内涵基础上关于"核心素养"结构框架制定也各具特色。OECD发布的学生素养框架是最早形成的框架之一，并对各界产生了不同程度的重要影响。该组织认为，个体在适应社会生活以及促进社会发展的过程中需要三大核心素养，即能互动地使用工具、能在异质团体中进行互动、能自主行动。在三大核心素养当中都有三项具体的素养指向，而每个核心素养都有其独特的功能和好处，将它们全部联系起来，也将是一个相互联系的整体。

美国"21世纪素养"框架也确立了三大素养技能领域，包括"学习与创新技能、信息媒体与技术技能、生活与职业技能"三大素养技能，每个素养技能之下也涵盖一系列具体素养，它们相互之间的联系构成美国"21世纪技能素养"的整体。不同于OECD，美国的素养框架主要选取的是人们适应将来社会和终生学习发展的素养，以人们的社会需求为指引来制定的框架内容，因此也能被多个国家所借鉴。

新加坡的核心素养框架主要是新加坡教育部在2010年提出来的，呈现同心圆架构，其中核心价值观属于最内圈，第二圈包括自我意识和管理、人际关系管理、社会意识等，第三圈主要是公民素养、批判性思维等，最外圈则是最终的培养目的，即能够不断提升自我的一系列相关能力和素养。虽然表述不同，但这些素养结构均体现出个体自主性以及个体与个体、个体与社会、个体与客体的交互性。

在学习和借鉴国外研究的基础上，我国林崇德团队主要从三个维度六个方面阐述核心素养，分别是："文化基础，不仅包含了人文底蕴还包含了科学精神；自主发展，包含了学会学习和健康生活；还有社会参与，它包含了责任担当和实践创新。"这每个方面又被分解成一些具体的要求。虽然各界对这个结构还有各种不同的声音，但是它早已慢慢成为引导和规范我国教育教学改革的一些指导性方案[①]。

二、新时期下学生核心素养培育面临的困境

核心素养培育是一项巨大的建设性工程，需有来自政策、师资及评价等多方的支持与配合，目前这三个方面还存在各种形式的不足。

（一）政策：缺乏顶层设计

我们缺乏完整而系统的顶层设计，如果能做好教育顶层设计，就可以有效地避免教育改革与实施的盲目性和滞后性，便能更加高效地带领教育向更好方向发展。作为核心

---

① 夏永庚，彭波，贺晓珍. 核心素养理念"落地"之困及其支撑 [J]. 大学教育科学，2019(2)：34-42.

素养培育工程的顶层设计，在政策制定时，需要参考地域、资源及历史等多方因素精心设计。但从实际情况来看，尚有不足。一是缺乏专门针对核心素养培育的政策指导，即使是《中国学生核心素养发展报告》本身，也未对如何有效落实核心素养进行详细的阐述和分析。二是在后续的相关政策文件中，多数的也只是提出了要以核心素养理念为指导，但究竟如何指导，如何落实，均语焉不详。这就体现了为什么一些一线教师对核心素养的培育持观望和犹豫态度的原因。所以，明确的政策表述是导致当前培育核心素养难以推进的难点之一。

之所以如此的原因有三：一是我国"学生发展核心素养"培育工作还处于初期阶段，政策制度还在制定与完善；二是核心素养本身内涵丰富，指向学生的全面发展，政策兼顾多方存在困难；三是地区差异性导致在问题凸显的差异，不能为政策的制定与完善提供较为系统的参考。

（二）师资：素质参差不齐

少了教师，何谈教育？教师才是每一个教育对象核心素养培育的施行者，可以说是核心素养培育工程的施工队，而我国目前存在的教师队伍素质参差不齐，是中国学生核心素养培育面临的困难之一。一直以来，我们更多的是关注教师的教学能力，并通过学生的成绩来评判一个教师的能力。核心素养培育目标下的教师，必然需要在课程能力、研究能力、教学能力上有全面的提升。

目前大部分教师达不到这一要求，一方面是因为时代原因大量中老年教师没有接受过相关的培训；另一方面，应试教育也使得许多教师习惯于注重知识的传授。但核心素养的培育却是一个整体的，并不只是依靠某一个单一的知识或单一学科知识的教学就可以完成的任务。怎样进行整合性的教学设计，或许是某一学科内部的整合，也或许是多学科之间的整合。在整合知识的这一教学过程当中，不但要将核心素养的培育渗透其中，还要对核心素养的知识进行相对的提升，这些不仅是对教师的教学设计能力和多学科的知识结构提出了更高的要求和挑战，更是众多教师内心感觉自身无法胜任核心素养培育的原因之一。

师资方面的另一个问题是地区差异显著。由于经济发展的不均衡，导致地域间的教育发展不平衡，其中包括师资配置的不平衡。随着核心素养目标的提出，这种师资配置不平衡的问题越发凸显。此外，不同教育阶段间的教师素养存在不平衡，越优秀的教师越不愿从事小学、幼儿教育工作，而这一阶段的学生更需有强大的师资来支持其全面素养的培育。

（三）评价：导向作用不强

教育中评价的使用是希望能够通过教和学的结果反馈来达到修正教学的目的。我国的教学评价在核心素养提出之前，就已经饱受诟病，不但评价方式单一，而且评价结果出奇的单调，似乎评价仅仅只是为了甄别、挑选，而忘记了教学评价的初衷是为了促进学生的全面发展。当前核心素养的提出再次给我们教学评价带来挑战，构建有效的评价体系，发挥评价的导向是亟待解决的任务。

核心素养是个体通过后天的学习与培养而获得的素养，其有效评估与测量需要在一定的情境下进行。由于教学过程的复杂性，教学评价也涉及"教"与"学"两个方面的多种因素，给评价修正力的发挥带来难度。中国学生发展核心素养本身包括三方面六大核心素养，和之相对应的是十八个具体的表现，这些均可以作为核心素养培育的评价指标。但这些指标的评价标准同样不甚明确，这给评价带来了一定的困难，也就影响评价导向的发挥。此外，单有评价没有修正，只回答了"好不好"的问题，而不能解决"变不好为好"的问题，准确发挥评价修正力，需采用合适的方法对评价结果加以利用。

三、发展核心素养要实现学科课程和实践活动的融合

随着课程的发展和研究的深入，人们对课程有了新的认知与了解，不再只把课程局限于学科课程上，认为实践活动也是课程。在这里，学科课程只是以知识为主来加强文化基础的课程，学科课程体现出来的更多的是静态的，但实践活动主要是以实践和探索为主、强调学生应该自主发展和社会参与的课程，实践活动表达的更多的是动态的。这种大课程观的建立大大地拓宽了学科课程的教育价值。不但基于核心素养的学科课程改革当中，还必须将学科课程与实践活动课程紧密结合起来，才能使教育价值最大化。

学科课程最重要的是教学组织形式，而学科课程则是课堂教学，是育人、讲知的主渠道。在核心素养的课程改革当中，使课堂教学活动变成不再是重复性的、接受性的、记忆性的单向传递的过程，使其变成一种结构性的、探究性的、系统性的交互式过程。当前，在课堂教学中实施的小组合作、先学后教和问题导学等方面都是对传统师生单向教育关系的一种革新。总的来说，这种教学仍存在教师灌输多，学生思考少，学生学习被动的局面。而我们在未来的课堂教学的方向就是要把教师领着学变为学生自主学，给学生树立学习的责任感，让目前的学习与未来的社会责任担当结合起来，让眼前的学习与自己未来的发展规划结合起来，将被动的回应变为主动的探索，以此来激发学生的主体意识，从而真正实现教学过程就是学生探索的过程，因此我们更要培养学生的科学精神和实践创新能力。

课堂教学是对学生教学和教育的主渠道，这一点是我们不容置疑的，但课堂教学在营造学习问题情境的局限和缺点是显而易见的。问题情境大多都是间接性表达出来的，或者是教师对学生的描述，又或者是教师通过多媒体教学手段对学生的呈现，因此，解决问题的策略也只能依靠学生头脑中对解决问题的模仿，并不是学生的实际操作，因此，学生获得这种知识，并不能完全解决学习问题。但是核心素养重点强调学生在具体情境中解决问题的能力，并且重点培养学生发挥实践活动来解决问题能力方面的独特作用。

从2001年起，综合实践活动就已进入中小学生的身边，成为中小学的必修课程，其内容主要包括信息技术教育、研究性学习、社区服务、社会实践及劳动技术教育。因为综合实践活动不是考试内容，再加上中小学学校缺乏相关师资及其他客观条件的限制，所以综合实践活动并没有得到很好的落实。综合实践活动"重视和强调学生通过实践，增强探究和创新的思维意识，学习科学研究的方法，充分发展综合运用知识的能力，增进学生与社会、学校与社会的密切联系，培养了学生对社会对国家的责任感"。

在发展核心素养的时代下，综合实践活动的价值将更加凸显，它可以将学习生活化，日常化，让学生乐在其中，让学习更加轻松。进一步对综合实践活动的发展，不仅丰富了学生的学习方式和学习氛围，并且让学生真正置身于真实的问题情境中，让学生对问题的把握更直观，从而提高对问题的体验与探究的愿望，让学生产生自主学习的动力。目前的校本课程就为综合实践活动的开展提供了一个优秀的平台，学校可以根据本校或者本地区的实际情况，进行组织和开展丰富多彩的综合实践活动，从而使得学生德智体美劳全面发展。

近些年，研学旅行已经进入大众的视野里，并且逐渐引起了人们的重视，在2016年，各地教育部等多部门联合颁发了《关于推进中小学研学旅行的意见》（以下简称《意见》，《意见》中提到中小学要将研学旅行纳入教育教学计划。在一些地区，中小学已率先开展了研学旅行，各校希望通过组织这样的综合实践活动，可以增长学生的见识与博学。我们将鼓励中小学探索和尝试形式更多样、内容更丰富、成果更有效的综合实践活动的项目，让学生体验真正生活中的学习，而不是课本中描述的学习，使学生在活动中就培养对自己、对社会、对国家的责任感与担当，从而潜移默化地让学生心中形成正确的人生观、世界观和价值观，更好地提高中小学生的动手能力、创新思维[①]。

四、发展核心素养要实现教师指导与学生自我养成的结合

发展中小学生核心素养的课程改革是对教师们的一个新挑战，教师们对发展核心素

---

① 石翠红. 发展学生核心素养的实践路径探析 [J]. 赤峰学院学报（哲学社会科学版）2019, 40 (11)：97-100.

养需要付出更多的时间和精力，全身心地投入到核心素养的研究及贯彻落实当中，教师不仅要改变课程理念还要加强教师在课程上的实践能力。

核心素养是运用自身所学知识、端正的态度和高超的技能去解决不同情境中问题的能力，教师应清醒地认识到有些知识是通过简单学习就可以收获的，但有些知识却是需要教师静处体悟、需要深入后续生活的情境发生相互作用后，才会呈现的结果。教师不能只关注当下学生的学习成绩变化，还应该为学生后续的全面发展搭建一个良好的平台，为学生自我养成创造、自我想象留出足够的空间和条件。怀海特认为，学习的目的不是学习知识，而是将知识与人的认知结构、经验体系发生反应后形成新的物质。

在中国，每一个学生的知识见识度和接受能力都不相同，信息的来源途径也多种多样，知识的获得也会出现更多不一样的途径，学生学习的自我构建过程非常明显，有浸入式和构想性的特点。因此，核心素养的形成过程更是一个需要学习、积累及沉淀的过程。为此，发展学生的核心素养，我们不能急于求成，要循序渐进地发展。

美国哈佛大学教授罗伯特·W.怀特在对素养的概念进行分析时指出：素养是指有机体和环境有效互动的能力（capacity）是通过长期持续的学习缓慢获得的，但是在当代如此快生活的社会中，快节奏、讲时效的生活理念同样也影响到了教育领域，使得教育忽略了培养人的养成过程，而重视眼前的考试，急于考试分数的快速提高。学生来不及对知识所包含思想内核的挖掘，只是埋头在题海中，学生精神世界的匮乏及疏远是可想而知的。

重中之重，是我们要实现立德树人的根本目标。"德"是我国核心素养强调的重要组成部分，核心素养提出的个人修养、社会关爱、家国情怀等内容，不仅是关乎个人品德的发展，更是需要青少年有社会责任的担当，这种无一不是需要有个人的反思，然后经过沉淀，最后实现境界的升华。

我们不仅要大力弘扬中华优秀传统文化，还要体现民族特点，更要培养学生树立远大理想和崇高的追求。核心素养是"学生应具备的适应终身发展和社会发展所需要的关键能力和必备品格。""品格"一个词充分体现出我国优秀传统文化的人文素养内核和民族精神的内涵。

对品格养成的教育，我国自古就有，如《中庸》提出的博学、审问、慎思、明辨、笃行；朱熹读书法中的虚心涵泳、居敬持志，虚心涵泳要求虚怀若谷、精心思虑、反复揣摩，而居敬持志要求有远大理想和顽强的毅力。这对当代快餐式及突击式的教学模式来讲是很好的模板，品德要最后贯彻落实到每一个人中国人的心中，更要落实到学生的行动中去，树人一定是要先树立学生的责任与担当。核心素养的培养是一个积累和沉淀的过程，是

"一棵树摇动另一棵树，一朵云推动另一朵云，一个灵魂唤醒了另一个灵魂"的过程。

五、依据知识与思维的关系规律，设计发展学生核心素养的评价体系

评价是影响实际教学的重要因素。评价落后于学生的发展理念，会导致教育教学改革只是一个理想的蓝图。教育改革追求以培养"全面发展的人"为终极目标的素养教育愿景，而应试教育着重测评学生知识积累，这种教育目标与评价现状的不对接导致教学中依旧忽视思维。

在发展学生核心素养的学习评价上，需构建与全人发展理念相符合的评价体系，同时将知识与思维的关系应用于学生评价体系，不忽视对知识掌握的考量，毕竟充分的知识准备是进一步建构思维结构的基础，且知识的掌握情况可在一定程度上说明思维的发展水平，故把知识掌握作为评价的一部分是合理的。本研究建议从学生解决问题的实际过程和解决问题的结果（成果）两个方面对思维进行综合考察，用过程性评价和总结性评价结合的方式来评定学生的思维品质[①]。

第二节　从核心素养到学科核心素养

新时代背景下，基础教育教学课程改革已经进行到一个全新的台阶，深化课改的主要目的，是为落实立德树人的根本任务，在学校课程中积极体现出来。而核心素养体系的提出，可以说是课改新阶段的破题之作。在中小学体育与健康课程课表中也实时更新了对于发展学生核心素养的要求，构建关于运动能力、健康行为、体育品德三个维度的课程核心素养。那值得我们思考的是我们该怎样认识这一新的要求呢？又该如何在日常教学中积极融入呢？

一、新起点：抓住发展核心素养提出的意义

如何抓住核心素养在学生发展中的体现？从国内的情况来看，这是对十多年的课改经验的总结提升，是对于还存在的深度剖析下的问题及学科课程设计的反思，也是对于

① 唐丽，张一春. 学生核心素养的发展：知识与思维关系的视角 [J]. 现代教育技术，2020, 30 (6)：33-38.

在新时代教育教学背景下,"培养什么人,如何培养人"的思考与探索,也是对目前的深化课程改革,在体育课程的教学中贯彻立德树人的根本任务的积极推动。在课改的思想大潮流下,百家争鸣出很多正确的、切合学科实际的想法与举措,但也有很多问题的出现带来了很多分歧点。在德智体美劳中,着重智的发展而忽视了德的体现,在一味追求成绩和升学问题的同时,会出现学生对于身体健康的忽视,社会责任感的缺失,合作创新精神和运动能力的匮乏。尤其是在小学和高校中,课程目标的承上启下作用不明显,在教育教学过程中,很容易出现教材内容的重复与赘述,在体育与健康课程教材中也会出现系统性的容错率低、实践性不高及适宜性不强等问题。

所以在新的形势下,课程改革面临着新的挑战,但首当其冲的,便是核心素养的新构建以及与学科核心素养的融合。

从国际上看,核心素养体系的构建,是顺应着国际教育的改革趋势的。也是增强国家核心竞争力、提升人才培养质量的重要组成部分之一。近几年来,随着世界教育改革浪潮的推进,世界很多国家(地区)与国际组织相继在教育领域建立学生核心素养模型,以此推进教育目标的贯彻与落实,改革教育评价方式,促进教育质量的提高。这样看来将核心素养融入学科课程中,形成了学科自身独特的学科核心素养已经是目前国际基础教育课程方案研制的趋势。

体育学科核心素养的构建,与总体的核心素养体系大致相同,但相对来说,增加了与学科相关的运动能力和健康行为来突出体育和健康课程的学科特色。

课程基于体育与健康学科的性质和学生发展核心素养的要求,建构运动能力、健康行为、体育品德三个方面的课程核心素养。在此基础上设置了课程目标、课程内容、教学方法与学习评价体系,并根据学生身心发展特征,将义务教育体育与健康课程的学习划分为四个学段,具体设置了运动能力、健康行为、体育品德三个方面的课程核心素养以及相对应的学习目标、课程内容和学业质量标准,充分体现了课程"健身育人"的本质特征,各地各校也能根据本校自身教学特色,来制定对应的体育和健康课程实施方案和实施计划,以此来实现核心素养在课程中的体现和在学生身上的应用和改变。

二、新设计:核心素养成为新课程设计的主线

核心素养如何成为新课程设计的主线?我们需要重新研制我国学生核心素养体系。因此遵循基本理论——国际比较——公民素养模型——学科核心素养模型的思路,教育部以项目的形式委托不同的科研团队,针对这次课程标准修订中需要解决的理论和现实问题开展研究和论证,厘清相关概念和理论流派,论证标准理论基础和价值取向,梳理

各国学业质量标准研制经验和具体做法，设计学业质量标准的基本框架、公民素养模型、确定各学科素养模型与学科质量标准的基本框架。

学生发展核心素养是指学生在接受相应学段的教育过程当中，逐步形成的适应个人终身发展和社会发展需要的必备品格与关键能力。最新出炉的《中国学生发展核心素养（征求意见稿）》提出九大核心素养，具体为：社会责任、国家认同、国际理解；人文底蕴、科学精神、审美情趣；身心健康、学会学习及实践创新。

学生发展核心素养体系的构建体现了"以学生发展为本"的素质教育理念，对于全面推进素质教育具有重要的意义。素质主要强调事物本来的性质、人的本性。从某种角度来说，素质构成了教育的必要基础，但是并不构成教育的具体目标和内容。素质教育是针对教育现状，具有宏观指导性质的教育思想，但缺乏具体可操作的实现方式。相对于"素质"的内涵，"素养"是指在教育过程中逐渐形成的知识、能力、态度等方面的综合表现，其对应的主体是"人"或"学生"，是针对教育教学中的学科本位提出的，强调学生素养发展的整合性。更为重要的是，素养更加强调后天的习得，是"可教、可学"的，是需要经过教育来长期培养的。从这个角度来讲，学生发展核心素养的提出，就让素质教育有了可操作的载体与内容。

学生发展核心素养本身是一个多维度的建构，不仅包含知识技能，更加强调能力、情感、态度等多个方面。因此，学生发展核心素养自身就是对三维目标的综合表现，不仅学生发展核心素养的内涵可从"三维目标"的角度进行表述，而且在课改的各个环节中也可从"三维目标"的框架来进行思考和实施，这样将有利于课改各环节的衔接、话语体系的一致和公众理解。应特别重视"学生发展核心素养"及"三维目标"作用于同一个学生的"整体效应"。

学生发展核心素养落实于课程的前提是确立各学科的学科核心素养。学科核心素养是学生发展核心素养在学科中的具体化，是学科育人价值的集中体现，是学生学习该门学科后的期望成就。各学科核心素养，应该既体现本学科能够落实的学生发展核心素养（部分或全部），也应该包括各学科独特的一些核心素养要求。我们要明确各学科的学科核心素养名称、内涵与表现水平，并且以关键词或核心概念来刻画学科核心素养。

三、新概念：将发展学生核心素养的目标落实于体育课堂教学

核心素养视域下的中学体育课堂教学对我们教师来说是一个新的挑战。有人疑惑：在初中体育教学中提发展学生的"素养"是否要求过高？但并非如此。

1. 核心素养的概念

在2014年，教育部研制印发《关于全面深化课程改革落实立德树人根本任务的意见》，提出"教育部将组织研究各个学段学生发展核心素养体系，明确学生应具备的适应终身发展和社会发展需要的必备的品格及关键能力。在这样的大背景下，中国学生发展的核心素养体系逐步建立。它是现阶段教育方针的具象化，是实现宏观理念、教育目标及具体教育实施实践三者之间链接的关键环节。因此，在初中的体育学科教学中，教师一定要把提升学生的核心素养作为教学目的，发挥它在教育领域的重要性。核心素养的全名是"中国学生发展核心素养"，主要是指当代学生能够应对终身发展及社会发展所必需的品质与能力。它是新时代教育理念中，落实"立德树人"的重要体现，也是我国教育发展和改革大趋势。

表1-1 中国学生发展核心素养的构成

中国学生发展核心素养					
文化基础		自主发展		社会参与	
人文底蕴	科学精神	学会学习	健康生活	责任担当	实践创新

从表1-1中可以看出，核心素养不仅仅注重对学生个体的需求，还从社会、文化两个方面扩充，是对学生综合素质的要求。可以说，它不是学生的"基础"素养，而是提升学生核心能力的"高阶"素养。

因此，当前环境下的初中体育课堂不应该仅仅限于学生关键素养的提升，一定要把学生的核心素养作为目标来开展体育课程的教学工作，使得学生在体育课堂中达到素质的全方位提升。

基于核心素养的课堂教学，我们要注意几个关键词：立意、基础、情境、活动、结构、问题及思维。

立意就是要树立以发展学生体育核心素养为导向的教学意识。深入挖掘体育学科的育人价值，树立以发展学生体育核心素养为导向的教学意识，将体育核心素养的培养贯穿体育教学活动的全过程。要克服功利化倾向，立足学生素养的养成，这就需优化教育和课堂的生态环境。将体育核心素养要求融入课堂教学目标。教师在制定课堂教学目标时应以体育核心素养为导向，要深入理解体育核心素养各要素的内涵、特征及其相互之间的联系，并结合特定教学任务，思考相应素养在教学中的孕育点及生长点。要注意体育核心素养与具体教学目标点的关联，既体现它们之间的相互交融，更体现体育核心素养在目标上的统领作用。还需关注体育核心素养目标在教学中的可实现性，要研究其融入教学内容和教学过程的具体方式及载体，让体育核心素养真正成为能够落实的教学目标。

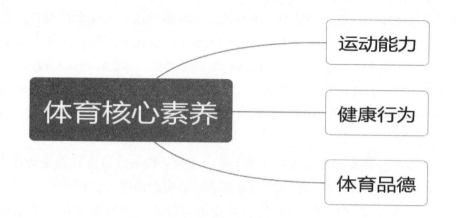

图1-1 体育核心素养的组成要素

2. 抓住核心概念的教学要求

下面要从三个维度进行说明（图1-1）。

核心概念之一：运动能力。 运动能力是体能、技战术能力和心理能力等在身体运动中的综合表现。其主要表现在所有包括跑跳投等基本运动技能的实践运用中。体育课堂的有效成果展示即是通过学生的运动能力体现，无论是在日常体育锻炼还是参加竞技比赛中，体现出来的体育素养都是涵盖其中。在体育课堂上，通过融入运动能力的培养，积极培养学生对于体育运动的兴趣，进而探寻学生对于运动技能学习的规律以及适应方法，提高课堂效率，发散课堂氛围，让学生在提升运动能力的同时体会到愉悦的心情。

核心概念之二：健康行为。 健康行为是增进身心健康和积极适应外部环境的综合表现。健康行为包括养成良好的体育锻炼、饮食、用眼、作息、卫生习惯及安全意识，控制体重，远离不良嗜好，预防运动损伤和疾病，消除运动疲劳，保持良好的心态，适应自然和社会环境的能力等。通过体育课堂的开展，学生在学习过程中产生的情绪变化和习惯养成都是潜移默化的。这就需教师在课堂教学中，时刻关注学生们健康行为的养成与表现。通过核心素养在课堂中的融合，学生也能在日渐繁忙的学习生活中放松身心，调整心态。在体育课堂上及时采取运动和游戏等方式可以释放学习压力与消除枯燥学习的烦闷。积极地推动学生良好习惯的养成，从身体健康再到心理健康的逐步推动，从而让学生在快乐中学习，在健康中成长。

核心概念之三：体育品德。 体育品德是指在体育运动中应当遵循的社会行为规范以及形成的价值追求和精神风貌。体育课堂呈现的方式有很多种，游戏，技能教学，课堂比赛，学生自由组织等，通过多种多样的形式，使学生们了解到通过体育课堂的学习，除在体育技能和运动能力有所提升之外，还有精神境界的感悟。有在学习到新的技能知识的自豪感，有在展示自身优秀的身体素质时的成就感，有在参加体育比赛中不服输的拼搏感，有在团队合作中尽力发挥自己光和热的集体荣誉感，有在看到自己成绩有所突破，身体素质有所提升，超越自我的进取感，还有在日常校园生活中与同学之间和谐相处的文明感，都是体育品德在学生身心上刻下的烙印，这是一种肌肉记忆，一种条件反射，一种精神食粮。

通过对上述核心素养三个维度的了解，结合实际，联系日常体育课堂的教学，我们在对某一主题进行教学设计时，常可以融合多个核心概念的学习目标。

基于核心素养的教学更加重视特定情境中的问题导向及活动展开。要注意创设有利于发展学生体育核心素养的教学情境，在具体操作中，我们要把思考什么样的教学情境及教学活动有利于学生哪些核心素养的养成作为教学设计思考的重要问题。还要善于根据具体教学要求创设合适的情境，使学生经历其中，感悟体育的发生、发展过程以及体育的本质，从而主动解决相应的情境任务，发展学生的体育核心素养。还应将体育文化融入课程，这样有利于创设教学情境。展示体育文化的途径有多种，如体育作为工具、语言、思想、方法所表现出来的多样化价值；体育与现实生活和社会的广泛联系；体育发展史中的典型事件；体育家的故事；体育的人文价值和体育美欣赏；体育的理性精神等。

四、新展望：将核心素养贯彻体育课堂教学

（一）提升初中体育课堂教学效果

传统的初中体育课程，教师更多注重于学生对各类运动的技能掌握程度，旨在让学生在尽可能短的时间内学会更多的体育知识、体育技能，然而这种教育模式却忽略了学生对于体育运动的情感体验，高强度的体育练习间接地影响了他们对于体育运动的学习热情，最终体育课堂的教学并没有达到想要的效果。

如果以提高学生核心素养作为初中体育课堂的目标之一，能够有效地改变传统体育课堂的教学效果，使得今后的体育教学实现良性发展。同时，教师在教学中注重学生核心素养的提升，能够带动学生对体育运动的参与热情，化被动为主动，逐渐让学生积极、乐观、发自真心地参与体育运动，帮助他们的情感融入体育运动之中，让他们真正爱上体育；同时，在体育课中融入核心素养的培养，会增强学生的耐力、毅力及恒心，使得今

后体育课的开展更加顺利，达到更高的教学效果。

（二）提升学生综合素质

新课改是对当前环境下教育理念的重大革新，在它的引导下，教师开始更加注重学生的综合能力、核心素养，在体育教学中也不例外。从我国当下体育课堂的实际教学来看，大多数的体育老师只是抓住学生的运动成绩，旨在帮助他们能够顺利达到考试的标准。体育分数固然重要，但是教师不能只抓分数，而忽略了体育对学生身心方面的作用。将新课改的核心教学方法融入实际教学中，可以帮助教师改变教学理念，在把握体育关键素养教育的同时，向"文化"以及"社会"两个方向扩充，从学生的价值观、情感观、生活观进行突破，培养他们的"抗打击"能力、心理调节能力、团队协作能力等，通过体育教学帮助他们养成正确的运动习惯，树立健全的人格，有助于学生综合素质的提升。

（三）有助于社会的发展与进步

我国体育教育的根本目的，就是帮助祖国的下一代养成良好的体育习惯，增强他们的体质，为我国今后的社会主义建设提供身心健康、综合素质高的人才。传统的体育教学只是将生硬的运动知识讲授给学生，老师更加关注学生是否在考试中达标，而不是培养学生对于体育运动的兴趣、热情。在融入核心素养的教育模式下，不仅是让学生在体育课堂上学到更多的体育知识、得到更多的锻炼机会，更重要的是在今后的生活中热爱运动，让运动成为他们一生的习惯。

体育课堂教学价值的实现最终体现于学生在体育学习中思维的参与度。教学方式在形式上可以多种多样，在实质上只有一个：是否使学生的思维动起来。这是教学中最需要下功夫做的事。

如何培养学生的核心素养，无论在理论上还是在实践上都提出了许多亟待研究的问题，课改的路还很长，它需要的是不断地探索！它需要的是长时间地坚守！让我们共同努力！

第三节　体育学科中健康行为素养价值内涵

厘清健康行为素养的价值内涵对于我们认识体育学科在学科育人中的地位，认识健康行为对于体育学科发展的影响,认识健康行为对于学生身心发展的作用有重要的帮助。健康行为素养的培育对补充体育学科的完整性、深化体育学科的育人属性具有不可替代的作用,只有明晰了健康行为素养的价值内涵、才可以让体育学科在培养新时代公民中发挥应有的关键作用。

一、学生健康行为的现状分析

想要明晰健康行为的价值内涵,就要先了解目前健康行为在日常体育教学中的现状。相较于运动能力与体育品德素养,健康行为素养在体育教学当中的渗透与培育是不足的,而导致这种现象的原因是多方面的。

首先是以往课程标准中对于健康行为的定义较为模糊,缺乏清晰的培育目标、培育方法路径、评价标准。这使得体育教师在课堂上对于健康行为素养的培育缺少方向,只能依据自身的理解将课堂安全、培养体育习惯、合作练习等基本要素融入进去,健康这个核心要素无法凸显,同时更多地强调学生运动能力的提升及体育品德方面的引导,这导致学生三大核心素养的培育不均衡,健康行为素养被严重地忽视。

其次体育教师对于体育育人目标以及核心素养的理解还需要更加深入,教学观念需要转变。从以往重视运动能力的提升,到注重提升学生改善自我健康状况,形成良好生活方式的能力水平,只有清晰体育学科的育人目标,才能理解体育学科三大核心素养对于学生能力培育的侧重以及相互之间的联系,才可以在日常的教学中重视学生健康行为能力培养,让体育学科的三大核心素养均衡发展。

二、健康行为素养的定位

在2016年9月发布的《中国学生发展核心素养》研究成果确定了核心素养的框架和内涵,分为文化基础、自主发展、社会参与三个方面,综合表现为人文底蕴、科学精神、学会学习、健康生活、责任担当、实践创新六大内涵。在自主发展的健康生活方面,主要是培育学生具备珍爱生命、健全人格、自我管理等能力。[①]

一般来说学科核心素养是核心素养在特定学科的具体化,而体育学科则是学生核心,素养中健康生活目标以及责任担当素养培育的具体学科,因此体育学科的核心素养紧紧围绕着健康生活、责任担当这一目标展开,并形成了以运动能力、健康行为、体育品德这三个素养维度为主的体育与健康学科核心素养。但健康行为素养则是健康生活、责任担当这两个学生核心素养在体育学科中的具体化,因此健康行为素养培育的意义不言而喻。

---

① 董翠香,田来,杨清凤. 核心素养导向的体育与健康教学设计 [M]. 上海:上海教育出版社,2020:6.

三、健康行为素养的具体内容

（一）健康行为素养的表现

健康行为是个人生存和发展的前提和基础，具体素养内容包括锻炼习惯、情绪调控和适应能力三个方面。锻炼习惯方面，学生主动地参与体育学习和课外体育活动，重视对个人及他人的思想观念和日常行为、习惯、生活方式的培养和引导能够对自我和他人进行健康管理；情绪调控方面，学生能在体育运动、日常学习及生活中保持情绪的稳定性，同时在面对困难和挫折时能有效调整自己的情绪；适应力方面，学生能适应各种不同的自然环境，并根据环境变化适时调整自己，协调人和自然的关系。此外，要善于与他人交往与合作，在与他人的交往与合作中培养自己的团队意识和集体主义精神。

（二）健康行为素养的归纳

按照健康行为素养的表现内容，结合《普通高中体育与健康课程标准（2017年版）》中关于健康行为的表述，我们可以将健康行为素养归纳成三个方面：锻炼方法与管理、情绪管理与表达、生活方式与能力。[1]

在锻炼方法与管理方面，可以概述为掌握锻炼方法、积极参加锻炼、形成锻炼习惯、掌握健康技能、学会健康管理五个要求；在情绪管理与表达方面，可以概述为情绪稳定乐观、善于交往合作、适应自然环境三个要求；在生活方式与能力方面，可以概述为珍爱生命理念、健康生活方式、良好生存能力及改善健康能力四个方面。

四、健康行为素养的具体价值体现

健康行为素养的具体价值不能单一地从自身的素养内涵中去挖掘，必须与运动能力素养与体育品德素养结合起来进行分析，三者的关系也必须明确。按照《普通高中体育与健康课程标准（2017年版）》中对于体育与健康核心素养的定义，结合修订专家组的讨论意见，我们可以将这三个核心素养的关系进行明确的定位："运动能力是形成健康行为和体育品德的基础，健康行为是发展运动能力和体育品德的核心，体育品德是提高运动能力和改进健康行为的保证。"[2] 有了三者关系的定位，我们才可以更好地去挖掘健康行为素养的内涵价值。

---

[1] 吴爱军，刘成兵 . 健康行为视角下体育实践课教学设计与实施 [J]. 体育教学，2020，40（6）：24-26.

[2] 尹志华 . 论运动能力、健康行为和体育品德三个方面学科核心素养的关系 [J]. 体育教学，2019，39（1）.13-16

（一）健康行为素养的培育对运动能力素养的价值

运动能力是体育与健康三大核心素养的基础，但运动能力的培养不是最终的目的。在我们的日常生活中存在很多高水平运动员，他们的运动能力很强，但是身心健康方面并不容乐观。特别是自幼接受运动员体系培养的学生，他们的一旦脱离运动员的生活，往往不能很好地融入社会，健康地生活。因此，学生通过体育与健康课程的学习需要提升自身的运动能力，但这还不够，更需要养成健康的行为。在以往的体育与课程教学中，我们过分地强调运动能力的培养，导致外界认为体育学科缺少学术性和知识，导致体育学科被边缘化，从而矮化了体育课程的价值与意义。只有在运动能力培育的基础上融入健康行为素养的培育，才能使人们了解到体育课程对人的全面发展的独特价值，因为健康行为的养成和健康文明生活方式的形成是其他学科很难达成但是有非常关键的素养。

运动能力素养作为体育学科核心素养中的基础素养，以其显性的特征以及可视化的评价机制，一直都是体育课堂关注的重点。经多年的研究与实践，对于体育与健康课程中运动能力这一核心素养的培育形成了很多的行之有效的方法。运动能力一般分为运动技能与身体素质，在体育与健康课程标准中，四个学习水平的运动能力目标是递进关系，从体验运动过程，到描述形容学过的动作，再到初步掌握相关运动技能，到最后的形成掌握提高体育学习以及锻炼的能力，这是依据学生的身心特点制定的不同阶段的运动能力培养目标，主要依托的是在校的体育课、体锻课等固定时间，相对于运动能力的形成规律，这些时间是远远不够的，学生如果要更好地提升自身的运动能力就需要在课外，在一个相对自主的环境中去进行相应的锻炼，进一步提升自身的运动能力。在课外的时间学生能获得的指导相对不足，甚至缺失，学生在不当的锻炼方式下往往会导致受伤的结果，从而失去进行体育锻炼的兴趣，甚至会影响到后续体育课的参与积极性。

回归到体育与健康课程的核心素养培育目标，它是围绕着"健康生活"这一学生核心素养搭建的学科核心素养，而体育与健康课程三大核心素养应当是相互支撑，不能彼此独立。健康行为素养培育中的锻炼方法与管理这一块应当支撑运动能力素养的培育，它有五个外显目标，分别是积极参加锻炼、掌握锻炼方法、形成锻炼习惯、掌握健康技能以及学会健康管理，这五个目标可以融入运动能力培育中。

（1）积极参加锻炼首先需要让学生明白体育锻炼对自身的重要性，其次在技能教学中要提升趣味性，要能够吸引学生，同时在教学中要考虑到学生的身心发展特点以及个体差异性，让学生在学习中逐渐提升，享受成功，类似于挑战似的教学，这样的教学方式以及引导是学生能够积极参加锻炼的关键，也是体育课的基础。

（2）掌握锻炼方法需要将我们教学目标合理地分解，同时创设趣味性强、适用性广的练习方法，易于学生掌握。为了提升运动技能的掌握水平，我们在教学时往往会借助很多的专业性的辅助器材，或者多人帮助的方式，这些在体育课堂上是必要的，但是离开课堂，失去了这些助力，学生往往很难独立练习，这也是制约学生自我提升很大的障碍。在教学方法的选择上我们不能从一而终，针对基础性的技能目标我们教授学生的锻炼方法时应当简化，随着技能要求的提升，对应的我们的锻炼方法可以有适当地提升，比如需要借助一些器材，比如需要多人合作等。其次要考虑的学生的生活环境，充分发掘学生日常生活中物品，把它们发掘成学生可以锻炼的器材，帮助学生摆脱离校后不会练，没东西帮着练的困境。

（3）形成锻炼习惯是运动能力培养的关键。熟能生巧，运动技能的掌握需要练习时间以及次数保证。高水平运动员退役后运动能力的退化就是最好的证明，当然我们的目标不是把所有的学生培养成专业运动员，但是要想提升运动能力，坚持锻炼必不可少。形成运动习惯除了我们对学生进行要求，让学生明白坚持锻炼的好处，还应该有一定的监督以及考核。监督可以是体育家庭作业打卡的形式，考核可以是上一节课教学目标的展示，两者结合起来，帮助学生逐步地养成锻炼的习惯。

（4）掌握健康技能以及学会健康管理是锻炼方法与管理的成果，体育锻炼最终的目的是服务于人的健康，而运动能力的培育其实是保持健康的手段之一。学生在身心发展过程中会遇到很多的问题，比如长时间的伏案作业会导致腰背以及肩关节的不适，不良的饮食习惯会导致营养不良与肥胖，这些学生中常见的问题，可以通过坚持锻炼有效地改善。当然不当的体育锻炼也会导致受伤，在体育课堂中帮助学生掌握健康技能及健康管理，是学生健康的关键。例如：学生想要规划自己的减肥方式，我们可以教会学生测算自己目前的身体质量指数（BMI），当 BMI 在 18.5 ～ 23.9 之间是相对健康的状态，不需要过于激烈的减肥，可以进行塑性方面的训练。当 BMI 在 24 ～ 28 之间属于过重，需要通过有氧运动如游泳、慢跑等方式进行减肥。当 BMI 在 28 ～ 32 之间或者大于 32 时，属于肥胖，这就需要给自己制订运动处方，不能盲目或偏激地进行减肥。从饮食以及运动两个方面共同控制，必要时需要配合医院的检查。

（二）健康行为素养的培育对体育品德素养的价值

情绪心理学家 Lazarus 在他的著作中讲道："在研究人的心理现象以及运动中人的适应行为时，是无法忽视情绪在其中起到的重要作用的。在那些研究中如果没有重视情绪理论和时间心理学，那这些研究是落伍的，应该被淘汰。"所以充分认识到情绪在人类运动过程中的激发、组织、维持和导向功能，并且加以利用是情绪管理与表达的重点。一般情况下我们可以将情绪分为以下两类：积极情绪、消极情绪，正确认知不同情绪对于体育学习的影响是第一步。在正确认知情绪后进行情绪的调控则是情绪管理的核心。一般而言，情绪的调控可以有以下维度与方面：如内部调节、外部调节、修正调节、增强调节、反应调节等，但对于体育学习而言，能够熟练掌握并运用情绪调控的方法是关键。体育运动心理学家马启伟教授和张力为教授通过调查研究，提炼出12种在体育运动中常见的且非常有效果的情绪调控方法：表象调控、表情调控、活动调控、音乐调控、呼吸调控、颜色调控、暗示调控、气味调控、应试调控、宣泄调控、转移调控、激化调控。

在体育教学中教授学生及时地进行积极的情绪调节对于学生在课堂上的参与积极性以及练习效果有很好的帮助。当学生在体育课堂上保持了积极的情绪时，他在课堂教学环境以及教学方法变化时会有很强的适应性，不会由于对新环境、新教法的陌生而产生强烈的抵触或者消极情绪，继续保持较高的参与积极性，从而保证体育学习的效果，对于运动能力以及积极参加锻炼、掌握锻炼方法、形成锻炼习惯有积极的促进作用。

同样，当你在课堂上保持积极情绪时，在练习中和同伴之间的交流与合作会更加顺畅，积极的情绪会感染身边的人，积极乐观的人也更容易被接受，从而产生良性的合作，这对于学生的人际交往以及参与合作能力的培养有很好的帮助。

同样具备积极情绪的人在体育锻炼中更易培养自己的体育品德。体育品德包括体育精神、体育道德和体育品格三个方面。通过参与体育活动和比赛，学生学会遵守规则、诚信自律和公平正义；通过在比赛中克服内外困难，养成积极进取、勇敢顽强、追求卓越的运动品质；比赛结束后，学生能正确面对结果，胜不骄败不馁，学会尊重他人和对手，养成良好的成败观。体育精神中自尊自信、勇敢顽强、积极进取及追求卓越的素养表现正是积极情绪在体育锻炼中的另外一种表现形式。

（三）健康行为素养中生活方式与能力的价值

生活方式与能力要求具备珍爱生命的理念、健康生活的方式、良好的生存能力与改善健康的能力。这四个要求明显区别于运动能力素养与体育品德素养的要求，是体育与健康核心素养中关于健康的核心能力要求。在新时代学生的意外伤害事故频发，很多的学生患有不同程度的心理健康问题，对生命缺少必要的敬畏。体育的理念中有一条是挑战自身的极限，不断突破不断超越自己，这种理念与珍爱生命的理念是不谋而合的。拥有健康的生活方式、良好的生存能力及改善健康能力是学生在成长过程必不可少的能力。拥有这三种能力旨在培养学生的自主性，通过自我管理与调整更好地适应学习生活，并在今后的生活当中保持相对的健康，更好地参与到后续的学习与生活中去。

第二章　深度学习理论与体育健康行为素养培育

第一节　深度学习理论在学科教学的价值运用

一、目前体育课堂学习存在的问题

（一）偏离于学生的心灵

现阶段体育课堂知识技能的传授是机械性的和重复性的，类似体育课的准备活动，有的教师一学期都是同样的内容，都是一套简单的徒手操，没有任何新意，学生以"应付""敷衍"的感觉去做，一直重复练习，但是不喜欢去做，导致现在体育课堂学习的现状是"学生喜欢体育，但是不喜欢上体育课"，学生对于体育学习缺少了情感体验、缺少了思维碰撞、缺少了意义显现，没有办法深入学生心灵的学习只能是无意义的学习。

（二）注重于技能的传授

从小学到大学的体育课堂，教师更注重的是运动技能的传授，一学期仅有一节体育理论课，甚至有的学生一学期都没有上到一节理论课。在课堂上，教师的关注点在运动能力的获得与发展上，恰恰忽略了体育品德与健康行为的发展。新时期的体育与健康课程不再仅仅强调技能的训练，更加重视的是学生核心素养的提升，体育学科的核心素养主要包括运动能力、健康行为和体育品德，这三个方面在学生的学习中密切相连、相互作用、相互影响，只注重技能传授的体育学习就是重复的机械式的学习。

（三）局限于课堂的获得

现阶段的体育课堂中，在为数不多的理论课中，许多教学只停留于知识的表面，学生很少深入知识的内核，学生无法真正理解和把握知识的内涵和意义，学生只知道一些不良行为的危害，却不知如何杜绝或者如何改善；学生很多技能在学习之后，就会抛之脑后，只局限于"学到"，却没有"用到"，这样的学习让学生"知其一，不知其二"，不仅难以让学生活学活用，更难以对学生产生更加深远的影响，只是简单的接受式学习，仅仅停留在浅层学习的表面。

二、体育课堂深度学习的内涵

在教育领域，深度学习是相对于无意义学习及机械式学习等接受式学习而提出的，是学生认知深入、情感投入、思维摄入的一种新型学习方式。区别于浅层学习，深度学习是一种以高阶思维认知的持续性的学习过程，从学习目标来看，深度学习旨在促进结构性知识的获得提升，旨在培养学生的关键能力，是指向学科核心素养的学习；从学习动机来看，深度学习的发生基于情感的自我驱动；从学习方式来看，深度学习是探究式的合作式的；从学习过程来看，深度学习旨在对学习知识有效的建构，是自我理解性和批判性的学习；从学习结果来看，深度学习面向着问题的解决，是促使结果从量变发生质变的过程。

在体育学科中，笔者认为深度学习是在情感的自动内驱下，通过身体和思维的积极参与、不断学习体育知识与技能、体验多样的运动过程、在情境中不断合作与竞争、练习身体、发展技能、获得健康行为和健康意识的过程。

三、体育课堂深度学习"深"在何处

其一，"深"在学生的主体性。体育学科的深度学习是以促进学生的发展为目的，也是为了促进学生核心素养的提升。在深度学习中，每一个学生都是不一样的个体，体育课堂是面向全体学生的课堂，不是为选拔运动员，而是争取让每一个学生健康成长。每一个学生都有不一样的目标，有的希望形成自己的运动特长，有的希望自己运动项目能有所进步，有的就是锻炼自己的身体。深度学习突出了学生的主体性和个体性，让不同的学生能够"强有提高、弱有改进"，进而提高每个人的自信和自尊心。

其二，"深"在情感的投入性。体育学科深度学习区别于接受式学习的关键点在于学习动机和学习兴趣的激发，在于学习内驱力的提升。体育学习不仅仅是认知过程，更是情感发生发展的过程。深度学习强调学生要主动而为之，要"乐学""愿意学"，要让学生"喜欢体育、更喜欢上体育课"。深度学习的体育课堂在激趣阶段是要让学生"跃跃欲试""摩拳擦掌""蓄势待发"；在学练阶段要让学生体会"成功和失败"，体会一次次的尝试与努力；在比赛阶段要让学生理解"荣耀与耻辱""集体与个人"。不同的情感贯穿着体育课堂的不同阶段，此时深度学习的"深"体现在情感的温度上，有温度的学习才是走进学生心灵的学习，伴随着内驱力及学习兴趣的持续发生，才能不断深入。

其三，"深"在身体的参与性。体育学科中的深度学习和其他学科最大的区别就在于身心的全部参与，现代的科学理论认为"具身"认知才能完成高级认知活动。身体与外部世界的互动，加上大脑思维的碰撞对高级认知过程起着关键的作用。体育课堂的深度学习，学生不光用眼睛看、用脑子思考、用耳朵听，更是用自己的身体去经历，甚至和别人的身体合作，一起去经历，一起去感悟。体育技能的习得从不会到会，从生疏到熟练，经历了泛化、分化和自动化的阶段，这就必须要求身体大量的参与，在外尽管表现为"筋疲力尽""大汗淋漓""气喘吁吁"，其实是深度的参与过程，没有全身心地投入，就没有体育学科的深度学习过程。

其四，"深"在知识的理解性。深度学习是基于知识理解性的学习。它强调学生在原有的认知基础上对学科新知识的理解、生成与建构。体育课堂中学生原有的基础不光指健康知识还包括原有的技能水平，深度学习注重学生在学习的过程中将原有的知识和技能调动起来，促进相互之间的联结，能找到相互之间的"同"和"异"，建构成新的经验体系，这就意味着学生不是被动地接受，还存在着主动地理解与建构。知识的理解性更多针对的是健康行为，如何利用现有的健康知识合理安排自己的健康行为，技能的理解性针对的是运动能力，如何利用现有的运动技能认知，提高自己的运动能力水平。

其五，"深"在技能的应用性。深度学习区别于接收式学习的关键点在于学习结果的迁移性。体育学科核心素养指向的是关键能力与解决问题的能力。二者目的一样，异曲同工。体育课堂中的深度学习强调学习者对知识技能的深入理解，对关键要素的掌握与判断，要做到"举一反三"，不但"知其一，还知其二、其三"，知识技能不光会，而且要能迁移应用到相似的情境中去。在面临同样或者相似的情境，学生会利用已有的知识和技能解决问题，提升自我，迁移应用的特征聚焦高阶思维的发展，指向于实际问题的解决。

四、深度学习在体育学科的价值取向

（一）深度学习是促进课堂改革的新思路

21世纪开始，我国的基础教育课程改革一直未停止，体育与健康课程取得了令人瞩目的成就："健康第一"的指导思想和"以学生发展为中心"的课程理念深入人心，学生参与体育学习的热情和积极性明显增加，学习的方式也开始多种多样。《普通高中体育与健康课程标准（2017年版）》（以下简称《课程标准（2017年版）》）在原有课程标准的基础上，强调了立德树人的根本任务，确立了体育与健康学科的核心素养，凸显了核心素养的引领作用。《课程标准（2017年版）》指出了学科核心素养是学科育人价值的集中体现，是学生通过学科学习而逐步形成的正确价值观念、必备品格和关键能力。体育与健康学科独有的核心素养主要包括运动能力、健康行为和体育品德。其中，运动能力是体能、技战术能力和心理能力在身体活动中的综合表现，是人类身体活动的基础；健康行为是增进身心健康和积极适应外部环境的综合表现；体育品德是指在体育运动中应当遵循的行为以及形成的价值追求和精神风貌[①]，三大核心素养紧密联系，相互影响，在体育课堂的学习过程全面发展，是对飞速发展的时代和社会的适应。在这样的背景下，体育学科的深度学习应运而生。积极的参与方式、高阶的思维方法、知识技能的理解与应用，这样的学习方式，以"学生为中心"，积极改变"浅层化"的学习方式，摈除"模式化、程序化"的学习方法，从体育学科的本质出发，针对学生学习的需要和知识技能发展的需要，有效地提升学生面对问题、解决问题的能力，极大促进了学生"关键能力"的发展，为课堂改革的方向提供了新的思路。

（二）深度学习是提高教师能力的新挑战

体育学科中的深度学习对教师提出了新的挑战。从"激趣"环节来看，教师要激发学生的内在学习动机，提高其内驱力，使学生从根本上"喜欢体育课"；从"学练"环节来看，教师要帮助学生体会高阶思维下的学练；从"结果"来看，教师要帮助学生达成"应用迁移"和实践创新。教师只有不断转变其角色，才能应对深度学习的新挑战。其一，教师从知识技能的传授者转变成为知识技能体系的建构者。体育教师要深入体育学科的本质，提升知识技能的整合技巧，将碎片化的健康知识进行有联系、有序列、有深度的整合，形成本学科内完整的单元学习主题；教师要进行多学科的融合，打破不同学科间的障碍，实行多学科的综合横向组合体系。其二，教师要更新教育理念，找回体育学科育人的本质。体育教师要更新思想，目标指向学生的运动能力、体育品德、健康行为，从原来的知识技能教学转向培养学生的核心素养，目标指向学生的情感态度、知识能力、价值理念的多元培养，用新的育人理念去设计课堂、去评价学生，最终回归到体育学科真正育人的本真。

---

① 中华人民共和国教育部 . 普通高中体育与健康课程标准（2017版）[M]. 北京：人名教育出版社，2017.

（三）深度学习是发展学生素养的新举措

1. 运动能力从"发展"到"应用"

《课程标准（2017年版）》指出运动能力是体能、技战术能力及心理能力等在身体活动中的综合表现，是人类身体活动的基础。运动能力的具体表现形式为体能状况、运动认知与技战术运用、体育展示与比赛。原有的封闭式学习方式注重的是运动能力的提升，强调反复多次的练习，强调单个技术动作的学练、展示和比赛也是单个技术的模式，传统的体育课堂把体能的增长和单个运动技术的掌握作为体育教学的目标，一味地通过加大运动量和练习次数，导致很多学生在学习单项技术后却未能学会一项运动。体育学科的深度学习特征之五，在于知识技能的应用性，其实对应着体能和技战术能力在运动中的应用。体育学科的深度学习，强调体能的有效性和整体性，力争让学生在理解体能发展的原则和方法上，进一步学会自己制订科学的体能锻炼计划与方法，并学会合理评价，甚至要学会帮家人朋友制定合理的练习方法与计划，并提出指导意见；同时核心素养下的深度学习强调了"避免进行单个知识点和单个技术的教学"，在每节课的深度学习中，都进行多种动作技术的学练，增加技术与技术之间的联系，注重结构化技能的学习，并且要求设置多种形式的比赛或者展示，努力让学生体验完整的运动，体验完整的比赛，努力将知识点和技能点置于真实复杂的情境中，努力提高学生"学以致用"的能力。

2. 体育品德从"表向"到"心灵"

《课程标准（2017年版）》指出："体育品德是指在体育运动中应该遵循的行为规范以及形成的价值追求和精神风貌，对维护社会规范、树立良好的社会风尚具有积极作用。体育品德的具体表现形式为体育精神、体育道德、体育品格。"体育学科深度学习的特征之二和之三是情感的投入和身心的参与。体育课的深度学习不仅仅是身体的练习，更是心理的发展，不仅仅能发展体能、促进技能，不仅能"劳其筋骨"，更本质的是"苦其心志"。这是其他学科根本无法比拟的。学生在"筋疲力尽""大汗淋漓"之后，在体会到"成功、失败""集体荣誉和个人得失"后，体育品德油然而生，此时的体育品德不是"空洞"的，它体现在每一次的拼搏练习中，体现在每一次的遵守规则、尊重对手和裁判上面，体现在每一次活动的诚实守信上，体现在每一次正确对待比赛的胜负上面，体现在每一次主动迎接挑战、敢担当、善担当上面，长此以往，日积月累，体育品德不再是浮于表面，而是真正的培育精神、加强道德、塑造品格，用这来全面发展，真正走进学生的"心灵"。

3. 健康行为从"校内"到"校外"

《课程标准（2017年版）》指出："健康行为是增进身心健康和积极适应外部环境的综合表现，是提高健康意识、改善健康状况并逐渐形成健康文明生活方式的关键。健康行为的具体表现形式为体育锻炼意识与习惯、健康知识掌握与运用、情绪调控、环境适应[①]。"体育学科深度学习的特征之四是知识的理解建构性,学习中通过学生的已有知识与已有的生活经验为基础,联结新的内容,互动与反思,实现自主深度学习。深度学习注重同一运动项目不同学段之间的有机联系,从低到高循序渐进,逐步学练结构化,真正掌握一种运动技能,成为学生的运动专项,成为学生锻炼身体的手段;深度学习强调学生的学习兴趣和内驱力的激发,促使学生主动参加校内外的体育锻炼,通过良好的体验和获得感,帮助学生养成良好的锻炼习惯;深度学习同样注重学习的过程性,对于健康知识和技能的学习,尽量否定静态教学,可利用室内讲授和交流,更多的可以结合实践课进行教学,甚至可以通过演练等,融入健康教育的相关内容,帮助学生通过实践掌握相关的知识和技能;在课堂中还应注意课堂氛围的创设,在比赛中注重学生与同伴的关系,帮助其体会人与人之间的关系,人与社会之间的关系,这都有利于其保持良好的心态,真正地将所学会的健康知识和运动技能运用到日常生活中去,养成健康文明的生活方式,真正从"校内"延伸到"校外",形成自己的健康行为。

第二节 深度学习理论与健康行为素养培育的关系

一、两者之间为何会有关系

(一)健康行为素养内容较多、难以归类

健康行为多指有利于促进健康的良好行为,人们为增强体质和维持身心健康而进行的各种活动。根据《课程标准(2017年版)》的描述,健康行为素养可分为三大类[②]:①锻炼手段与管理;②情绪管理与表达;③生活方式与能力。其中包含了12个之多的健康行为培养领域,所涉及的内容较多,相互之间的联系不紧密,无法有效地归类,一线教师在教学过程中很难把握,效果不佳。

(二)深度学习的特点

———————————

① 中华人民共和国教育部. 普通高中体育与健康课程标准(2017年版)[M]. 北京:人名教育出版社,2017.12.

② 吴爱军. 深度学习下体育健康行为素养培育的教学策略 [J]. 体育教学,2019,39(6):17-19.

根据深度学习的定义，深度学习具有三大特点，第一，理解与批判，通过长期机械化的重复动作所习得的技能，没有经过自己的理解，终究只是鹦鹉学舌，无法举一反三；第二，联系与构建，运动技能之间是相通的，应该找到运动技能之间的联系，将相通的技能整合起来，形成一个知识网络；第三，迁移与应用，如何检验已习得的技能？通过解决生活中的问题，抑或是在学习其他项目的运动技能时，利用已经学相通的技能，帮助习得新技能。

（三）两者的关系

虽然体育健康行为素养培育内容较多、难以归类，但根据深度学习的特点来看，教师如何进行合理的教学设计，促进学生自主探究，通过实践，来达到培育体育健康行为的目的。

二、两者之间的共性联系

（一）体育学科核心素养概念

我国的核心素养概念界定为，学生通过对应学段的学习过程后养成的人格品质与关键能力。而学科核心素养是核心素养的详细化，核心素养需要各个学科教育来充实它，使其更加丰满。经过多方探究，初步定义体育学科核心素养是通过体育学科学习，学生所能掌握与形成的终身体育锻炼所需的、全面发展必备的体育情感和品格、运动能力与习惯、健康知识与行为。

（二）深度学习与核心素养的联系

想要搞清楚两者之间的联系，我们需要先了解布鲁姆的教育目标分类学。布鲁姆及其他学者认为在认知学习领域中把教学目标分成六个阶段，从低阶到高阶依次为识记：进行简单的背诵即可掌握的基础性知识；理解：通过自身对所掌握的知识用自己的语言表达、说明、推理等；应用：将所学知识或技能运用到实际生活可能发生的事情中去，能解决实际的问题，例如摔跤能利用前滚翻减轻伤害等；分析：指学生可将所学知识进行分解，理顺其中的逻辑关系，具有总结、归纳、概括的能力；综合：在学习不同的知识技能后，有将它们进行系统优化、创新、重组的能力；评价：指学生具有对比、判断、批评和自我批评的方法。

深度学习理论与核心素养理论都认为布鲁姆的教学目标非类中分为低阶认知能力与高阶认知能力，高阶认知能力是在掌握了低阶认知能力上才能持续发展的，若始终停留在低阶认知能力上，不利于人在未来的发展。在一定意义上深度学习理论与核心素养理论都揭示了人们应该掌握基本的知识，强化高阶认知能力，锻炼思维能力，发现内在意义，建构系统，合理运用知识。

（三）深度学习与体育健康行为素养的联系

深度学习理论的提出，旨在学生能在实践中批判性地学习新的知识与思维，能联系原有的知识，迁移到新的情境当中，并能运动到实际生活和学习中去。健康行为素养的培育想要发展的学生能力就是在坚持体育学科技能教学下，通过学生的深度参与，希望学生能在体育健康行为领域下的知识技能习得。

三、两者之间存在着关系有何意义

（一）教师层面

1. 建构体系，形成系统

体育与健康课目前主要分为室外课与室内课，室外课以运动技能和体育品德素养的培养为主，室内课一般以体育学科项目理论、规则及裁判知识为主，往往忽略了体育健康行为素养的培育，而体育健康行为素养的培育是以室内课为主阵地，所以构建体育健康行为素养培育体系尤为重要。

对于一线教师来说，最难的不是教学，而是有据可依，有理可循。首先，系统的构建大大地提高了室内课教学的效率，为一线教师提供了有力保障。其次，促进教师的学习。教师的教是为了学生的学，教师只有自己深入了解深度学习与健康行为素养的概念、特点、关系，才能从整体上把握好教学方向，将种类繁多、内容复杂的健康行为素养进行准确的设计。单元计划、课时计划形成系统，前后必须有着紧密地联系，只有紧密联系，才能为学生的深度学习奠定基础，学生在学习过程中才能前后关联，引导学生有效展开学习。最后，系统的知识结构也方便一线教师制定评价体系。深度学习强调批判性、关联性、迁移性、决策性，这一连串的关键词只有通过过程性评价才能客观地反映一个学生的成绩，并激发学生学习的积极性。这种不是"一刀切"的评价方式，让学生能学会反思，重视学习的过程而不是结果，让教师客观、公正地对待每一位学生，给学生营造了一个自主探究、积极向上的学习氛围。

2. 知识迁移，重构新知

健康行为素养的三个核心领域并不是孤立存在的，而是以递进的方式相互关联着的。深度学习理论所表达的意思恰巧是理解知识，迁移到新的知识结构中，做出自我的判断来解决问题。这样来看，深度学习理论是完全适用于健康行为素养培育的，教师在教学过程中，应该加入更多提问、多样的教学方式和手段促进学生学习，引导学生对所学健康知识进行理解、分析、迁移、构建等方法，来进行健康行为知识的学习，扩大学生思维的宽度，锻炼学生的批判性、关联性、迁移性等优良品质。

3. 创设情境，勇于实践

情境教学法是利用具体场景营造积极学习氛围、培养学习兴趣、提升学习效率的教学方法。健康行为在生活中的情境体现尤为广泛，例如健身的科学锻炼方法、高温天气该如何坚持运动、合理膳食的养成等都可以成为体育健康行为教学的实际情境，深度学习的最终目标就是能在实际生活中解决问题或做出选择。教师不仅仅只能将知识简单地复述给学生，更是学生学习中的领航员，为学生创设有效的学习情境，提出有挑战、有创意的问题，设置有价值的主题，让学生在情境中全身心地参与体验，在体验当中获得知识，促进发展。

（二）学生层面

1. 注重结构，强调理解

对于学生的意义在于，基于深度学习理论，学生要有一个从被动接受到主动获取知识技能的转变。学生是学习的主体，教师是学生的引导者，教师通过各种情境的导入，带领学生全身心地去领会、评判、体验，才能让知识活起来、动起来。学生学习的最终目的是将学习过的知识应用到实际生活中去，但不是只停留在书本上。因此学生养成独立思考、明辨是非的能力，把已有的实践成果应用到未来的社会实践当中去，成为对家庭、国家、社会有担当、有责任感的一员。

2. 学会反思，批判思维

深度学习提出学生能够批判性地学习新的思想和事实。意味着学生需要学会理解所学内容，不能明白其中道理，只会照搬照抄，这个知识最终还不是你的，学会理解，并带着批判的思维去进行思考，将它内化，这才能成为你的。

3. 迁移融合，合理运用

学习的目的是为了更好地解决实际问题，而不是纸上谈兵。我们所学的知识能否通过自身理解后与原有知识相融合，构建一个新的知识体系，并利用它来解决实际生活中的问题。

四、总结

健康行为素养的培育是体育课堂教学中极有可能忽略的内容，深度学习理论为怎样有效培养健康行为素养提供了渠道，也为广大一线教师提供了理论依据，厘清深度学习与健康行为素养培育的关系，为培养学生创新思维、批判思维及建构思维，以及培育良好的健康行为，起到了非常重大的作用。

第三节　健康行为素养下的深度学习关注领域

在教育领域，挖掘深度学习的本质特征，国内外关于深度学习的关注领域的研究也有很多，众说纷纭，但"万变不离其宗"。在国外，恩特威斯尔认为深度学习关注的领域是如何联系观点、如何寻找模型和原则、如何使用证据、如何检查论证的逻辑；布兰思德福认为其关注的领域是如何理解课程内容、形成长时记忆及解决新的情境问题；埃里克和利安认为深度学习是学习者必须经过一步以上的学习和多水平的分析或加工才能获得的新内容或技能，以便学习者可以通过改变思想、控制力或者行为方式来应用这些内容或者技能。他们认为深度学习关注的领域是复杂的高阶思维、精细的深度加工、掌握高阶技能、解决复杂问题。而在国内，何玲和黎加厚认为深度学习关注的是学习过程的"批判、关联、迁移"三大领域；杨兰认为深度学习的"深"主要体现在多层次的知识加工与理解、关联的自主知识建构、解决实践问题的知识迁移与运用；张浩、吴秀娟认为深度学习的主要表征是注重批判理解、强调信息整合、促进知识建构、着意迁移应用、面向问题解决；而朱开群则认为深度学习强调情感驱动的非认知学习、立足于真实情境的问题解决、侧重于挑战性内容和高阶思维能力的学习、学科内和学科间的整合性学习、突出深度思辨的思维指向，类似种种，深度学习离不开情感的投入、思维的高阶产生、知识的建构和知识的应用。

在体育学科，深度学习作为落实学生发展三大核心素养的有效抓手，已经受到广大体育教师的关注，如何通过深度学习促进学生的运动能力、体育品德、健康行为已经成为许多体育教师研究的对象。在体育学科中，深度学习和体育学科核心素养息息相关。第一，核心素养的发展（包括健康行为素养）是深度学习的根本追求。深度学习通过激发学生内在的学习兴趣，提高深入学习的体验力，提升学习力，获得价值认知，从而迁移解决问题，指向了学生核心素养的养成。第二，深度学习是核心素养培育的重要路径。在学习中，学生在已有知识和技能的基础上，学习新知识，积极建构，实现对知识、能力、情感和价值的统整发展，切实提高学生三大核心素养水平。

健康行为是体育学科三大核心素养之一，是促进健康的行为，可以有效地促进学生身体和心理健康，提高学生的社会适应能力，是增进身心健康和积极适应外部环境的综合表现。体育健康行为素养的培育不仅仅涉及体育理论课中的健康知识，也渗透在体育课堂的技能学习中（见表2-1）。

表2-1　健康行为素养的三大领域内容

领域	主要内容
健康的生活方式	关注健康，珍爱生命，热爱生活，养成良好的生活方式，改善身心健康状况，提供好生活和生存能力
科学的锻炼习惯	学生能够积极主动参与校内外的体育锻炼，掌握科学的锻炼方法，逐步形成锻炼习惯，掌握健康技能，学会健康管理
良好的心理适应	情绪稳定，包含豁达、乐观开朗，善于交往合作，适应自然环境的能力强。

健康行为要求学生在掌握健康知识的前提下，在校内和校外自觉养成锻炼身体的习惯，坚持进行锻炼，同时杜绝不良嗜好，保持良好的身心状态，从而形成健康文明的终身体育的方式。健康行为是个人良好生存和发展的前提和基础，健康行为是运动能力的铺垫，是体育品德的外显方式。但是在现阶段的体育课堂中，教师和学生的关注点大都放在运动技能的提升和体育品德的培养两个方面，恰恰忽略了健康行为这一核心素养，教师和学生对健康行为这一素养的重视程度不够，则如何通过深度学习来促进健康行为素养，或者说在健康行为素养的背景下如何挖掘深度学习关注的领域是我们需要研究的。

一、关注的领域之一是学习内容的整合——知识建构

在健康行为素养下，深度学习关注的领域之一是学习内容的整合，要找到知识之间的内在结构、内在逻辑，建构成新的健康知识体系，促进知识结构化的掌握。体育课一般分为实践课和理论课。实践课中对健康行为素养的渗透是我们一线教师所欠缺的，而健康行为素养的培育更多的是在理论课中的健康知识传授。健康行为素养不能只依靠理论课的传授，不可以只靠说教，更多的还是要和实践相互结合起来。因此，对健康行为素养培育的相关内容进行整合和练习，进而构建成知识体系是非常有必要的。

《课程标准（2017年版）》中必修必学内容中体能模块有十一大项内容（见如表2-2），健康模块罗列了九大系列内容（见表2-3），有相应的内容要求，附有了教学说明和教学提示，这些知识并不是孤立的，并不是互不干涉的，它们之间是有联系的，有内在关系的，一线教师就是要寻找知识的关联性，找准其中的结合点，将知识网络纵横化，将健康行为素养的内容与课程标准中的内容要求有机结合起来，将单元计划、课时计划有机结合，

将零散的知识点打造成知识体系,因此三大领域、八大单元内容应该建构成健康知识素养的知识体系(见表2-4),促进深度学习。

表2-2 体能十一大项模块内容

模块1	了解体能发展的基本原理和主要方法;学会自我制定锻炼计划并评价
模块2	掌握并运用改善身体成分的基本原理和多种练习方法
模块3	掌握并运用发展心肺耐力的基本原理和多种练习方法
模块4	掌握并运用发展上肢、下肢、肩部、腰腹和躯干柔韧性的基本原理和多种练习方法
模块5	掌握并运用发展肌肉力量和肌肉耐力的基本原理和多种练习方法
模块6	掌握并运用发展灵敏性的基本原理和多种练习方法
模块7	掌握并运用发展平衡能力的基本原理和多种练习方法
模块8	掌握并运用发展协调性的基本原理和多种练习方法
模块9	掌握并运用发展力量的基本原理和多种练习方法
模块10	掌握并运用发展速度的基本原理和多种练习方法
模块11	掌握并运用发展反应时的基本原理和多种练习方法

表2-3 健康教育模块九大系列内容

内容1	掌握健康的基本知识和增进健康的原则与方法,培养健康管理的技能,形成良好的锻炼习惯和健康的生活方式
内容2	掌握与健康相关的饮食和营养知识,了解常见食物的营养价值与合理的膳食结构,养成科学、健康的饮食习惯;了解食品选购和食品标签等知识和方法
内容3	理解不同强度运动和学习对营养的不同需求,认识不良饮食习惯对身体的危害,掌握食品安全和预防食物中毒的基本知识与方法
内容4	养成良好的卫生习惯,提高疾病防控的意识与能力
内容5	掌握环境与健康的相关知识,学会选择在适当的时间和环境中进行体育锻炼,掌握在有害环境中自我保护和降低危害程度的方法
内容6	掌握并运用安全运动,预防常见运动损伤和突发事故、消除运动疲劳的知识和方法
内容7	掌握并运用安全避险的知识和方法,提高在社会交往中的防范意识和自我保护能力
内容8	提高增进心理健康的意识和能力,懂得不良情绪对健康的危害,了解自己在日常学习和生活中的情绪变化特征,掌握调控情绪的方法
内容9	提高社会适应能力,增强人际交往技能,具有和谐的人际关系

表2-4 健康知识体系

健康教育知识体系	单元1:健康的基本知识及原则与方法	健康的生活方式	健康行为素养
	单元2:饮食与营养知识、不同运动与学习对营养要求		
	单元3:卫生习惯、环境卫生及疾病预防		
	单元4:安全避险的知识与方法		
	单元5:体能锻炼计划与评价方法	科学的锻炼习惯	
	单元6:各种体能发展的原理与方法		
	单元7:运动安全、常见运动损伤预防与消除		
	单元8:提高心理健康和社会适应能力	良好的心理适应	

此外,一线教师在制订单元教学计划和单独的课时计划时也应该注意相关的梯度关联性,为学生后续的深度学习和自主构建知识体系打下基础,创造条件及机会。

二、关注的领域之二是学习目标的理解——批判思维

此处的学习目标是指的课时目标。在传统的体育教学中，教师在制定课时目标时，重点关注的是体育知识或者体育技能的层面，关注的是认知，关注的是技能的学练，大多一线教师在课时目标方面关注的是"记忆、理解和简单应用"的层面，这个层面属于浅层学习的范畴。学生在此阶段的学习只能学会认知和简单的记忆，只能学会按照要求完成任务，按照要求完成练习，缺少的就是对学习内容的理解与批判思考，恰恰缺少的就是对于高阶思维品质的开发，而深度学习要求要将高阶思维的发展作为贯穿课堂教学的暗线，强调从学科知识化进而过渡到思维品质的提升，要将"分析、评价和创造"作为学习目标的重点关注对象，要将知识技能的"迁移、应用和创造"作为学习目标的落脚点。

例如，在健康教育模块单元一"健康的基本知识和原则与方法"中第二课时"学会合理安排作息时间"，现阶段我们一线教师制定的学习目标一般都是：学生能结合实际情况，知道合理生活方式的重要意义，学会合理安排作息时间，同时还要逐步养成合理的作息和生活习惯。深度学习强调这里的目标就可以过渡为学生要学会给自己制定合理的作息计划，同时要学会帮助家长和朋友制订科学合理的作息计划。

例如在健康知识体系单元7"运动安全、常见运动损伤预防与消除"，教师在教学设计时，可以提前布置"常见运动损伤的预防与处理"这一课题，在此时，一般的学习目标是单人的，了解常见的运动损伤及预防。教师在设计时，可以指导学生以合作的方式进行研究，帮助学生进行分组，小组之间进行不一样的研究，小组可以在课后进行书籍和网络学习，可以进行网络资料的收集与整理，还可以利用体育课中的实践积累，要求学生在学期中的体育理论课上进行展示。不同合作小组在理论课中分别展示了擦伤、扭伤、鼻出血、脑震荡、肌肉痉挛、骨折等常见运动损伤，有小组展示了体育课堂和生活中出现运动损伤的照片，出示了双氧水、红药水等，详细地讲解出现这些损伤后的处理方式；有的小组模拟了骨折、休克场景，学生现场进行包扎伤口，现场进行就地取材固定伤肢；有的小组展示了肌肉痉挛后反向牵拉以及痛点的按摩；同伴之间相互包扎、相互操作，每一个小组都是有理有据。教师在健康行为素养培育的知识体系中，深度学习的学习目标上需要引导学生深度思辨，发展高阶批判思维。当然这种高阶思维的发展，肯定是基于记忆理解的基础之上，而不是空中楼阁，只有当课堂教学中不断促使学生达成这些目标，才能慢慢实现学生高阶思维能力的发展。

三、关注的领域之三是学习过程的反思——情感体验

深度学习是具有内驱力、是自发性的学习，其关注的领域之三是学生的情感体验，

这方面体育学科有着其他学科无法比拟的优势。现阶段的很多学生喜欢体育，不喜欢体育课，就是因为缺失了情感体验，缺少了兴趣引导，学生觉得不感兴趣且枯燥无味，自然无法进入深度学习。

《课程标准（2017年版）》在现代化教学手段建议中提出"重视利用现代信息技术手段，将多媒体、电子白板、智能手机、运动手表、心率监测仪、计步器、加速度计等信息技术深度融合到体育与健康课程的教学中"。同时提出"微课、慕课、翻转课堂"等课堂模式，其目的就是为了提高学生的信息素养，同时更多的是为学生提供更多现代化的学习体验，促进学生主动参与现代化的体育教学，实现深度学习。

《课程标准（2017年版）》关于教学建议第三条提出"改变学习方式，促进学生积极主动地学习"，其中明确指出应该避免采用单一的灌输式的教学方式，注重多样化的教学方式；积极倡导"自主、合作、探究"的学习方式，合理运用独立、小组、全班学习等学习方式，引导学生在做中学、做中思、做中乐，这其实与我们的深度学习不谋而合。深度学习强调的是情感体验，情感体验其实来自教师的引导，一线教师应该把设计活动和设计情境放在首位，活动情境在知识技能教学的基础上，贴近生活实际，提高活动的趣味性，激发学生的运动兴趣，促进学生主动地学练。例如在《耐久跑》这一课堂当中，教师在准备活动设计了"贪吃蛇"游戏，学生在音乐声中成一路纵队，依次吃掉1号到16号标志物，排头不能接触到排尾，学生的兴趣一下激发出来，被教师一下吸引进入课堂，玩得热火朝天；在主教材环节，教师设计了"五子棋"游戏，学生分为两队，分别成一路纵队绕场慢跑在规定区域内进行下棋，一节耐久跑的课堂，枯燥内容被上成了一节团队"下棋课"，"五子棋"注入了耐久跑新的意义，学生之间"下棋"相互配合、也有的因为"下错棋"有讨论、有争执，本节课通过设计游戏激发学生的情感体验，通过合作学习扩大学生之间相互配合、竞争的情感体验，创造性的情境引导着学生不断体验，走向深度学习。

四、关注的领域之四是知识技能的迁移——解决问题

国内外所有关于深度学习的理论，其中核心就是知识的迁移应用，要求学生不但要深入理解学习内容，还要深入理解学习情境，这里的情境不是"激发式情境"，而是延伸的"应用式"情境，是学生探索发现和实践运用的过程，是高阶思维延伸的判断、决策的过程，是举一反三的过程，从而实现知识技能迁移的过程。

同样《课程标准（2017年版）》中关于课程的理念中强调要"将知识点的教学置于复杂情境之中，引导学生用结构化的知识和技能去解决体育和健康实践中的问题"，而健

康行为素养的培育要使学生具有思考、判断和行动，要主动适应周围环境和社会变化，这就要求一线教师要设计多维的情境延伸。例如，在健康教育知识体系单元4——安全避险的知识与方法这一内容中，为了让学生掌握遭遇火灾、地震、洪水、暴恐事件等紧急情况下的避险和急救知识，教师在设计时，不光可以自己在课堂上讲解，也可以聘请相关的专业人士（如校医、消防队员、警察等）举办讲座，也可进入相关的"人防体验馆"进行实地学习，不光要有知识的讲解，还要有相关的情境延伸，类似的实地演习，例如，在本课中进行地震逃生演练，教师拉响警报，组织学生按照要求进行逃生演练，并及时评价与纠错，这样切实将学生放到"紧急情况"中去，才能真实有效地提高学生避险的能力和意识；在单元6——提高心理健康和社会适应能力，光靠教师口头讲解或者书本上的知识甚至精美的PPT，这样的作用其实微乎其微，比较空洞抽象，一切都是"纸上谈兵"，如何在遇到矛盾和冲突时能够克制自己，如何正确处理合作与竞争的关系，还是需要将学生置于延伸的情境中去，将理论与实践相结合。例如在足球技能教学，传接球这一内容中，教师在第三课时中设计游戏，多人配合传接球，其中有队员进行抢断，抢断人员分为"消极抢截""真实抢截"两种递进关系，在这样真实的实战情境中，学生相互合作、相互竞争，在合作和竞争中处理矛盾、接纳他人、增进心理健康。教学情境的延伸是深度学习的载体，只有深入情境、深入体验，才可以"举一反三"，顺利将知识技能迁移应用。

五、关注的领域之五是健康行为的延伸——终身体育

体育学科的深度学习区别于其他学科最大的不同就是指向性，其他学科的深度学习最终指向的还是学习领域，而体育学科的深度学习最终指向的终身体育，是关于人的一生的身心健康。终身体育是指一个人终身进行身体锻炼和接受体育教育。试问，如果没有锻炼习惯、不会锻炼手段，如何进行终身体育。终身体育是每一个人切实需要，实实在在贯穿着每个人的一生，但是各人在遗传、营养、教育、环境等方面的不相同制约了终身体育的发展，导致终身体育的手段、意识等各不相同，通过调查，影响终身体育最重要的两个因素是"体育健康知识的薄弱，缺乏有效的锻炼身体的手段与方法"和"缺乏锻炼身体的习惯，对运动锻炼不感兴趣"，在问卷当中，这两个因素占80%以上，远远超过场地器材设施等因素。因此，深度学习关注的领域还包括健康行为的延伸，健康的生活方式、科学的锻炼习惯和良好的心理适应其实和终身体育息息相关，缺一不可。

《课程标准（2017年版）》强调在九年义务教育基础上进一步全面提高学生发展核心素养和学科核心素养，注重学生运动专长培养，为学生终身体育锻炼和保持健康奠定坚

实的基础。深度学习强调内驱力，根据自己兴趣选择运动项目学习；深度学习注重深刻体验运动中的成功感、自尊心和自信心；深度学习有机将体育与健康教育内容、体能与技能知识、将学练与比赛等方面的系统整合；深度学习提倡知识、技能和方法运用到体育学习、体育锻炼、体育竞赛和日常生活中；这一切都指向学生的个性发展，培养学生终身体育的意识与能力。

第四节 深度学习理论下学习方式的多元转变

一、体育学习方式概述

深度学习，应该是师生共同经历的一场学习之旅，旅程的最终目的不是让学生获得一堆零散、死板、无用的知识，而是让他们能充分运用这些知识去解决问题、学以致用，并获得健康成长。习近平总书记在党的十九大报告中指出："要全面贯彻党的教育方针，落实立德树人根本任务，发展素质教育，推进教育公平，培养德智体美全面发展的社会主义建设者和接班人。"北京师范大学研究团队于2016年提出了我国学生发展的核心素养，以"全面发展的人"为根本出发点，为实现这一目标，学习方式必须发生根本性的变革。体育学习方式在不同条件下可以划分成很多种。如果按照课内外划分方式，可以将体育课分为室内体育课与室外体育课两种，针对室内体育课，可以采用"自主学习""合作学习""探究学习"以及"发现学习"等方式，而室外体育学习方式以"自觉学习"为主；如果按照有无教师进行指导对初中体育课进行划分，可以将体育课分为"有教师指导学习""无教师指导学习"以及"学生完全自由学习"等方式。尽管不同的划分方式会产生多种不同的体育学习方式，但是这些方式之间存在紧密的关联，很多学习方式在教学目标、教学方式以及教学手段等方面存在趋同性。特别是在深度学习理论视域下，不同的体育学习方式，为该科目学习方式的多元化转变提供了条件。在实际开展体育教学活动过程中，教师可以根据课程内容以及学生基础情况，灵活地采用多种学习模式的组合，通过这种方式提升初中体育教学效率。

二、深度学习下体育学习方式的转变模式

（一）由他主学习向主动学习转变

在深度学习背景下，"发现学习"模式展现出了巨大潜力，对于提升初中体育教学效率产生了积极的推动作用。在传统初中体育学习模式中，"他主学习"占据着主要地位。

所谓的"他主学习"实质上就是指体育教师占据体育课的主导地位，无论是课程的组织、训练项目的安排还是对于学生考核均由体育教师主导，这种学习方式是"灌输式"教学模式的一种变形，学生们只能被动接受体育知识，并在体育教师的统一指挥下亦步亦趋地进行训练。这种训练模式有违于学生的学习节奏，没有充分调动学生对体育学习的积极性，事倍功半。

针对这一问题，体育工作者们在积极推动体育教学方式的转变，由"他主学习"模式逐渐转变为"发现学习"模式，这种学习方式的变化一方面符合深度学习理论下体育学习方式多元化发展的趋势，另一方面也是积极迎合新课改视域之下提出的学生在学习活动中占主体地位的一种表现。

在"自主学习"框架下，体育的学习理念转变为促进学生自主学习、自主发展体育能力。其学习目标为引导学生尝试进行体育知识的自主学习，依据学生自身的实际情况以及爱好，进行有针对性的学习，通过着重学习感兴趣的体育知识或技能，充分激发学生对体育的兴趣，并在自主学习过程中充分培养其自信心，提升学生的体育综合素养。

在"自主学习"模式下，针对学生体育能力的评价主要集中在"运动技能掌握程度"以及"自觉训练程度"等方面。采用这种学习模式需要学生具有一定的运动经验及运动基础，能够快速理解新知识，并在体育教师的帮助下快速掌握运动技能的关键技巧，并学会如何在自主练习过程中保护身体健康。

"自主学习"模式中体育教师将体育课堂的主体地位交还给学生，自己则扮演"引导者"的角色，对学生在自觉训练过程中出现的问题进行积极引导，提升"自主学习"效率的同时，避免学生遭受身体损伤。

（二）由接受学习向发现学习转变

严格意义上讲，"接受学习"并不是一种实际的学习模式，主要是指一种学习状态。在传统教学模式中，教师习惯使用"灌输式"教学方式，学生长期处于被动接受的地位，教师在授课过程中，无论传授的知识或技能是否存在错误，传授方式是否科学，学生只能全盘接受。在长时间学习过程中，这类被动接受的学习方式已经逐渐固化为一种思维

模式。

在体育学习过程中，很多学生也习惯采用"接受学习"的方式进行体育学习，在实际授课过程中，如果体育教师没有将技术动作表述清楚，一些学生就会显得茫然无助，不敢做动作，导致体育教学进展缓慢。想要解决这一问题，就要积极推动"接受学习"向"主动学习"转变。体育教师要对学生进行引导与鼓励，让学生敢于进行各种尝试，特别是对于身体素质较弱的学生，体育教师要对其进行重点帮扶，在课前针对这些学生的身体素质特点制定阶段式教学任务，帮助其建立自信心，同时利用体育运动改善体质。针对一些患有先天疾病的学生，教师要在其进行自主学习的过程当中给予重点关注，避免由于运动不当或者运动过量而发生运动损伤。

（三）由机械学习向探究学习转变

除"他主学习"以及"接受学习"模式的外，"机械学习"也是一种十分常见的学习方式。在实际教学工作中，一些教师为了确保教学效率，会大量采用"机械学习"模式，这种学习模式的特点是利用大段时间让学生进行重复练习，通过大量的重复练习让学生们养成肌肉记忆，并让瞬时记忆转变为长久记忆。这种学习方式尽管有一定的效果，但是长期采用"机械学习"法，会让学生感受到巨大的学习压力，并且枯燥的机械练习方式与学生喜欢尝试不同事物的天性不符，容易让学生丧失对体育的兴趣，从长远来看不利于学生体育综合素养的培养。想要解决这一问题，就要积极采用"探究学习"模式来代替"机械学习"模式，以此来激发学生对体育知识的兴趣。

在实际授课过程中，体育教师要充分利用学生勇于尝试、善于打破常规的天性，在"探究学习"框架下，教师带领学生学习一些运动技能，让学生熟悉并掌握这些运动技能，在此基础上，教师要主动设置合作探究主题，引导学生对该问题进行自助式探究，在学生进行探究的过程中，教师要密切观察学生的学习状态，并及时解答学生在研究过程中提出的问题，借助"研究"学习方式提升学生的自主学习能力，提升学生的体育综合素养。与传统的"机械学习"模式相比，"探究学习"对于学生能力的提升帮助更大，通过自主探究，学生不仅懂得了各种体育技术动作的原理，同时在探究过程当中还能领略到体育知识的独特魅力，变被动学习为主动尝试探索。在授课过程中，为了提升"研究"学习效率，教师可以灵活选择不同的教学手段，例如提问法、启发法、质疑法、卡片学习法以及课内外结合法等，以学生的实际情况以及教学内容为基础，选择最为适宜的授课方式。"探究学习"模式的教学评价主要考查学生对于体育技术动作原理的理解和掌握情况。采用这种学习方式的前提是需要学生具有一定的抽象思维能力，这类学习方式需要花费较多的时间，而且需要教师全程参与引导。

（四）由独立学习向合作学习转变

所谓的"独立学习"模式，主要是指将学生划定为单独的个体，以独立的身份开展学习活动。这种学习方式的效率较低，无法发挥集体的作用。一方面会浪费大量的学习时间，导致学习效率降低，另一方面还会阻碍学生沟通能力的提升。在实际学习过程中，很多学生已经习惯了自己一个人学习，没有和其他同学合作学习的意识，也不清楚如何与其他同学进行合作学习。想要解决这一问题，教师需要在体育教学活动中积极运用"合作学习"模式，该模式最大的特点就是改变学生独立学习的状态，通过引导以及鼓励的方式，让学生尝试与其他同学结成学习小组，一同开展各种形式的学习活动。与其他学科相比，体育在运用"合作学习"模式方面具有天然优势。体育课程中有大量团队合作内容，如足球、篮球、排球等竞技体育练习项目，此外也有两人三足、拔河等团队游戏。体育教师可以利用这些游戏，让学生逐渐熟悉"合作学习"模式，同时体会该模式相比于传统"独立学习"模式的优势，通过这种方式培养学生的团队协作能力，让学生对运动技能能够有更为全面的认知。通常情况下，"合作学习"模式在体育课程中以二人合作、多人合作以及小组合作三种方式为主，根据训练项目的不同采用不同的合作方式，如篮球、足球等团队项目，就需要采用小组合作方式，而对于羽毛球、立定跳远等活动，宜采用二人合作或者多人合作的方式。在对"合作学习"模式的教学效果进行评价时，需要将学生主动寻求合作次数、合作效果以及运动技能掌握情况等指标作为考核的重点。为了提升"合作学习"模式的效率，体育教师可以先设置一些简单的合作游戏项目，让学生熟悉"合作学习"模式，使其具备一定的合作学习基础。这类学习方式中教师在学习过程中的介入较为有限，能够充分发挥学生的主观能动性。

三、深度学习下体育学习方式的选择和运用

（一）根据学生身心特点运用不同的学习方式

深度学习是学生感知、思维、情感、意志、价值观全面参与的活动。中学生已经能够感知丰富的外界因素，并通过这种方式获得大量生活学习经验。这些看法和经验是学生在日常生活中进行分析、概括、比较以及判断的重要基础。具备这个基础能够使学生发展其思维能力并帮助学生培养理性思维意识，而这种能力的形成主要集中在初中阶段，在中学阶段，学生的认知能力以及联想能力进一步提升，其逻辑思维能力也会明显提升，仅仅通过教师的叙述或者阅读文字，学生就已经能够获得大量的信息。因此，在进行初中体育教学活动时，教师在讲解各种体育技能时不要将每一个细节都叙述出来，而是要

引导学生自主思考，结合自身的特点与特长对体育知识进行差异化吸收。在初中阶段，每位学生的成长环境是不同的，随着身体发展的逐渐成熟，并展现出不同的特征，例如有些学生善于奔跑，有些学生善于跳跃，有些学生身体柔韧性好，不同的身体特点让学生在体育课上展现出不同的成长路径。此外，学生在成长过程中，其心理也悄然发生了巨大的变化，并逐渐形成不同的性格特点。在这种背景下，初中体育教师在开展体育教学活动过程中，要根据学生的身体特点及心理特点，选择不同的教学方式，以此来达到"因材施教"的目标，提升体育教学效率。

例如，在体育课中，各种强度的"跑跳"练习是最基础的体育训练方式。但是，体育中的"跑跳"必须要遵循科学的方式及技巧。初中体育课中进行的"跑跳"练习不同于人们在日常生活中所进行的跑步，在学生跑跳时，教师必须仔细观察学生的跑跳姿态以及跑跳时学生的状态，通过这种方式为学生提供有针对性的指导。在实际授课过程中，一些学生身体协调性较差，教师就要将跑跳的基本动作进行详细拆分，让这些学生先熟悉各个分解动作，在熟悉了各种跑跳分解动作之后，使其进行连贯尝试，采用"合作学习"的方式，让身体协调性好的学生帮助身体协调性差的学生练习跑跳的连贯动作，通过这种方式纠正学生跑跳姿势方面的问题；还有一些学生身体素质较弱，肌肉爆发力以及心肺功能较差，在跑跳过程中出现"掉队"现象，针对这一问题，教师可以采用自主学习的方式，为这些学生制定特殊的训练方法，先进行一些提高体能的训练，为其设计几套提升体能的运动，让学生根据自己的兴趣以及身体情况选择适宜的锻炼方式，待身体机能得到改善之后，再进行正常的跑步训练；还有一些学生在自主探究能力上有所欠缺，教师在设计学生自主学习过程中需要将这些学生集中起来，先进行引导学习，在教师的引导下让其慢慢加入小组合作学习，这样的学生不适合一上来就自主学习，探究学习时教师也要时时关注他们，这样一方面不会因为学生的身体素质差异而影响课堂进度，另一方面也考虑到了每一位学生的实际情况，让不同身体素质及心理特点的学生都能够在体育课中有所收获。

（二）根据特定的技能和项目选择不同的学习方式

在深度学习视域下，体育教师在进行教学设计时，不仅要根据学生的身心情况选择学习方式，也要立足于课本，根据不同训练项目以及技能的特点，选择合适的学习方式，在体育项目与学生身体素质之间寻找到合适的平衡点。体育课程并不是若干个训练目标的简单堆砌，而是一个完整、连贯的教学过程。体育项目涉及范围非常广，包括锻炼学生的身体协调性、耐力、爆发力等，通过跑、跳、投掷以及各种球类运动让学生掌握基础的运动技巧。而不同项目需要用到的运动技巧存在很大差异，这种差异不仅体现在肌肉运动以及发力方式上，其采用的教学方式也存在很大的不同。有些技能技术动作较为复杂，且存在一定的运动风险，在这种情况下教师就不能采用"自主学习"方式，避免学生由于自主尝试训练而出现运动损伤。还有一些项目需要多人配合，此时就必须采用"合作学习"方式，确保教学效率。总而言之，体育教师需要在备课阶段对下节课的教学内容进行全面的分析，灵活采用适宜的学习方法，在确保学生安全的基础上提升教学效率。

这里需要特别注意的是，很多教师在进行教学设计时常会陷入以课时为基本单位设计教学环节的误区，习惯性地在一节完整的体育课上选择单一学习方式，尽管这样的模式能够降低教师备课的压力，但是会对教学效率产生影响。因此，针对一些低风险或者较为复杂的体育项目可以采用多种学习方法组合的方式进行，教师可以将该项目分割成若干个小环节，以每一个环节作为基本单元，选择出不同的学习方式。

例如，在练习立定跳远项目时，老师可以将一个完整的立定跳远项目分解成两个板块。在第一阶段，教师可以采用"探究学习"模式，先向学生们展示立定跳远的基本动作，然后为学生设计一系列问题，比如"如果双臂不做动作是否会影响立定跳远成绩""腿部弯曲幅度与跳远距离之间的关系"等，然后让学生带着对问题的思考进行尝试。在第二阶段，教师可以采用"合作学习"方式，以"两人一组"或者"四人一组"的方式进行小竞赛，充分利用学生的好胜心，调动起学习的积极性。尝试将"探究学习"与"合作学习"进行结合，可以提升体育课堂的趣味性，让学生在体育课上始终保持专注。尽管将立定跳远项目分解成了两个板块，但是两个板块之间并非完全独立，二者之间依然存在紧密的联系，这就要求由"探究学习"向"合作学习"阶段过渡，教师要进行积极的引导和启发，使各种学习方式之间的过渡更为顺畅。

（三）根据所学教材选择不同的学习方式

在深度学习视域下，要求教师在教学过程中关注学生的心理健康和社会适应能力，促进其运动兴趣的形成和良好运动习惯的养成，体育学习内容多种多样，有无器械的运动，单人、多人、团体的运动，既简单又复杂的运动。体育教材内容与其他学科的教材之间存在差异，一方面是体育教材中的内容不具备很强的连贯性，另一方面也并不是按照"由易到难"的顺序编排教学内容。因此，教师在进行教学设计时，要始终坚持以教材作为基础，依据体育课本中的实际内容，选择适宜的学习方式。单人无器械且较简单的项目，可以采用自主学习的方式，注重团队协作的项目可以采用合作学习的方式，较难的项目，教师需要通过挂图、示范、讲解等一些手段引导学生进行探究学习。

例如，在学习广播操的时候，教师就要对该部分内容进行深入分析，与投掷、跑跳等教学项目相比，广播操内容比较简单，当中涉及的技术原理也不复杂。因此，在进行广播操教学时就不需要采用"探究学习"模式，如果以"探究学习"模式教授广播操教学内容，会浪费大量教学时间。教师需要采用"自主学习"方式教授广播操内容，一套完整的体操大致分为9～10个动作，教师可以把其分为三个部分，一个课时讲解3个动作，在课程开始之后先向学生展示完整的动作，然后让学生根据挂图自主练习，教师巡回观察，解决学生在练习过程中遇到的问题。采用"自主学习"模式，能够最大限度提升教学效率，达到压缩课时的效果。此外，在自主学习过程中，学生们会自觉寻求其他学生的帮助，或者针对某一动作寻求同学帮助，通过这种方式提高学生的沟通能力，一举多得。再如，教授讲解双手从头后向前投掷实心球内容时，教师可以给示范坐姿投掷、跪姿投掷、双脚平行开立投掷、双脚前后开立投掷，让学生分成小组自主练习，练习前提出问题"哪种动作投得最远，为什么？"，使学生小组探究讨论得出结论，改变灌输式的教学，把课堂的主体位置还给学生。

（四）根据对教材内容的掌握阶段运用不同的学习方式

通过对体育教材的深入研究可以发现，一些综合性的体育项目具有很强的连贯性，学生无法在短期内掌握全部技巧，想要完成该项目需要花费很长的时间。例如足球、篮球等球类训练项目，一方面需要学生具备大量基础运动能力，并且对学生的身体协调性、柔韧性以及爆发力都有一定的要求。另一方面这些球类项目包含大量技术动作，对于学生而言，这些技术动作无法通过简单的模仿来掌握，需要通过大量的练习才能熟悉各种技术动作，而且想要在对抗或者受到干扰的状态下完成这些动作，需要学生具备良好的身体素质及心理素质。因此，球类运动项目通常都是初中阶段体育教学的难点与重点。针对这些难度较高的训练项目，教师要根据学生对教材内容的掌握情况，灵活选择适宜的学习方式。由于学生的身体素质以及心理素质都存在差异，其对于教材内容的掌握也存在很大不同。因此，教师要通过观察，仔细了解每一位学生对于教材内容的掌握情况，并根据学生的实际情况对其进行分组，以小组为单位选择不同的学习方式。

例如，在学习篮球技术动作时，教师可以先让学生进行"原地运球"以及"两人一组传球"练习，通过这种方式了解学生的基础情况，并对学生进行分组。将身体条件好、有一定篮球基础的学生分成一组；将身体条件较差、没有篮球基础技巧的学生分成一组。针对前一组，教师可以采用"探究学习"方式，为其布置一些具有难度的训练任务，或者组织其进行低强度的自由对抗训练，充分发挥其优势，让这些学生在探究以及对抗过程中自主学习篮球技术。针对后一组，教师能采用"合作学习"的方式，让其结成学习小组，从最基础的篮球知识开始，让其逐渐掌握正确的运球和传球技巧。这种合作学习方式能够有效消除基础差的学生心中的焦虑感，通过团结合作的方式逐步提升篮球能力，一方面能够有效增强其自信心，另一方面还可以让原本对篮球运动缺乏了解的学生在合作训练过程中逐渐感受到篮球运动的魅力，在篮球运动中获得知识与满足感，以此来调动这部分学生的学习积极性。此外，采用"探究学习"和"合作学习"双线开展的方式，能够巧妙利用"探究学习"时间较短，"合作学习"时间较长的特点，在一定程度上让两组学生在学习进度方面保持一定的协调，有利于教师对整个班级的体育教学任务进行统筹规划，避免出现由于个人能力差异所导致的教学进度失控问题，让每一位学生都能在学习过程中提升篮球技巧。

体育学习方式没有好坏之分，不论是传统的他主学习方式，还是深度学习视域下的自主、合作、探究学习方式，只有因材施教才能发挥各种学习方式的作用。以学生为主体，教师为主导，运用多种学习方式，让学生达成学习目标，增进身体健康，培养良好的思想品质，最终形成终身体育的习惯。

第三章 深度学习下体育健康行为素养的教学设计

第一节 健康行为素养培育下学习目标制定

学习目标制定是教学设计的关键环节，健康行为素养培育下学习目标制定得是否合理，直接关系到教学质量，也会影响到学生体育核心素养的发展。本节主要对健康行为素养三大领域对应的学习目标定义、制定原则和方法，结合深度学习理论概念进行阐述。

一、体育与健康学习目标概述

（一）体育学习目标定义

体育学习目标是由教师依据课程目标制定的，在教学活动中教师对学生预设需要达到的学习结果和标准。健康行为素养导向的体育学习目标围绕锻炼方法与管理、情绪管理与表达、生活方式与能力三大领域，它在教学活动中承担着重要作用，是教材内容的选择、学练活动的设计、教学方法手段的运用以及有效评价的依据。

（二）体育学习目标的分类

1. 《义务教育体育与健康课程标准（2011年版）》以下简称《课程标准（2011年版）》目标分类

《课程标准（2011年版）》依据知识与技能、过程与方法、情感态度与价值观的三维目标体系，突出学科特点，制定了运动参与、运动技能、身体健康、心理健康和社会适应四个方面的学习目标，坚持"健康第一"的原则，以学生为主体。对学生的学习评价从体能、知识与技能、态度与参与、情意和合作四个方面展开。

2.《普通高中体育与健康课程标准（2017年版）》（以下简称《课程标准（2017年版）》）目标分类

《课程标准（2017年版）》依据学科核心素养制定学习目标，重视学生个人综合能力的全面发展。高中体育与健康课程学习目标分为运动能力、健康行为、体育品德三大方面，发展学生的核心素养，逐步形成的适应个人终身发展及社会发展需要的必备品格和关键能力。

二、健康行为素养下体育学习目标制定的原则

（一）全面性原则

体育学习目标涉及范围广、对象全。体育学习目标要符合各个阶段学生的身心发展，提高他们的运动能力和强壮体魄，有效促进学生的健康成长。现阶段体育教学目标是向学生传授体育、卫生保健知识和体育技术、技能，促进健康，增强学生体质，发展学生身体素质，培养学生运动能力和良好的思想品德，使其成为德、智、体全面发展的社会主义建设者和接班人。人人体育、终身体育的理念也是深入人心，每天运动一小时，健康生活五十年。

体育学习目标的体系全面。第一，要体现体育学科下健康行为培育的特点；第二，它涉及认知、情感、动作技能、身体素质和健康素质诸多领域的目标；第三，要根据体育学科教材的特点，重、难点的突出尤为明显；第四，理论、实践相结合，可操作性强，必须通过实践来体现目标的达成情况；第五，课程设计合理，所设计的目标应该是90%以上的学生都能通过一定的努力能够达成的。

（二）循序渐进原则

体育教学目标的设计是面向全体学生的，但是由于各个区域不同学生的运动能力和身体条件等方面存在一定的差异，在教学目标的设计中必须要注重因材施教，目标的设定必须有一定的灵活性。这就要求教师要尽可能将教材按难度设立不同等级，循序渐进，确保每个学生都能根据实际水平达到相应的等级。

（三）整体性原则

体育课堂教学目标指的是单元目标和课时目标。在编制体育课堂教学目标时，首先

要把握学校教育目标和体育课程目标，从整体出发，充分地反映学校教育目标和体育课程目标的总体要求，并注意处理好一般和整体的关系。

（四）可量化、可测评性原则

体育教学目标的设计是用比较科学、准确的逻辑语言来描述的，这种描述一般比较抽象，比较难确定评价标准。这就要求在实际操作中，所制定的体育教学目标不能用笼统、模糊的语言来描述，必须有一定的量化指标，并且可以通过一定的内容和方式比较客观地进行评价和检测。

（五）短期与长期相结合原则

长期目标应同短期目标相结合。所设定的目标不应该直接指向终极目标，相反，长期目标应该分解成短期的子目标，当子目标一一被实现后，就自然加大了实现长期目标的可能性。研究的成果表明，长期目标与短期目标相结合具有其合理性，因为短期目标能够给学生以期望，调动学习的积极性，长期目标给学生以遥远感，长期使用长期目标会破坏学生的学习兴趣。

三、健康行为素养下初中体育教学计划

（一）学情分析

由于学生由小学上升为初中，儿童转为青少年还需一个过渡期，其心理、生理都还需要一个转变期和适应期，再者农村小学生普遍接触体育较少基础薄弱，所以，原则上我们准备安排的体锻项目、活动内容，都有一个渐进的过程，从常规做起，从点滴来抓，由易到难，由浅入深，这是本年级的一个活动趋势，大部分学生都活泼好动，表现欲、上进心强，但是普遍的体质较弱，在上课中应坚持"健康第一、安全为主"。当然课堂教学应以学生为主体，根据情况变化，日常的教学中要灵活应变。

（二）教材分析

新的课程标准在教学内容上，只确定了一个内容结构框架，仅仅提供了不同水平、不同。领域、不同层次的基本目标；对教材内容的选择、采取的教学方式和实施的教学步骤，都没有作出明确规定；因而教师在教材选择上有较大的自主选择空间。教师和学生都参与到课程内容的选择和建设上来，使体育与健康课教学更能适应学生个体差异，做到因材施教，让全体学生在学习中获得益处。以发展学生速度、耐力、力量、柔韧、协

调等素质为前提，把理论知识、跑步、跳跃、投掷、武术、健身操、素质训练、体质测验作为必修内容，将各种球类、韵律体操和舞蹈、跳绳作为选修教材，在选择教学内容时，把速度、耐力、灵敏等测试内容安排到教学中去完成。

（三）教学目标

1. 知道合理安排锻炼的时间和意义，参与体育与健康课的学习。形成积极态度和行为。

2. 完成和基本掌握本年级选择项目中的规定动作，了解所学项目的知识与简单战术，结合游戏等多种形式获得应用技能，区分安全及不安全的运动行为，发展自学自练和自我保健能力。

3. 在小学体育与健康课程学习的基础上，通过各种练习手段，发展速度、灵敏、有氧耐力。引导学生关注自己的身体，懂得不良行为对健康的影响，理解体育锻炼对身体形态和技能发展的益处。

4. 掌握运动技能的同时使学生了解心理状态对身体健康的影响，在体育活动中初步建立自尊和自信，积极进取，培养坚强的意志。

5. 建立个人和群体的和谐关系，在体育游戏及比赛中能与同伴分配角色，协调配合，共同完成任务。

（四）具体措施

1. 适时了解和分析学生的学习信息。

2. 营造贴合学生年龄特征的、有利于学生学习的运动环境。

3. 根据学生年龄特征，采用兴趣化和多样化的教法和手段，充分发挥游戏、竞赛的能动作用，让学生在自主游戏中练习，充分体现学生的主体地位。

4. 根据学生实际，不断变化练习方式，不断地激发学生的练习兴趣。

第二节 体育健康理论知识的内容体系建构（案例）结构化

一、内容标准

1. 掌握健康的基本知识与增进健康的原理与方法。
2. 养成良好的卫生习惯，提高疾病防控的意识与能力。
3. 掌握环境与健康的相关知识。
4. 掌握并运用安全运动与安全避险的知识及方法。
5. 提高增进心理健康的意识及社会适应能力。

二、学情分析

七年级伊始，初中生更多的是习惯老师带着学，主动学习的能力尚欠。老师要善于引导，可采用讲故事、做游戏、互动的形式进行教学，帮助学生树立信心。八年级学年段老师应更多关注学生青春期特征，帮助他们正确理性认识青春期，学会安全、平稳度过；使他们懂得人际关系的重要性，学会通过体育构建理想的人际关系。到九年级学生在学习方法上转化，由被动接受向自主、探究学习转化，更加需要提高学生分析、辨识的能力，使他们学会了解应急情况的程序，提高避险能力；懂得积极性休息，养成正确使用网络的习惯；懂得珍惜生命并远离毒品。

三、各单元教学计划的教学设计建议

（一）健康教育模块

第一单元：掌握健康的基本知识与增进健康的原理与方法

单元学习目标	1. 积极参与健康教育的各项学习活动,了解生活方式对健康的影响,乐于参加体育锻炼。 2. 了解增进健康的原理与方法,掌握健康教育的基本知识。 3. 能说出不良生活方式对健康的影响,学会选择健康的生活方式。 4. 改善自己的健康行为习惯,逐步形成良好的生活方式。		
单元教学内容	1. 理解健康生活方式的含义,形成积极健康的生活方式。 2. 掌握与健康相关的饮食和营养知识。 3. 认识不良生活习惯对身体的危害,远离不良嗜好。 4. 认识不良饮食习惯对青少年发育的危害。 5. 学会合理安排作息时间,学会选择在适当的时间中进行体育锻炼。		
课时内容	课时学习目标	课时教学重难点	课时教与学的主要策略
1. 生活方式与健康	1. 知道健康的概念与组成部分。 2. 能说出不良生活方式对健康的影响。 3. 学会选择健康的生活方式。	1. 重点:健康的概念及生活方式与健康的关系。 2. 难点:健康生活方式的辨识。	1. 提问"什么是健康",学生回答,教师归纳三维健康的概念。 2. 通过视频让学生辨识什么是健康的生活方式,引导讨论,让学生懂得生活方式与健康的关系,并且学会怎样选择和坚持有益的生活方式。 3. 分组进行健康知识抢答比赛。
2. 掌握与健康相关的饮食和营养知识	1. 了解主要食物的营养价值与保持平衡的膳食。 2. 懂得不同强度学习和运动对营养的不同需求。 3. 养成良好的膳食习惯。	1. 重点:理解健康生活方式的含义。 2. 难点:形成积极健康的生活方式,养成坚持锻炼的习惯。	1. 指导学生查阅有关健康的资料,与学生一起讨论健康的含义。 2. 观看健康讲座录像。 3. 反思自己的健康行为,明确合理生活方式与健康之间的关系。
3. 认识不良饮食习惯	1. 认识不良饮食习惯对青少年健康的危害。 2. 知道哪些不良饮食习惯(如长期饮用碳酸饮料、偏食、不吃早餐等)。 3. 通过学习学生能改善自己的不良饮食习惯,逐步形成科学饮食的良好习惯。	1. 重点:掌握与健康相关的饮食和营养知识。 2. 难点:懂得不同强度学习与锻炼对营养的不同需求。	1. 指导学生在线学习营养知识。 2. 结合学生日常饮食习惯与开展讨论,如何做到科学饮食、合理营养。 3. 组织营养知识竞赛。

4. 良好的生活习惯	1. 明确良好的生活习惯对健康的重要性。 2. 知道吸烟、过量饮酒、吸毒的危害。 3. 能自觉抵制恶性,养成良好的生活习惯。	1. 重点:认识不良饮食习惯对青少年健康的危害。 2. 难点:改善自己的不良饮食习惯。	1. 讲解认识不良饮食习惯对高中生健康的危害。 2. 分组讨论,互相表述自己有哪些不良饮食习惯,如何改善。 3 完成调查报告。
5. 合理的生活方式	1. 知道合理生活方式的重要意义。 2. 学会合理安排作息时间。 3. 合理安排作息时间,逐步养成良好的锻炼习惯与生活习惯。	1. 重点:认识不良生活习惯对身体的危害。 2. 难点:学会选择坚持体育锻炼的策略。	1. 收集各种恶性危害资料增加避免恶性的意识。 2. 运用多媒体让学生看到吸烟、过量饮酒、吸毒的危害。 3. 开展可以"拒绝第一支烟"的讨论等。 4. 讨论并制定每天坚持一小时体育锻炼的策略。

《生活方式与健康》教学设计

一、指导思想

针对七年级学生活泼好动、表现欲强及健康观认识不到位、不良生活方式需要通过教育进行校正的特点,突出"立德树人""健康第一"的指导思想。以正确树立"健康四大基石"为抓手,以战胜不良的生活方式为目标,关注学生核心素养培养。在教学中运用小组合作学习方式,利用问题引导学生主动求知,注重学生自己的发现,鼓励创新,其目的在于培养学生自主学习的意识,锻炼学生主动表达的能力。

二、教材分析

《生活方式与健康》是七年级第一学期《体育与健康》知识单元第二节的教学内容。对于提高学生健康行为素养,帮助学生学会判断、选择生活方式具有积极作用。由于七年级学生健康意识、知识和选择健康生活方式能力还不够强,所以本课教学重点为:掌握生活方式与健康的关系及健康四大基石的内涵。

教学难点为:学会选择健康的生活方式。通过本节课的学习,有助于学生树立正确的健康观,认识生活方式与健康的关系,逐步学会选择健康的生活方式。

三、学情分析

初中生特点是活泼好动,对事物充满好奇并且善于模仿,喜欢新颖的、有一定难度的、多人或集体参与的活动,有较强的表现欲望,但保持注意力时间不长。

初中生尚缺乏对健康的正确理解,绝大多数学生对健康的认识比较浅显,还处于身体强壮、能吃、能睡、没有疾病的认识层面,只有少部分学生认为健康包括良好的人际关系和社会适应能力。虽然有一定的知识储备,但是缺少实际践行和坚持,教师需多关注学生中的一些不良生活方式,并通过教育引导予以校正。

四、主要策略

(一)通过"少教多学"实现教与学的双赢

本着"少教多学"的教学理念,把课堂时间和空间还给学生,充分发掘学生的创造性。教师只是本课"导演",学生才是"主角"。因此,本课着重培养学生自主和合作学习能力,在小组合作探究中学会"发现、思考、评价、总结"问题。

(二)通过热身操实现劳逸结合、健康学习

人的大脑越用越灵活,用脑的同时也应适当休息,劳逸结合才能使大脑发挥更大的功效。本课理论知识多,实践操作少,特意安排室内热身操,缓解学习压力,活跃课堂气氛。

(三)巧用现代信息技术,优化教学手段

把课堂时间和空间还给学生,重要的是需要教师"精讲多练","精讲"可以争取时间,给学生充足时间"多学"。本课采用多媒体技术快速显示,减少大量板书时间,大大增加课堂教学容量,让课堂学习更高效。

五、课后延伸

本课结束部分是要求学生从自身做起,自平时做起,养成了良好的生活方式,优化生活习惯。

第二单元：养成良好的卫生习惯，提高疾病防控的意识与能力

单元学习目标	1. 知道常见传染病的传播途径,并掌握基本的预防措施。 2. 知道平衡膳食与健康的关系,学会从调整饮食和合理锻炼两个方面来控制体重。 3. 了解不良用眼习惯对眼睛造成的伤害,养成爱护眼睛的良好习惯。
单元教学内容	1. 常见传染病的预防。 2. 合理膳食促进健康。 3. 近视及其预防。

课时内容	课时学习目标	课时教学重难点	课时教与学的主要策略
1. 常见传染病的预防	1. 知道常见传染病的分类及其危害。 2. 了解常见传染病的传播途径。 3. 能说出呼吸道、肠道传染病的预防措施。	1. 重点:知道常见传染病的种类和预防。 2. 难点:区别传染病的不同传播途径。	1. 利用视频、PPT 等形式讲解展示传染病的概念及其种类。 2. 图片展示不同传染病、传播途径以及预防方法,学生用连线方式回答,教师总结。 3. 填写个人卫生习惯评价表。
2. 合理膳食促进饮食	1. 知道平衡膳食与健康的关系。 2. 掌握平衡膳食要求,指导日常饮食。 3. 学会从调整饮食和合理体育锻炼两个方面来控制体重。	1. 重点:理解养成良好饮食习惯的重要性。 2. 难点:平衡膳食的辨识和选择。	1. 提问导入:人体需要哪些营养素?学生自学后回答,教师小结。 2. 提问学生每天早餐情况,并相互评价。播放"不吃早餐对身体的影响"视频,讨论合理早餐的搭配。 3. 讲述饮食、锻炼与体重控制的关系。 4. 教师指导下,学生制订个人健康饮食表。
3. 近视及其预防	1. 知道不良用眼习惯会对眼睛造成的伤害。 2. 掌握正确的眼保健操做法。 3. 养成爱护眼睛的良好习惯。	1. 重点:了解不良用眼习惯对眼睛的伤害,以及预防近视的方法。 2. 难点:养成良好的用眼习惯。	1. 视频展示:常见的用眼不良习惯。学生根据自身情况讨论不良习惯的成因,教师归纳造成近视的原因。 2. 讨论预防近视的方法。讲解示范眼保健操,并让学生坚持做好眼保健操。
4. 肥胖及其预防	1. 了解肥胖的概念及评定超重、肥胖的标准。 2. 懂得肥胖形成的原因,并认识肥胖的危害。 3. 学会选择科学的生活方式。	1. 重点:了解肥胖的原因、危害及其预防。 2. 难点:把握减肥三大原则,选择合理的生活方式。	1. 肥胖及其界定:体重指数 (BMI) 的评定。学生根据自身情况评定。 2. 视频展示:肥胖给生活学习带来的不便及危害。讨论肥胖原因,分析不健康的生活方式。 3. 讨论如何预防肥胖。教师引导学生从合理饮食、积极锻炼等方面探讨。

《合理膳食　促进健康》教学设计

一、指导思想

初中学生日常生活中不良饮食习惯比较普遍，影响着他们的身体健康。本节课基于"健康第一"的指导思想，从促进学生健康的视角，以"合理膳食，促进健康"为主题，通过学生自我认识、知识探索、实践运用、相互改进等途径，引导学生在自我分析、问题探讨的合作学习中，掌握合理膳食与科学锻炼的知识，并且努力运用于实践，培养健康生活的行为方式，培育体育核心素养。

二、教材分析

本课内容来源于七年级第二学期《体育与健康》知识单元。科学合理膳食、养成良好的饮食习惯是培育健康行为的重要内容之一，通过学习有利于促进学生体育核心素养的培养。本课最基础的知识点是明确"什么是合理膳食"和"为什么要合理膳食"，进而联系自我饮食习惯、分析利弊，学会自测体重指数，探讨合理控制体重的方法，并进一步将体育锻炼与合理膳食有机结合起来，为学生健康生活提供指导。

该教材与学生日常生活结合紧密，能针对性地改变他们的不良饮食习惯，有助于自我监控体重，并通过体育锻炼与合理膳食进行改善。本课教学重点是知晓良好饮食习惯的重要性，教学难点是平衡膳食的选择及辨识。

三、学情分析

初中生在日常生活中对平衡膳食有一定的选择和辨识能力，但由于心智仍未成熟，对各类食物的诱惑缺乏控制力，经常会吃一些不健康的食物。因为缺乏合理膳食与科学锻炼的知识与习惯，学生中既有"胡吃海喝"的肥胖儿，也有"盲目减肥"的小瘦子。由于本课内容并不深奥，且学生都有话可说，因此采用小组合作学习的方式，通过多种互动学习建立"合理膳食，促进健康"的概念，给学生健康生活打下基础。

四、主要教学策略

（一）选餐分组

将教室想象成一个自助餐厅，每位同学随机领取一个食物卡片和一张基础餐券，手持卡片代表着某种食物，让学生按食物的特点分组，学生根据自己扮演的食物角色对号入座，在完成后，学生迫切想知道自身饮食习惯是否科学合理，这就促使学生带着学习的需求投入到本课学习中。

（二）结合自身实际，深化探究学习

利用自选餐厅可以反映出每个学生生活中的饮食习惯。经过教师讲授与引导，学生先进行自我反思，促使学生带着问题进入深度的探究学习，再通过小组合作学习的讨论交流、分享展示，最后完成对自己不良饮食习惯的修正和改进。

（三）运用组内合作，促进优势互补

小组合作学习推动了探究任务的完成，在学习过程中，每个学生都可以畅所欲言发表自己的观点，在学习和互相评价中受到启发，师生互动及生生互动，共同协作完成任务。

（四）情感升华

师生憧憬未来，乘坐时光列车到同学们30岁的时候，你的生活有怎样的变化？教师情感寄语，希望同学们回家能与父母或亲朋好友分享今天所学内容，并将今天所学的知识运用到实际生活中，有了好身体，长大后才能报效祖国。

五、课后延伸

本课家庭作业是依据所学知识和方法，在课后进行"我为家人做晚餐"。

让学生向家长讲授"合理饮食，促进健康"的有关知识，并让家长参与课后作业的实施，起到了宣传和巩固所学的作用。学生的饮食主要是家长负责，亲子共同制订周饮食计划会更具有可操作性。家长辅助学生将合理膳食计划落实在生活当中，达到学以致用的作用，也促使家庭的饮食习惯更加科学合理。

第三单元：掌握环境与健康的相关知识

单元学习目标	1. 懂得环境污染对人们健康发影响与危害。 2. 了解环境污染的知识和预防措施。 3. 提高环境污染与环境污染性疾病的防控意识与能力。 4. 逐步养成良好的生活方式,能懂得学会保护自己,远离环境污染。
单元教学内容	1. 环境污染对人们健康的影响与危害。 2. 提高环境污染防控的意识与能力。
重点难点	重点:养成良好的生活方式。 难点:提高环境污染的防控意识与能力。

课时内容	课时学习目标	课时教学重难点	课时教与学的主要策略
1	1. 知道环境对身体健康的影响与危害。 2. 了解环境污染的有关知识;并在日常生活中予以运用(如避免在雾霾、灰尘、噪声等不利于身体健康的环境中进行体育活动)。 3. 转变理念,懂得防控环境污染的健康行为。	重点:明确环境污染的知识,环境污染性疾病的防控意识与预防措施。 难点:提高环境污染的防控意识与能力。	1. 收集查阅环境污染给人们带来的影响与危害的资料。 2. 结合学生日常生活对防控环境污染开展讨论。 3. 多媒体教学揭示环境污染的影响与危害。 4. 组织参加爱护地球、爱护环境班团活动或社会宣传活动。
2	1. 懂得保护环境重要意义。 2. 了解如何在有害环境中,自我保护和降低危害程度的方法等。 3. 学生能提高保护环境意识与能力,懂得保护自己,远离环境污染。	重点:提高保护环境的意识与能力,养成良好的生活方式。 难点:懂得保护自己,远离环境污染。	1. 指导学生在线学习防控环境污染的知识。 2. 学生根据环境污染案例开展讨论。如何提高环境污染防控意识与能力。 3. 网上观看专家环境污染防控知识讲座。 4. 家庭作业:开展"少放一挂鞭、天增一抹蓝"活动,能动员亲戚、朋友尽可能不要在新村住宅周围放鞭炮,要到规定区域放。

《环境保护意识》教学设计

一、指导思想

地球是我们永恒的家。但现在,俯瞰我们生活环境:工业区经常浓烟滚滚,污水横流;建筑、拆迁区域,垃圾遍地、尘土飞扬;生活垃圾,日益增多;饮用水源屡屡被污染。环境问题,已受到世界各国人们的关注,中学生也不例外。本节课的教学内容贴近学生的生活实际,教师可以利用本节课的教学,让学生了解一些环保知识,并引起他们情感上的共鸣,使每一个学生明白:从身边做起,自小事做起,做个环保小卫士,我们的生活环境才会越来越好。

二、教材分析

中学生关注环保,是关注他们的未来,关注人类的未来。把环保教育深入到学校、家庭、社区,使之成为整个社会的风尚,有利于学生优良品德的形成,有利于整个中华民族素质的提高。

随着素质教育的推广实施,以环境保护为题材,开展一系列的实验,既能增强学生的环境保护意识,也能培养学生的创新能力和动手操作能力,为学生进行终生学习奠定坚实的基础。然而,由于中学的实验室条件限制及中学生现有知识水平的种种限制,也限制化学教学质量的进一步提高。

三、学情分析

九年级学生的共性:①九年级学生有一定的实验基础,进行实验时可操作性强。②九年级学生较理性,易于在学习中发现他们的潜意识学习能力。

四、主要教学策略

(一)以唐诗人李白赞美大自然的名句"两个黄鹂鸣翠柳,一行白鹭上青天"为导入

语，展示系列图片

1. 大自然美好风光——蓝天、白云，花、鸟、虫、鱼；

2. 受污染后的恶果图片——美国洛杉矶化学烟雾事件的图片，秃山荒岭、浓烟滚滚以及水污染等的图片及解说资料（来源于网络下载资料）。

（二）交流兼容归纳整理，通过开放式、探索式、研究性的自主学习，从不同角度去体会感知环境污染的危害，从现象的感知中升华知识。根据环境污染案例开展讨论。如何提高环境污染防控意识与能力。

（三）启发引导发散思维，再次鼓励学生自由畅谈，培养其发散思维。搭起师生平等对话的平台。

（四）联系实际加深认识，出示问题：①归纳出自己周围存在哪些环境污染？有什么治理方法？②请预测未来环境的发展趋势？

五、课后延伸

开展"少放一挂鞭，天增一抹蓝"活动，能动员亲戚、朋友尽可能不要在新村住宅周围放鞭炮，要到规定区域放。

鼓励学生利用校园网络资料在网上发布以"保护环境，拯救自己"为题的倡议书。

第四单元：掌握并运用安全运动与安全避险的知识和方法

单元学习目标	1. 了解常见运动损伤及预防的知识,掌握一些应急处理运动损伤的方法。 2. 了解应对危急情况的程序和原则,掌握预防意外伤害的基本方法。		
单元教学内容	1. 常见运动损伤的预防和紧急处理。 2. 增强安全意识,提高避险能力。		
课时内容	课时学习目标	课时教学重难点	课时教与学的主要策略
1. 常见运动损伤的预防和紧急处理	1. 了解常见运动损伤及其预防知识。 2. 初步掌握擦伤、关节扭伤、骨伤的紧急处理方法。 3. 增强安全运动的自我保护意识,提高运动损伤的基本防范能力。	1. 重点:了解掌握运动损伤发生的原因、预防要求和常见运动损伤的紧急处理方法。 2. 难点:学会冷静处理运动损伤。	1. 用视频展示常见运动损伤,讨论交流常见运动损伤的原因、预防和紧急处理的办法。 2. 用视频展示常见运动损伤的紧急处理方法,教师讲解,学生现场演练。

| 2. 增强安全意识, 提高避险能力 | 1. 了解应对危急情况的基本原则和程序。
2. 掌握预防意外伤害的基本方法。
3. 能正确地拨打急救报警电话, 把事情经过讲清楚。 | 1. 重点: 了解预防溺水和交通事故的方法。
2. 难点: 辨识生活中存在的可能导致意外伤害的危险因素。 | 1. 讲解预防意外伤害的原则。学生讨论可能导致意外伤害的危险因素, 教师小结。
2. 模拟溺水的现场施救, 重点掌握呼救、拨打电话、上岸后的急救等方法。
3. 视频展示: 交通事故造成的意外伤害。学生现场模拟拨打急救电话, 教师总结拨打急救电话时如何正确地把事情说清楚。 |

《常见运动损伤的预防和紧急处理》教学设计

一、指导思想

本课以"健康第一"为指导思想, 依据初中生热爱运动但是运动水平和身体机能水平相对较弱, 运动安全防范意识不强, 进而更易发生运动损伤的特点设计。通过本课的教学, 让学生了解体育锻炼中几种常见运动损伤产生的原因, 并懂得如何预防, 掌握临场急救处理的方法。通过小组讨论和学习卡片的记录, 促进学生之间相互协作、共同参与学习, 培养学生动手动脑的能力和团队精神。

二、教材分析

"常见运动损伤的预防和紧急处理"教材根据初中生学生特点和运动经验, 将运动损伤产生原因、预防措施和紧急处理办法作为主要学习内容, 旨在引导学生将理论知识与实践操作紧密联系, 进一步提高学生运动安全意识, 让学生学会常见运动损伤的预防和紧急处理的方法, 增强学生安全锻炼能力, 提高体育锻炼的功效。

本课教学重点为预防运动损伤的措施, 擦伤、关节扭伤及骨折的处理办法。教学难点为能冷静和妥善处理运动损伤。

三、学情分析

初中生活泼好动, 对体育运动兴趣浓厚, 但处于青春期的学生好胜心强, 对运动安全常识了解有限，风险防范意识不强，容易发生运动损伤。因此，掌握运动损伤的预防和处理方法对学生来说非常重要，并且终身受益。

初中生在以往的运动体验过程中，对运动损伤有一定的知识储备，且善于模仿学习。因此，本课将理论知识与实践操作相结合，使学生在模拟情境当中学习运动损伤的处理，尽可能做到冷静、妥善处理。

四、主要教学策略

为了解决教学重点和突破难点，本课在实施过程中，少讲解，多启发；少理论，多实践。同时，通过大量的练习和多层次的评价，来增强学生对运动损伤处理中操作技术动作的理解。另外，小组合作学习方式让学生更好地参与课堂学习，提高了参与度。

本课利用图片、多媒体、视频等强化学生直观感受；通过抢答竞赛的方式激发学生学习兴趣；学习过程中运用小组学习的方式，教师指导学生合作探究，充分发挥学生的主体地位；利用学习卡片梳理学习要点，更好地掌握重难点，并为课后的巩固作业积累材料；依托"运动损伤处理办法表格"进行磁片的寻找和排序，拓宽学生思路；通过创设受伤情景，现场模拟操作，提高了学生实践操作的能力。

五、课后延伸

本课结束部分，教师小结并布置课后巩固作业。是在让学生课后积极回顾、梳理课上所学，并能更好地用之于实践，增强运动安全的意识。

第五单元：提高增进心理健康的意识和社会适应能力

单元学习目标	1.认同体育锻炼是形成意志品质的重要手段,学会调节情绪的方法。 2.了解情绪对身体健康的影响,学会通过体育活动调节自己的情绪。 3.了解人际交往的基本技巧、原则,掌握有效预防性侵害的措施。		
单元教学内容	1.勇敢面对挫折和困难。 2.体育与情绪。 3.学会与他人交往。		
课时内容	课时学习目标	课时教学重难点	课时教与学的主要策略

1. 勇敢面对挫折和困难	1. 知道良好意志品质的特征。 2. 认同体育锻炼是形成意志品质的重要手段。 3. 学会调整情绪的方法。	1. 重点：学会以体育锻炼形成良好意志品质。 2. 难点：掌握情绪调控的方法。	1. 让学生举例自己或身边人在体育场上所体现的意志和品质，并做出自我评价，教师引导讨论如何发展良好的意志品质。 2. 视频展示：消极情绪和积极情绪的影响。学生讨论调整情绪的方法，教师归纳总结。
2. 体育与情绪	1. 知道情绪是可以调节的，了解情绪对生理健康的影响。 2. 能分析自己在体育活动中受挫时的情绪变化和调节情绪的方法。 3. 学会通过体育活动调控自己情绪。	1. 重点：理解体育锻炼对情绪调控的作用。 2. 难点：学会运用情绪调控的方法。	1. 提问"什么是情绪"，引发讨论：举例说明情绪对健康的影响。 2. 视频展示：体育活动对情绪的影响。根据自身经历举例说明体育活动可以对情绪产生良好影响。 3. 教师总结情绪对健康的影响，并分析如何在体育活动中正确地调控情绪。
3. 学会与他人交往	1. 认识青春期心理发展的特点。 2. 了解人际交往的基本技巧及与异性交往的基本原则。 3. 辨识发生性侵害的因素，掌握有效预防性侵害的措施。	1. 重点：了解与人交往（特别是与异性交往）的原则及如何防范性侵害。 2. 难点：学会性骚扰和性侵害的辨识及防范的对策、方法。	1. 视频展示：进入青春期后，心理上的主要变化及表现。学生讨论如何对待青春期的心理变化。 2. 视频展示："同学间因小事闹矛盾"。学生讨论如何处理这类情况，教师总结人际交往的意义、原则和方法。 3. 视频展示：性侵犯和性骚扰讨论生活中可能出现的性侵犯和性骚扰，以及应该如何加强防范。

《体育与人际关系》教学设计

一、指导思想

在体育运动中建立和谐的人际关系、享受体育运动的兴趣是增进"心理健康和社会适应"的重要目标。本课遵循"健康第一"的指导思想，在课程理念的指导下，以"体育与人际关系"为主题，通过案例教学，引导学生知晓人际关系的重要性；通过人际关系自测，反思自我人际关系需改进之处；通过小组合作学习，掌握体育运动构建良好人际关系的方法，本课学习对提高学生人际交往能力有较大的帮助。

二、教材分析

本教材可以帮助学生了解人际关系的重要性，学会通过体育活动构建理想的人际关系，在享受体育运动乐趣的同时促进心理健康和增强社会适应性。

对于初中学生而言，本教材并不深奥，学生也有自己的知识积累和情感体验。但是，学生对于本教材所需传授的知识点还不甚明了，需要教师在教学过程中逐一厘清。本课教学重点是正确处理人际关系和提高人际交往能力；难点是通过体育改善人际关系，并且努力迁移到学习和生活中。

三、学情分析

初中学生身心发展快、变化大，处在成长教育的关键期。快速成长中的学生在人际交往过程中遇到各种问题，并对学生造成很大困扰。针对这种情形，本课教学紧密联系学生实际，让学生认识到人际关系的重要性。通过教师引导，学会用体育改善人际关系的方法。

四、主要教学策略

（一）以生为本，在情境中学习

学生是学习的主体，教学是为了培养学生的学习力。本课教师注重学生思维品质培养，尝试改变学习方式，开展研究型、探究式、合作化的学习，激励学生参与学习。播放《天堂与地狱》故事视频导入本课，深深吸引了学生，让学生在轻松的氛围中全身心投入，为下一步学习奠定较好的基础。随后，学生在自我测试、小组合作及小组展示等学练环节中，在探讨身边发生的案例中认识体育与人际关系。

（二）注重设计，激趣增效

合理的教学设计可以激发学习兴趣，这是提高教学成效的重要所在。在教学过程中，教师有意识地引入耳熟能详的故事、运动的片段，将枯燥的理论知识设计成学生乐于参与的测试项目进行教学，对提升教学效果起到推波助澜的作用。

（三）运用"合作学习"，营造灵动生本课堂

本课充分运用小组合作、自主探究方式，教师观察与引导学生分析并解决问题，最终达成教学目标，提高学生的人际交往能力。

（四）教学手段整合，凸显魅力

本课借助信息技术手段，充分运用多媒体设备，演示各种场景创设情境。利用情境中的文字、卖场、图像、声音等媒介向学生传递信息，极大丰富课堂教学内容，促进学生对知识理解和记忆，培养学生能力，提高教学效果。在学生练习时，穿插播放背景音乐《朋友》，学生的兴奋点被点燃，学习积极性显著提高。

五、课后延伸

结束部分，教师给学生布置了"课后拓展"活动，旨在督促学生把本课学到的知识运用到学习和生活中去，从而巩固所学，学会通过体育改善人际关系。

第三节　健康行为素养下理论课课型的转变

体育课包括体育实践课和体育理论课。体育是进行身体练习的，体育实践课很重要，但很多教师往往忽视对体育理论课的教学，更有甚者，认为体育课就是体育实践课，压根就不知道体育理论课。由此可见，我们必须加强对体育理论课的重视，加快体育理论课的建设，学好理论课，才可以更好地促进实践课目标的达成，才能更好地培养学生的核心素养。

一、体育理论课的必要性

体育理论课教学主要是指教授学生客观规律、体育理论知识，指导学生身体练习、体育实践，并养成体育实践分析能力和解决问题能力。体育理论知识是学校体育教学的重要组成部分，是指导学生在课中和课外进行体育活动时的理论依据和锻炼的准则。体育理论知识的掌握对学生现在和将来进行科学的锻炼、树立正确的生活观、培养健康行为都有着非常重要的指导意义。加强体育理论课的学习，对于学生健康行为素养的培育起着至关重要的效果，有利于学生运动知识的理解；有利于学生科学锻炼的促进；有利于学生安全运动的养成；有利于学生终身体育的培养。

二、体育理论课的主要特征

（一）教学内容丰富，涉及领域宽泛

体育理论课主要讲授体育的基本知识及健康教育、保健知识、安全避险等专题，各主要运动项目有关专项理论及其竞赛规则、技战术，以及体育文化、体育欣赏、体育锻炼价值与方法等内容，也包括学生在新学期前上的体育引导课。体育理论课是实践课的有力补充，涉及的范围包括学科知识、社会学、心理学、文化、历史等广泛领域。人教版《体育与健康》的教参中都有体育理论课的参考内容，教师可以根据实际有机选择。

（二）教学目标突出，授课时间机动

《体育与健康课程标准》明确体育课程的性质，是以身体练习为主要手段，以学习体育与健康知识、技能和方法为主要内容，来增进学生健康，培养学生终身体育意识和能力为主要目标的课程。课程标准中对每个水平段设置了理论知识的水平目标。因此，体育理论课的教学目标是指导学生学习体育与健康知识，通过提高学生对健康的认识，帮助学生形成正确的健康观、健身观，并培养学生科学文明的健康行为。此外，体育理论课应注意将各个专题的学习与学生身体、心理和社会适应三个方面的有机结合。一般情况下，体育教师根据天气情况和教材内容，集中一段时间或者分散地上理论课，授课时间机动。

（三）课时安排灵活，专题突出重点

由于体育理论课的内容选择较宽泛，授课时间具有机动性，所以每个教材在课时安排上教师的自主性较大，教师可以根据教材与学生认知情况安排课时，一般一个教材安排一个课时，有些可以安排更多。在开展专题学习时，专题的重点都围绕体育运动知识、卫生保健知识、自救逃生、体育欣赏等。希望通过学习，学生了解对人生、家庭、社会的价值，形成健康意识，掌握保持与增进健康的知识与方法，培养学生的健康意识、能力与行为。

三、健康行为素养下体育理论课的主要表现形式

（一）健康教育课

健康教育课是对学生培育健康行为最直观的一种方式，通过有计划地开展学校健康教育课程，培养学生的健康意识与公共卫生意识，掌握必要的健康知识与技能，构建健

康行为知识体系，促进学生自觉地采纳和保持有益于健康的行为和生活方式，减少或消除影响健康的危险因素，为一生的健康奠定坚实的基础。作为教师，要合理规划一学年体育健康室内课程，将健康行为素养领域内容与健康课内容进行整合，形成结构体系，将单元计划、课时计划之间形成紧密的联系，构建健康行为知识体系，为学生的深度学习、知识的前后关联奠定良好基础（见表3-1）。

表3-1 健康教育课学年计划

	所含学时	学习目标	教学内容	主要教学对策
（一）锻炼方法与管理	5学时	1.积极参与健康教育的各项学习活动，了解生活方式对健康的影响。 2.掌握健康教育的基本知识。 3.了解增进健康的原理与方法。 4.改善自己的健康行为习惯，逐步形成良好的生活方式。	1.健康教育必修内容学习的价值与意义。 2.掌握健康的基本知识与增进健康的原理与方法。	1.查阅资料与阅读。 2.提问与讨论辨析。 3.案例教学与多媒体课件教学。 4.知识竞赛。 5.写调查报告。
（二）锻炼方法与管理	2学时	1.了解常见非传染性与传染性疾病。 2.懂得非传染性疾病起因和预防措施、传染性疾病传播途径和预防措施。 3.提高常见传染性与非传染性疾病的防控的意识与能力。 4.逐步养成良好的卫生习惯，能懂得学会保护自己，远离传染病。	1.养成良好的生活方式。 2.提高疾病防控的意识与能力。	1.收集查阅资料。 2.运用多媒体教学。 3.分组讨论。 4.参加宣传活动。 5.写小论文等。
（三）生活方式与能力	2学时	1.知道环境对身体健康的影响。 2.掌握保护环境与有利于身体健康的相关知识。 3.理解保护环境的意义与健康的关系。 4.树立环保意识，增进社会责任感。	1.掌握环境对身体健康的影响。 2.保护环境。	1.收集查阅资料与提问。 2.多媒体课件教学。 3.组织环保主题活动。 4.开展环保综合实践活动，写出调查报告。
（四）生活方式与能力	4学时	1.了解运动损伤、运动突发事故的知识，掌握安全避险的常识。 2.掌握预防常见运动损伤、运动突发事故与安全避险方法。 3.提高社交中的自我保护能力。 4.通过本单元学习增强学生对伤害危险的认识，提高防范意识，懂得合理避险。	1.了解预防运动损伤与运动突发事故的知识和方法。 2.掌握并运用安全避险的知识和方法。 3.提高社交中的防范意识和自我保护能力。	1.收集查阅各种资料。 2.运用多媒体教学。 3.动手操作，简单处理常见运动损伤。 4.在线学习与分组交流研究。 5.组织健康教育知识竞赛。

续表 3 1 健康教育课学年计划

	所含学时	学习目标	教学内容	主要教学对策
（五）情绪管理与表达	5学时	1. 能积极参与本单元各项教学活动。 2. 了解心理健康与社会适应相关知识。 3. 知道心理障碍与社会适应能力低的产生原因及调节方法。 4. 提高增进心理健康的意识和社会适应能力,树立积极的社会责任感。	1. 知道心理健康的内容和特征。 2. 了解社会适应相关知识。 3. 正确处理合作与竞争的关系,树立积极的社会责任感。	1. 收集查阅各种资料。 2. 多媒体课件教学。 3. 案例教学与讨论辨析。 4. 组织学生自编自演短剧 5. 设计论题,组织学生开展辩论会。

（二）针对实践课的体育理论课

室内体育理论课是一个容易被忽视的环节。此处的理论课是相应的实践课,可以在实践课开始前进行、可以在下雨天进行、可以在实践课途中进行,同样也可以在实践课结束评价时进行。在实践课中,学生兴趣不浓存在厌学心理,或是对所学知识碰到疑惑,抑或是对知识进行巩固运用不畅时,这时候只靠实践练习是远远不够的,需要进行理论课教学,激发出学生练习兴趣,夯实学生理论基础,明白动作技能形成原理,掌握正确动作原理和方法,再将理论与实践相结合,科学练习并形成健康的知识结构体系。

案例一　第一课时——五禽戏

水平四（七年级）中华五禽操单元教学计划

单元教学目标	1. 了解中华五禽操的历史溯源及健身功效,知道中华五禽操五种动物原型和动作特点,传承中华民族优秀文化。 2. 通过学习,85% 以上的学生能够形象地模仿五种动物动作姿态,初步学会动作。 3. 勇于展示学习中华五禽操的技术动作,跟上音乐节奏并朗诵,做到形神兼备。 4. 初步掌握中华五禽操的健身价值以及养生理念,传承中华优秀传统文化,积极参加中华五禽操竞赛,培养学生德智体美全面发展。

课次	教学内容	教学目标	教学重难点	主要教学法	安全措施

1	1. 介绍中华五禽操的文化传承和社会主义核心价值观。 2. 学习汉礼。 3. 虎操手型。 4. 虎操步型。 5. 虎操吟诵。 6. 素质练习。	1. 了解、传承华夏养生文化。 2. 知道五禽操的历史、溯源及健身功效。 3. 学习汉礼——"拱手礼"。 4. 学习虎操的手型、步型、吟诵词。 5. 素质训练达到手臂和腿部的力量。	重点:步型到位,路线清晰。 难点:动作连贯,形神兼备。	1. 提问,引出中华五禽操的溯源,以及健身功效和学习五禽操的重要性。 2. 边讲解边示范汉礼、虎操手型、步型。 3. 完整示范猛虎出山、跟视频练习。 4. 分组练习,个人展示,吟诵拓展练习。 5. 以游戏、比赛的形式进行。 6. 其他几种动物操放松身心。	1. 做好专项准备活动。 2. 加强课堂常规教育。 3. 提示保护与帮助的重要性。
2	1. 复习汉礼、起势、虎操动作,并跟吟诵诗词分组展示,提升兴趣,增强自信。 2. 学习鹿操、熊操。 3. 游戏:折返跑比赛(音乐)团结协作,勇于拼搏。	1. 复习汉礼、起势、虎操、的基本动作和练习方法,并知道其健身价值。 2. 自主学练,鹿操、熊操充分发掘学生潜力。 3. 在游戏中能展出虎、鹿的奔跑动作,强化身体素质。 4. 积极参与比赛,有强烈拼搏精神,敢于挑战的勇气。	重点:运步沉稳,落步清晰。 难点:动作协调配合,方向路线准确。	1. 播放《中华五禽操》教学音频,创设五禽学习环境,提高学生学习兴趣。 2. 边吟诵边学习动作,直观教学与分层教学相结合。 3. 分组练习完成学习任务。 4. 利用比赛形式巩固所学动作。 5. 合理安排课练强化学生身体素质 6. 音乐配合 I Want To Fly 放松学生身心。	1. 加强课堂常规教育,合理控制练习间距。 2. 强调自我保护意识,安全第一。
3	1. 游戏:"花落谁家"热情协助,保护帮助。 2. 复习虎操、鹿操、熊操。 3. 学习猿操动作。 4. 比赛:"摇骰子"勇敢顽强,坚强毅力。	1. 练习反应能力的同时复习虎操、猿操、熊操,并知道其健身价值。 2. 猿操操化动作,知道其健身意义。 3. 在游戏中发展上肢力量和柔韧素质,充分发掘学生潜力。	重点:动作流畅自然,能够将猿操的特点表现出来。 难点:跃步轻盈,手脚协调配合。	1. 集体复习汉礼、起势、虎操、鹿操,能连贯做出动作,吟诵出五禽操儿歌。 2. 跟吟诵诗词学习"仙猿望月"。 3. 充分发挥想象,充分做出"仙猿望月"。完成素质练习,全面发展身体素质。	1. 场地合理布置。 2. 头颈、腰背部准备活动充分。 3. 加强课堂常规教育。 4. 提示同伴间的保护与帮助方法。

4	1. 游戏热身: "喊数抱团"。 2. 复习汉礼、虎操、鹿操、熊操、猿操。 3. 学习鹤操、收势动作。 4. 拓展: 跟吟诵诗词和音乐学练所学动作。 5. 课课练: "翻动的螃蟹"。	1. 游戏热身的同时, 练习反应与协调能力。 2. 复习汉礼、虎操、鹿操、熊操、猿操, 并知道其健身价值。 3. 认真学习鹤操、收势动作。 4. 跟着吟诵和音乐有氛围的学练。 5. 在游戏中发展上下肢力量素质, 充分发掘学生潜力, 提高学生兴趣。	重点: 流畅打出全套动作。 难点: 动作连贯有力, 配合吟诵。	1. 跟着教师的节奏在慢跑中做游戏热身。 2. 集体复习汉礼、起势、虎操、鹿操, 熊操、猿操, 能连贯做出动作, 并能吟诵出中华五禽操。 3. 学习"有鹤来仪"(鹤操)、收势。 4. 跟吟诵词学习鹤操和收势。 5. 完成素质练习, 全面发展身体素质。	1. 合理安排场地。 2. 做好专项准备活动, 维持好练习、考核秩序。 3. 加强课堂常规教育, 提醒注意安全。
5	1. 积极主动参与五禽操竞赛, 团结互助。 2. 游戏: "撕名牌"	1. 能够跟音乐基本完成汉礼、起势、虎操、鹿操、熊操、猿操、鹤操、收势, 在吟诵的同时形象地展现出五禽的神韵。 2. 五禽操竞赛。 3. 积极参与游戏, 能与同伴相互帮助、相互鼓励, 勇于挑战自我展示自己的能力。	重点: 完成各个动作。 难点: 展现出五禽戏神韵。	1. 跟着音乐和吟诵复习中华五禽操完整动作。 2. 中华五禽操比赛, 介绍评分标准、评分档次。 3. 课课练针对上下肢力量, 强化身体素质。	1. 积极完成专项准备活动, 避免运动损伤。
评价内容与标准	优秀: 能有神韵地做出本单元五禽操完整动作 良好: 能连贯地做出本单元五禽操动作 及格: 能做出本单元所学五禽操动作 中华五禽操竞赛评分标准: 优秀: A 级 (5.00 至 4.80); B 级 (4.75 至 4.80); C 级 (4.45 至 4.10) 良好: A 级 (4.00 至 3.80); B 级 (3.75 至 3.50); C 级 (3.45 至 3.10) 及格: A 级 (3.00 至 2.80); B 级 (2.75 至 2.50); C 级 (2.45 至 2.10)			

七年级《中华五禽操》——汉礼、虎操的教学设计

一、指导思想

本课遵循"健康第一""以人为本"的指导思想，充分地发挥教师的主导作用，以学生为主体，积极搭建学生自主学习、互帮互学以及不断展示、挑战自我的活动平台，挖掘学生潜能，展示学生的运动能力和表现力，以达到更好的教学效果。体育锻炼与养生理念紧密结合，在运动中发展学生身体素质和养生意识，培养出学生的个性、创新精神、竞争意识，为终身体育奠定良好的基础。

二、教材分析

依据科学技术文献出版社出版的《体育与健康教学设计探微》的设计理念，充分地挖掘我国优秀的传统文化，丰富室内体育课的形式和内容。水平四的这套《中华五禽操》注重在形与神的结合上进行动作编排和处理，力求做到形神兼备，内外合一，更适合初中生的生理心理特点。本课选择虎操教学更能突出仿生健身和体育文学的价值，更能表现形神兼备、内外兼修的特点。本课重点在于虎操的力度与步幅的表现，难点是身体姿态的整体把握，通过了多次练习，尝试不同方式练习突破本课的重难点。力求达到形神兼备的神韵。

三、学情分析

本课教学对象为初中七年级学生，这个年龄的学生对任何事物都比较好奇，动物的模仿对于这个年龄段来说更感兴趣。教学中让学生把肢体和动脑很好地结合起来，通过多表扬鼓励、分组学练，有效地激发团队合作精神，增强了教学效果。

四、本节课在本单元的作用

本节课在本单元中起主导引领地位，汉礼是本节课的特色，通过起势的过渡，切入

栩栩如生虎操练习,加上吟诵词的拓展练习,让本节课充满了模仿学习的乐趣。

五、教学准备

多媒体设备、黑板贴、课桌椅等。

《五禽戏》理论课教案

课程名称	中华五禽操——学习汉礼、虎操			
授课教师		学校名称		
教学对象	七年级	科目	体育与健康	课次

教学对象	七年级	科目	体育与健康	课次	1

教学目标	1. 了解中华民族优秀文化,传承中华虎操健身养生理念。 2. 通过学练学生能掌握中华五禽操汉礼、85% 的学生能掌握虎操的技术动作。 3. 通过学习提高学生的学习兴趣,培养学生勇于挑战、精益求精的优良品质。
教学 重难点	重点:步型到位,路线清晰 难点:动作连贯,形神兼备
	教学过程

教学环节	教师活动	学生活动	图解
1. 课堂常规。 2. 介绍中华五禽操的起源、健身养生理念价值。 3. 热身操。	1. 播放视频。 2. 师生问好。 3. 检查服装、鞋子等,安排见习生。 4. 课堂导入(提问)。 5. 由华佗导《中华五禽操》。 6. 讲述演变过程以及健身价值体系,关注养生。 7. 组织学生在音乐伴奏下跟教师模仿动作。	1. 认真观看视频。 2. 师生问好,仔细听讲。 3. 整理好着装,见习生按要求活动。 4. 积极回答问题。 5. 认真听讲,仔细看 6. 了解《中华五禽操》起源以及健身意义,关注社会养生。 7. 跟老师模仿动作热身。	

1. 汉礼:"一诺千金"讲究"诚信"之礼 2. 基本手型虎爪 3. 基本步型: (1) 虚步; (2) 弓步; (3) 半马步; (4) 跪步。	1. 教师讲授汉礼: 教师示范讲解汉礼,提醒学生仔细观察教师示范手的动作。 2. 教师讲解虎爪:虎口撑圆,五指张开,五指第一、第二关节弯曲内扣。 3. 要求:男子左手在外,女子右手在外。虎爪用力,把虎爪的力度表现出来。 (1) 教授并组织学生学练基本步型,引导学生加上虎爪手型,先左后右,由慢变快的练习方式; (2) 弓步动作时,虎扑脚要轻盈,同时加上虎的叫声,手要迅速有力; (3) 讲解半马步时利用椅子强化学练; (4) 跪步时,采用镜面示范与背面示范相结合,突出难点动作。	1. 认真听讲,了解、传承古代优秀文化。仔细观察教师示范的动作,记住动作名称和方法 2. 按照教师的要领,认真学习虎爪手型。抓住要点,关注细节。 3. 明确动作要领、运动路线及方法,认真练习,把握节奏,加上手型,手脚同步练习。 4. 把握重点,仔细观察学习动作要领,声音响亮有气势。 5. 明确步骤,动作规范有力度,注重细节要点。 

"猛虎出山" 提示字: 4. 个人展示	1. 完整示范虎操动作,加汉礼,和起势动作,提醒学生仔细观察 分解教学"猛虎出山"动作。 2. 口令与提示字教学:提、落、推、收、扑、收回 提、落、摆、落、收、推、收回。 3. 带领学生完整练习"猛虎出山"。 4. 表扬并选学生展示和带领练习虎操动作,强调重点。易错点。 要求:自信勇敢 突破自我。 5. Pad 教学。 6. 集中点评,再次练。	1. 认真观察老师示范,建立初步印象,回忆前面学习的汉礼和热身部分模仿教师的动作。 2. 明确各拍动作,认真学练,积极练习,反复体会,注意手型、步型和动作的连贯性。 3. 在教师的提示下完成虎操动作。积极参与,勇于表现自我。 5. 在 Pad 教学下,自我纠错,及时改正。 6. 两人一组合作学习,一人做动作另一人帮其喊口令并纠错。	
5. 拓展 ——吟诵 猛虎出山 有虎始离穴,熊罴安敢当。猛气吞赤豹,雄威慑封狼。 课课练: (1) 下蹲屈臂后伸 (2) 单脚支持起落	教师讲解武术精气神以及猛虎出山神韵,运用吟诵词,增加猛虎起势。 1. 教师展示下蹲屈臂后伸和单脚支持起落教学视频。 2. 教师带领学生集体练习。 3. 男女生进行比赛。	1. 认真听讲,仔细揣摩教师演示的吟诵词,并跟吟诵词视频认真练习。 2. 认真观察视频,记住练习方法。 3. 积极练习,勇于挑战。 4. 展示自我。	易犯错误:1. 两臂上举在头部前方。 2 做前仆动作时,手臂和身体不是统一整体动作。 安全提示:练习时前俯幅度不宜过大,循序渐进,避免拉伤腿部肌肉。
1. 整理放松。 2. 课堂小结。	1. 带领学生在音乐伴奏下模仿其他几种动物操放松。 2. 教师点评本课学习情况。 3. 布置家庭作业。 4. 师生再见。	1 充分放松身心,动作配合呼吸。 2. 反思本节课所学所练。 3. 明确家作要求。 4. 跟老师再见。	
布置作业	总结本课	认真完成课后作业	

教学资源	音箱、投影仪、Pad、板贴
课后 小结	1. 本课在课堂导入部分,由古代名医华佗创始《五禽戏》,过渡到《中华五禽操》,易于学生接受和理解。由传统优秀文化渗透,紧跟时代步伐。在教授本课主教材时,运用分层教学,层层递进的方式,使复杂的动作简单化,难点动作,高强化,易于学生掌握。同时把体育精神逐步渗入其中,如团结精神、自信勇敢、互帮互助、突破自我、诚实守信等。拓展部分,引用吟诵词,达到了形神兼备,内外合一。最后的游戏部分,更是把课堂气氛带入高潮,调动学生的积极性,学生勇于挑战,敢于拼搏,愈挫愈勇的坚强毅力更是值得称赞。放松时,以瑜伽动作为基点,调整自我,放松身心。 2. 在个人展示环节,学生的积极参与和勇于表现的精神鼓舞着我,但是,由于课堂时间有限,不能让每个学生有自我展示的机会。最后的游戏环境,受到场地和时间的限制,学生在比赛部分意犹未尽。在比赛中,学生过多的关注比赛胜负上,而对于所学技术的运用却有所忽略,教师在制定比赛规则时,应当将学生的注意力引导到提高技术动作中去。从而进一步提高《中华五禽操》的技术动作质量。

案例二 第二课时——乒乓球

水平四(七年级)乒乓球单元教学计划

单元 教学 目标	1. 积极参与乒乓球球性练习、发平击球、推挡球、正手攻球等基本技术的学练,体验和同伴合作带来的乐趣,了解乒乓球运动相关知识。 2. 理解发平击球、推挡球、正手攻球等基本动作的要点。掌握几种练习球性的方法,85% 的学生能做出正、反手发平击球、推挡球、正手攻球动作。能用所学的发球方法把球发到指定区域,两人推挡正反手各 20 次以上,双方完成对攻回合数不少于 5 个回合。 3. 发展反应速度和灵敏性,增强上下肢和腰腹的力量。 4. 在学练过程中能和同伴互帮互学,提高合作学练与交往沟通能力。

课次	教学内容	教学目标	教学重难点	主要教学法	安全措施
1	(1) 观看奥运会中国队比赛。 (2) 握拍方法:直握与横握。 (3) 球性球感:对墙垫球。 (4) 准备姿势。 (5) 反手推挡。 (6) 绳梯练习。	(1) 培养学生乒乓球球性,能说出握拍方法及球性练习方法。 (2) 95% 以上的学生能做到准确握拍,逐步培养乒乓球球性。 (3) 互帮互学,主动配合,在练习中不断改进,共同提高.	重点:正确的握拍姿势。 难点:对球的控制。	(1) 视频吸引学生兴趣,导入中国乒乓文化。 (2) 示范握拍动作、介绍握拍方法,学生模仿握拍动作。 (3) 对墙垫球。 (4) 准备姿势。 (5) 反手推挡。 (6) 绳梯练习,全面发展身体素质。	

2	(1)多媒体观看乒乓球比赛。 (2)握拍方法:直握与横握。 (3)球性球感:托球、颠球。 (4)准备姿势。 (5)反手推挡。 (6)体能韵律操。	(1)知道准备姿势,能说出握拍方法及球性练习方法。 (2) 85%以上的学生能做出推挡球动作,并能合理地运用该项技术,双方完成推挡不少于5个回合;帮互学,主动配合,在练习中不断改进,共同提高。	重点:用正确的拍面击球 难点:身体的协调发力,对来球落点的准备判断和控制	(1)视频吸引学生兴趣,导入中国乒乓文化。 (2)示范握拍动作、介绍握拍方法,学生模仿握拍动作。 (3)做乒乓球操。 (4)托球、颠球。 (5)反手推挡。 (6)完成素质练习,全面发展身体素质。	
3	(1)观看正手攻球视频,吸引学生兴趣。 (2)分组进行颠球比赛。 (3)学习正手攻球,分组练习。 (4)体能练习:萝卜蹲。	(1)知道正手攻球的动作要点。 (2) 85%以上的学生能做出正手攻球动作,并能适时地运用该项技术,完成双方对攻不少于5个回合;发展上下肢力量和协调性。 (3)互帮互学,主动配合,在练习中不断改进,共同提高。	重点:动作协调,拍面击球时要稳定 难点:保持连续性,不宜发力,多打回合	(1)播放视频并示范正手攻球动作。 (2)学生观察,徒手模仿。 (3)持拍无球练习。 (4)两人一球,一人推挡,另一人攻球。 (5)两人正手对攻斜线。	
4 理论课	(1)观看乒乓球比赛,重点观察裁判员手势。 (2)学习教师自编的乒乓球裁判手势操。 (3)配合发球、推挡、攻球进行乒乓球循环升降赛。 (4)分组进行执裁体能练习:俯卧撑、下蹲起。	(1)培养学生对乒乓球裁判规则的认知程度,能够基本掌握规则。 (2)通过学习能够明确裁判员的手势和判罚。 (3)通过学习让学生了解乒乓球裁判规则并热爱乒乓球运动。	重点:学生能够明确乒乓球裁判员手势和判罚。 难点:比赛中能够作出正确的判罚。	(1)观看视频并思考:裁判员的判罚是否正确。 (2)思考:一场比赛中裁判员拥有哪些权利。 (3)观看视频让学生体会裁判员手势的含义。 (4)配合比赛,分组进行执裁。 (5)认真进行体能练习,提高身体素质。	

| 5 | (1)乒乓球比赛简化规则。
(2)培养学生参与比赛、阅读比赛的能力。
(3)学生积极参与比赛，正确执法比赛，完成考核。
(4)培养学生对足球的兴趣和团结协作的意识。 | (1)了解乒乓球比赛的规则，能说出各项技术动作的方法和用途。
(2) 80%以上学生能够完成组合练习并能运用所学技术在简化规则下进行教学比赛。
(3)团结同伴，善待对手，自觉遵守规则，提高欣赏和评价能力。 | 重点:完成单元考核。
难点:学生能够独立完成比赛与执法。 | (1)分组两人对推练习。
(2)结合发球的攻球练习。
(3)学生分组进行比赛。
(4)学生轮流执法比赛。
(5)教师在旁进行协助判罚。
(6)教师总结本课并评价。 | |

| 6 | 考核评价标准: | | | | |

等级＼内容	知识	技能提高	学习行为表现
优秀	了解乒乓球运动的特点和价值，以及基本的技术名称和要求。知道比赛规则和裁判法	较好地掌握技术动作，并能够熟练进行运用。熟悉基本规则，能够正确运用裁判法	学习态度积极，认真听讲和参加练习，组织纪律性强，与同伴能进行良好合作
良好	较好地了解乒乓球运动的特点和价值，知道基本的技术名称和比赛规则	良好地掌握基本技术动作，基本能够运用;基本了解比赛规则和裁判法，并能简单运用	学习态度积极，认真参加练习，有较强组织纪律性，较好的合作意识
合格	基本了解乒乓球运动的特点和价值。知道所学技术的名称和要求	基本掌握所学的基本技术，知道比赛规则	学习态度较积极，具有一定的组织纪律性，基本能够遵守教师的要求
需要继续努力	不清楚乒乓球运动的特点和价值，不能掌握基本的技术要求	不能掌握所学的基本技术，无法运用，对比赛规则掌握不好	学习态度不积极，练习不认真，不能按教师要求完成任务

七年级《乒乓球》教学设计

一、指导思想

本节课依照《义务教育体育与健康课程标准（2011年版）》，坚持去贯彻"健康第一"的指导思想，以"学生发展为中心"，遵循学生身心发展的基本规律，激发学习乒乓球的兴趣，在教室中创设让学生学习技能的条件与机会，通过自主合作练习，自己总结动作要领，逐步掌握乒乓球反手推挡技术动作。引导学生在"学、练、赛、评"当中，培养学习兴趣，体会锻炼的乐趣，感受比赛的氛围，展评促进提高，通过自己的努力不断地去挖掘自己的潜能，从而享受成功的喜悦。

二、教材分析

乒乓球属于小球类，是初中球类教学的内容之一。部分学生在小学已经学习了乒乓球的握拍、颠球、推挡等基本动作，但是初中生学习乒乓球技术毕竟与小学生有不同的地方。比如，在挥拍的力量上初中生应该更大一点，击球的速度也要快一点，身高更高一点，击球的位置也要高一点，因此，初中乒乓球教学要着眼于进一步增强球感和肌肉感觉。在室内，两张课桌拼接，就是一张简易的乒乓球桌，由于场地和空间的限制，更需要学生在练习时控制和判断球的落点，提高了改进技术细节。

三、学情分析

七年级学生身体各项素质正处在快速增长期，有较强的好奇心和尝试练习能力，喜欢自我表现是他们的特点。部分学生在小学阶段学习了乒乓球的简单技术，如推挡球，并且有一定的球感；但是有一部分学生刚开始练习乒乓球，没有运动基础，同时部分女生与男生的学习基础与学习兴趣相比存在一定的差距。由于学生的基础参差不齐，因此教师在教学中应该区别对待，要关注男女生的差异、个体水平的差异，加强对不同层次学生的学法指导，体现教学的层次性。根据学生基础的差异性，教学中要注意选择技术掌握较好的学生当小老师来辅助教学，如让学生做示范，做助手，帮助其他学生学习，这样才能增强技术较差学生的学习兴趣及练习热情。

四、学习目标

1. 学生培养一定的乒乓球球性，感受良好的上课氛围，全身心参与，培养对乒乓球运动的兴趣。

2. 85% 以上的学生能做出推挡球动作，并能合理地运用该项技术，双方完成推挡不少于 5 个回合；发展上下肢力量和协调性。

3. 通过练习，发展学生的力量和协调等素质，培养学生互帮互学、主动配合的良好习惯。

五、教学重难点

教学重点：用正确的拍面击球。

教学难点：身体的协调发力，对来球落点的判断和控制。

六、教学流程

课堂常规 ➡ 握拍 ➡ 乒乓球操 ➡ 球性球感 ➡ 准备姿势 ➡ 徒手动作 ➡ 击悬挂 ➡ 击反弹球 ➡ 完整动作练习 ➡ 展评 ➡ 课课练：体能操 ➡ 放松小结

七、安全措施

课前提前了解学生的健康状况安排好见习生；充分做好专项准备活动；课中学生不可以身体趴在桌子上，与桌子保持一定的距离，尤其肚子不要撞到桌子的切面；由于教室内空间有限，练习乒乓球时，球会乱飞，有的同学打球，有的同学捡球，一定要在确保安全的情况下再去捡球。

《乒乓球》理论课教案

课程名称	乒乓球				
授课教师		学校名称			
教学对象	七年级	科目	体育与健康	课次	2
教学目标	1. 学生培养一定的乒乓球球性，感受良好的上课氛围，全身心参与，培养对乒乓球运动的兴趣。 2.85% 以上的学生能做出推挡球动作，并能合理地运用该项技术，双方完成推挡不少于 5 个回合；发展上下肢力量和协调性。 3. 通过练习，发展学生的力量和协调等素质，培养学生互帮互学、主动配合的良好习惯。				
教学重难点	重点:用正确的拍面击球。 难点:身体的协调发力，对来球落点的判断和控制。				
	教学过程				
教学环节	教师活动		学生活动		图解

一、课堂常规 二、专项准备活动	1. 宣布上课、师生问好。 2. 播放乒乓球比赛视频并提问：同学们对乒乓球的了解，强调安全，安排见习生。	1. 师生问好。 2. 认真听讲，积极思考，回答教师问题，并对教学内容产生学习兴趣。 3. 见习生主动出列。	×× 　　×× □□ ×× □□ ×× ×× □□ ×× □□ □□ ×× □□ ×× ×× □□ ×× □□ □□ ×× □□ ×× □□ 　 □□ ▲
二、专项准备活动	1. 讲解示范握拍方法并出示图片。 2. 播放音乐，带领学生做自编乒乓球操。 3. 球性球感：托球、颠球。	1. 选择合适的握拍方式。 2. 跟随老师在音乐的伴奏下，积极模仿教师的动作。 3. 认真进行准备活动避免运动损伤。	图6-3 横拍握拍法 图6-2 直拍握拍法
一、准备姿势 二、徒手模仿 三、击固定球练习 四、对隔板推反弹球 五、隔"网"推挡 六、推挡比赛 七、展示与评价	1. 讲解示范准备姿势。 1. 讲解示范反手推挡。 2. 口令指导学生进行无球练习。 1. 教师讲解练习方法，播放练习视频； 2. 两人一组，一人持器材，一人做重复击球练习； 3. 指导学生控制拍面击球中上部，解决本课重点。 1. 教师讲解示范并播放教学视频。 1. 隔网推挡； 2. 组织学生拿出 A4 纸置于正手位，控制球的落点。 1. 教师讲解比赛规则； 2. 组织比赛。 1. 组织优秀同学进行展示。	1. 学生认真观看，积极思考，主动模仿，明确动作轨迹。 1. 学生积极体验练习，改进不足。 1. 学生认真观看示范，明确练习方法； 2. 一人练习，另一人帮助纠正动作。 3. 学生明确练习方法。积极进行练习。 1. 尝试控制球落在隔板上的指定位置。 1. 学生明确练习方法。 2. 积极进行练习。 1. 学生明确比赛方法，积极进行比赛。 1. 其他同学仔细观察，然后发言，做得好与不好的地方，教师总结、强调动作。	

体能操	教师领做体能操。	学生认真观看,积极模仿,进行体能练习。	×□□× ×□□× ×□□× ×□□× ×□□× ×□□× ×□□× ×□□× ×□□× ×□□× ×□□× ×□□× ▲
一、放松 二、小结 三、回收器材 四、师生再见	1. 教师带领学生跟随音乐放松。 2. 小结本课内容。	1. 回忆动作要领、重点。 2. 回收器材。	
布置作业	总结本课	认真完成课后作业	
教学资源	录播教室、希沃一体机、乒乓球拍 45 个、乒乓球若干、瑜伽砖 24		
课后 小结			

案例三　第三课时——前滚翻

水平四（七年级）前滚翻单元教学计划

单元教学目标	1. 通过各项练习,培养学生积极主动地参与体育活动的习惯。 2. 基本掌握前滚翻的动作方法,做到蹬地有力、滚动圆滑、方向正。在学习过程中,强化学生的安全意识,形成正确的自我保护意识。 3. 通过学练前滚翻,发展学生的力量、协调、灵敏、柔韧等身体素质,提高定向及身体的控制能力。 4. 培养学生勇敢、果断、敢于挑战自我的意志品质;提高观察、分析、解决问题及互相协作的能力。				
课次	教学内容	教学目标	教学重难点	主要教学法	安全措施

1	1. 准备活动:障碍跑。 2. 徒手操:头颈、腹背、压腿、腕关节。 3. 垫上前后左右滚动。 4. 讲解、示范保护与帮助方法。 5. 前滚翻成不同姿势的坐撑。 6. 分组展示评价。 7. 素质:仰卧收腿团身。 8. 瑜伽放松、拉伸。	1. 学生能基本掌握前滚翻成直腿、分腿、屈腿等坐撑动作,滚动圆滑。 2. 通过不同方式的滚动练习,发展学生的协调、灵敏素质。 3. 学会保护与帮助的方法,提高自我保护意识和安全锻炼的意识。 4. 引导学生在学练中相互观察、帮助,培养协作能力和合作意识。	重点:滚动圆滑。 难点:身体各部位依次着垫。	教法:讲解、示范。分组练习,巡回指导。正误对比、示范纠错,个人展示、评价。 学法:听讲观察、模仿练习。积极参与,服从指导,敢于展评。	1. 做好专项准备活动。 2. 加强课堂常规教育。 3. 提示保护与帮助的重要性。
2. 室内理论课	1. 课堂导入:视频介绍体操项目,导入垫上技巧内容前滚翻。 2. 结合日常生活介绍滚翻对于自我保护的作用和意义。 3. 学习前滚翻完整动作理论知识。 4. 滚翻操练习,明确前滚翻的重难点。 5. 知识竞赛。	1. 通过欣赏视频,了解技巧滚翻类的相关知识,知道前滚翻在生活中的应用与价值。 2. 通过学习,明确前滚翻动作技术要点,并找出滚动的规律。掌握基本的自我保护帮助技能,明确改进技术的方法,为实践教学打下理论基础。 3. 通过学习,提升鉴赏美的能力,培养学生合作、创新能力和勇于挑战自我、共同进取的精神。	重点:自我保护的意识和能力。 难点:前滚翻完整动作技术。	教法:情境导入,视频教学,讲解、示范,分解教学,对比教育,个别指导,纠错与评价。 学法:模仿、探究学习。分解练习,自主学练、合作学习,学生讨论、展示、互评。	1. 加强课堂常规教育,合理控制练习间距。 2. 强调自我保护意识,安全第一。

| 3 | 1. 热身：推垫子。
2. 滚翻热身操。
3. 垫上前后左右滚动。
4. 讲解、示范保护与帮助方法。
5. 复习前滚翻成不同姿势的坐撑。
6. 学习前滚翻完整动作。
7. 拓展：连续前滚翻，分层学练。
8. 小组竞赛。
9. 素质练习：团身两头起。
10. 瑜伽放松拉伸。 | 1. 积极参与练习，体验滚翻运动带来的乐趣，加强保护与自我保护的意识。
2. 通过学练，能独立或在同伴帮助下完成前滚翻完整动作。
3. 激发学生运动潜能，发展学生的力量、柔韧、灵敏、协调等基本素质。
4. 引导学生在练习中相互交流、互相鼓励，培养学生果敢、挑战自我和不怕困难的精神。 | 重点：蹬地有力、方向正。

难点：团身紧、滚动圆滑。 | 教法：挂图动作技术分析，讲解示范、分解教学，引导学生自主体验，分层教学。集中、个别纠错指导，表扬激励，展示评价。
学法：观察模仿，自主尝试体验，探究、合作学习，展示、相互纠错与评价。 | 1. 场地合理布置。
2. 头颈、腰背部准备活动充分。
3. 加强课堂常规教育。
4. 提示同伴间的保护与帮助方法。 |
| 4 | 1. 游戏：报数抢垫子。
2. 滚翻热身操及专项准备活动。
3. 讲解评价动作及考试注意事项。
4. 讲解、示范保护与帮助方法。
5. 根据考核标准分组练习。
6. 考核。
7. 制定目标、分组互评、教师评价总结。 | 1. 学生明确考核动作标准及注意事项，具有考前紧张意识，相互鼓励，积极参与练习。
2. 通过学练前滚翻，发展学生的力量、协调、灵敏、柔韧等身体素质，提高定向及身体的控制能力。
3. 教育学生在同伴练习时能给予保护与帮助，培养学生的责任意识。
4. 为学生提供充分表现自我的机会，能正确评价自己和他人，增强其自信心和表现欲。 | 重点：动作规范正确、连贯协调。

难点：团身紧、方向正、滚动圆滑。 | 教法：讲解、示范，引导学生同伴间相互帮助、鼓励，分组练习，展示与评价。
学法：自主学练，相互帮助、鼓励，观察与评价，勇于展示。 | 1. 合理安排场地。
2. 做好专项准备活动，维持好练习、考核秩序。
3. 加强课堂常规教育，提醒注意安全。 |

前滚翻考核评价内容与标准	从动作质量、学习态度与行为、综合能力评价三个方面进行整体考评。 动作质量： 优秀：蹬地有力，姿态好，滚动圆滑，动作协调、连贯，方向正。良好：蹬地较有力，姿态较好，动作较连贯，滚动圆滑。合格：有蹬地，姿态欠佳，动作不够连贯。需要努力：有蹬地，姿态差，完不成动作。 学习态度与行为： 优秀：主动参与学练，态度认真，勇于挑战自我，团结协作，积极思考，自信与责任心强。良好：较主动地参与学练，态度比较认真，注意团结协作，纪律较好，有自信，能克服困难。不合格：参与学练不够主动，胆怯，怕困难，纪律较差，不能与人协作。 综合能力评价： 优秀：会讲解动作要点，保护帮助方法正确，在相互练习中能分析和帮助别人纠正动作，主动参与评价。良好：讲解动作要点基本清楚，保护帮助方法基本正确，能参与协作交流与评价。不合格：不能讲解动作要点，不会保护帮助方法，不参与协作交流及小组评价。

七年级《前滚翻》教学设计

一、指导思想

依据《体育与健康新课程标准（2001年版）》，树立"健康第一"的指导思想。通过多种手段和方法激发学生积极参与体育运动的兴趣，充分发挥学生的主体地位，遵循体育运动的科学规律。让学生在前滚翻学习中能有效地发展学生的力量、协调、灵敏及柔韧等身体素质，提高定向及身体的控制能力。培养学生体育锻炼的意识和习惯，勇于挑战自我，团结协作，积极思考，自信与责任心强，在日常学习和生活的突发情况中，提高学生自我保护的意识和能力。同时，增强学生的组织纪律性和集体荣誉感，寓教于乐，让学生在愉快的课堂氛围中学习知识、掌握技能，身心得到了健康的发展。

二、学情分析

本课教学对象为（水平四）七年级学生，正处在生长发育期，心理还不够成熟，自我管控能力不够。独立思考、判断、概括等能力较弱，但好奇心强，有着较强的观察、模仿能力和创新才能。经过了解，大部分学生对技巧滚翻运动有着浓厚的兴趣，愿意尝试体验，但是部分学生没有接触过这个项目，以及个别学生胆怯，身体协调能力不够，会对前滚翻产生一定的畏惧心理。这就要求教师利用多媒体工具以及运用各类有趣、新颖的教学方法，来提高学生的求知欲与兴趣。同时，因关注个体差异和不同需求，根据学生的个性特点及所学基础来安排学练内容，充分挖掘每个学生的潜能，更好地促进学生达成教学目标。

三、教材分析

技巧教材中滚翻类动作有着很好的锻炼价值，不但能够有效地增强体质，提高内脏器官的功能，发展力量、柔韧、协调、灵敏等身体素质，改善前庭分析器官的功能，提高人体的平衡能力和控制能力，而且能够培养学生勇敢、果断、克服困难的精神。通过技巧教学，还可以培养学生观察、分析、交流和相互保护帮助的能力，对提高学生团结协作、人际交往能力都有十分重要的意义。技巧运动中的滚动、滚翻等动作练习是人类日常生活中必不可少的自我保护性的实用技能，通过练习提高身体的灵敏性，可以尽量避免偶发的意外伤害事故的损伤。

七年级技巧教材是在复习、巩固小学滚动、滚翻类动作的基础上，提高完成动作的质量。要求动作正确、连贯、协调，提高学生身体的自控能力，并且掌握正确的保护与帮助方法。

四、在单元计划中的地位与作用

上节课学习的是前滚翻成不同姿势的坐撑，但是学生在实践过程中对于动作技术问题自己意识不到。本节理论课，利用多媒体资源，展示前滚翻完整动作、分解教学、易犯错误和各种练习方法。引导学生发现问题，知道解决动作重难点的方法，提高前滚翻技术，科学掌握滚翻类练习方法，学会自我和相互保护和帮助，培养学生的健康行为素养。

五、主要设计思路

本课利用多媒体资源，激发学生的运动兴趣，培养学生体育锻炼的意识和习惯。以学生发展为中心，帮助学生学会体育与健康学习，掌握自我保护帮助的方法。学生通过理论课学习，掌握和运用本课的健康知识和运动技能，提高学生观察、独立思考的能力，培养学生勇于挑战自我、团结协作的精神。本课程设计贯穿"学、练、赛、评"各个环节，始终把学生的运动能力、健康行为及体育品德的培育放在主要位置。

《前滚翻》理论课教案

课程名称	前滚翻				
授课教师		学校名称			
教学对象	七年级	科目	体育与健康	课次	2
教学目标	认知目标：通过欣赏视频，了解技巧滚翻类的相关知识，知道前滚翻在生活中的应用与价值。 技能目标：通过学习，明确前滚翻动作技术要点，并找出滚动的规律。掌握基本的自我保护帮助技能，明确改进技术的方法，为实践教学打下理论基础。 情感目标：通过学习，提升鉴赏美的能力，培养学生合作、创新能力和勇于挑战自我、共同进取的精神。				
教学重难点	重点：自我保护的意识和能力。 难点：前滚翻完整动作技术。				
	教学过程				
教学环节	教师活动	学生活动		板书设计（知识点）	
新课导入	1. 课堂常规。 2. 观看视频，介绍体操项目，导入垫上技巧内容前滚翻。 思考：滚动的规律，日常生活中遇到危险如何自我保护？	1. 明确上课要求。 2. 学生认真观看视频，积极思考、分组探讨并回答问题。		1. 了解技巧滚翻类的相关知识。 2. 思考前滚翻在生活中的应用与价值。	
自我保护与帮助方法	1. 学习滚翻的生活意义及价值。 2. 结合日常生活遇到偶发的意外利用滚翻进行自我保护的方法。	1. 集体探究学习。 2. 联系生活，同桌讨论交流，积极思考、发言。		1. 滚翻的生活意义及价值。 锻炼价值、培养能力、学会自我保护技能。 2. 自我保护帮助的方法。	
前滚翻完整动作理论知识	1. 观看完整动作视频，建立正确技术概念。 2. 观看分解动作视频，明确动作技术重难点。 3. 结合视频和实践练习，分析前滚翻动作易犯错误。 4. 讲解保护与帮助方法。	1. 认真观看视频，明确完整动作技术。 2. 认真观看视频，归纳动作技术要点。 3. 结合实践练习，思考自身有没有犯类似错误。 4. 掌握保护与帮助方法。		1. 前滚翻完整动作：直立、蹲撑、蹬地、身体各部位依次着垫、蹲撑、直立。 2. 动作要点：蹬地有力、团身紧、滚动圆滑、方向正。 3. 易犯错误：蹬地不充分、身体各部位没有依次着垫、团身松散、姿态差、动作不协调连贯、方向不正。 4. 保护与帮助方法。	

滚翻操练习	1. 引导学生练习滚翻操。 2. 讲解、示范滚翻操,提示本课重难点。 3. 组织学生分组学练,并进行展示与评价。	1. 认真观看,积极模仿。 2. 积极参与练习,掌握练习方法。 3. 分组合作学练,相互纠错、展评。	重点:自我保护的意识和能力。 难点:前滚翻完整动作技术。
知识竞赛	1. 小组竞赛答题。 2. 引导学生相互评价。	1. 分组协作交流抢答。 2. 主动参与评价。	体育与健康知识竞赛。
课后小结	1. 组织学生归纳前滚翻动作技术要点和生活中自我保护与帮助方法。 2. 点评学生表现并总结。	1. 同伴间协作完成知识点梳理。 2. 做好自评与互评。	梳理本课知识要点。
布置作业	利用本课所学知识,在日常生活中加强重视自我保护与帮助。	善于观察、思考,珍爱生命。	
教学资源	多媒体、教学课件、黑板、桌、椅。		
课后小结	通过室内理论课,让学生了解技巧滚翻类运动在生活中的运用,掌握了前滚翻的动作技术要点和自我保护帮助的方法。引导学生不断思考,总结自己的易犯错误,并形成正确概念。室内理论课利用多媒体资源,让学生更加直观地了解前滚翻动作技术,学生将理论与实践相结合,逐步掌握正确动作。但是,在室内进行教学,空间狭小,对于课的设计要求高,组织学练上有一定困难。		

案例四 第四课时——跨栏跑

水平四(八年级) 跨栏跑单元教学计划

单元教学目标	1. 通过练习,培养学生对跨栏运动的兴趣,并且能够大胆尝试和体验跨栏。 2. 了解跨栏跑的基本知识、基本技术和锻炼价值,掌握跨栏跑中起跨腿和摆动腿的技术动作,提高自身的跑跨能力。 3. 通过练习,提高学生的节奏感和协调性,培养学生的速度、力量、灵敏、柔韧等素质。 4. 通过练习,培养学生克服困难、不怕畏惧和勇往直前的思想品质,提高学生的自主学习、探究学习以及评价能力。				
	教学内容	教学目标	教学重难点	主要教学法	安全措施

1	1. 准备活动:跨越障碍。 2. 跨栏坐。 3. 放松大步跑。 4. 节奏跑(跨越体操垫)。 5. 素质:跨栏柔韧性练习。 6. 观看跨栏视频。	1. 学生全身心投入课堂,能对跨栏产生浓厚兴趣。 2. 通过练习,逐步恢复学生的奔跑能力,提高跨栏跑中的节奏感,并对跨栏技术有初步了解。 3. 发展学生的奔跑能力,提高速度力量素质。 4. 提高学生模仿能力,培养学生自主学习、探究学习能力。	重点:恢复奔跑能力,提高奔跑节奏。 难点:跨越障碍后跑的节奏。	教法:创设情境法、直观教学法、讲解示范法、纠正错误法。 学法:模仿法、自主练习法。	1. 做好腿准备活动。 2. 加强课堂常规教育。
2	1. 慢跑、热身操、熟悉球性。 2. 跨栏专门性准备活动。 3. 学习摆动腿技术(摆动腿上墙、行进间摆动腿跑、摆动腿走边栏、摆动腿过边栏)。 4. 素质:立卧撑。 5. 腿部放松。	1.100% 的学生能积极参与课堂。 2. 通过练习,90% 以上的学生能够说出摆动腿技术的动作要领,70% 左右的学生能基本掌握跨栏摆动腿技术动作。 3. 发展学生上下肢协调能力及腿部力量。 4. 通过各种练习,培养学生积极向上,克服困难,勇往直前的精神品质。	重点:摆动腿抬、伸、压。 难点:跑动中摆动腿积极向前。	教法:引领法、讲解示范法、分层教学法、个别指导法、集体纠错法。 学法:观察法、分解练习法、自我纠错法、游戏竞争法。	1. 做好手腕肘部及腿部准备活动。 2. 加强课堂常规教育,合理控制间距。
3	1. 热身:障碍跑。 2. 热身操"跨栏小明星"《WAKA WAKA》。 3. 辅助练习。 4. 学习巩固摆动腿技术。 4. 学习起跨腿技术(原地展拉、两人合作展拉过横垫、蹲地展拉过垫、起跨腿走动和跑动中过边栏)。 5. 尝试体验。 6. 分层练习(基础、创新、提高)。 7. 放松小结(虫儿飞)。	1. 通过学习,激发学生学习兴趣,让学生理解跨栏技术动作的结构及技术要点,提高学生参与全过程活动的兴趣。 2. 学习并巩固摆动腿动作,主要学习起跨腿技术,大部分同学能做到提拉过栏连贯加速,60% 以上的学生能将跨栏技术进行完整练习。 3. 发展速度、力量、柔韧、灵敏和协调等基本素质,发展上下肢协调的能力。 4. 通过各种练习,培养学生果敢、挑战自我和不怕困难的精神。	重点:抬伸压、蹲展拉。 难点:跑动中起跨腿、摆动腿协调完成。	教法:图示法、讲解示范法、分解教学法、表扬激励法、纠错法、展示法、激趣法。 学法:观察法、自主练习法、小组合作练习法、自我纠错法、评价法。	1. 场地合理布置。 2. 做好手腕肘部及腿部准备活动。 3. 加强课堂常规教育。 4. 提醒跨栏后重心的控制。

4 理论课	1. 课堂导入, 刘翔榜样力量。 2. 掌握跨栏坐练习方法。 3. 掌握起跨腿练习方法。 4. 掌握摆动腿练习方法。 5. 复习跨栏操, 总结。	1. 学生热情高涨, 积极投入课堂。 2. 通过观看视频, 学生掌握跨栏坐、起跨腿以及摆动腿练习方法。 3. 培养学生跨栏跑兴趣, 掌握正确锻炼方法。	重点:摆动腿抬伸压起跨腿蹬展拉。 难点:手脚协调配合。	教法:视频教学法、讲解示范法、分解教学法、对比教育法、个别指导与集体纠错相结合法。 学法:模仿法、分解练习法、自主练习法、小组合作法、评价法。	1. 做好准备活动。 2. 加强课堂常规教育, 提醒注意安全。
5	1. 游戏"钻山洞"。 2. 跨栏专项准备活动。 3. 根据考核标准练习。 4. 小组比赛。 5. 素质:连续纵跳过垫子。 6. 放松"推拿按摩"。 7. 评价动作及考试注意事项。	1. 通过游戏, 激发学生兴趣, 做到情绪高涨, 注意力集中。 2. 通过练习, 大部分学生能完成考核内容, 改进跨栏技术。 3. 提高学生速度、力量、柔韧素质及协调能力。 4. 相互竞争, 相互促进, 从而共同进步。 5. 正确评价自己和他人。	重点:摆动腿和起跨腿技术动作的形成与配合。 难点:高速中跨栏步与栏间跑的结合。	教法:引导法、组织游戏法、示范讲解法、对比教育法、鼓励法、纠错法。 学法:游戏练习法、自主练习法、比赛竞争练习法。	1. 准备活动, 防止腿部拉伤。 2. 加强课堂常规教育, 提醒注意安全。
6	1. 观看刘翔比赛视频。 2. 热身及专项准备活动。 3. 对照标准练习(蹲踞式起跑上第一个栏, 跨三个栏)。 4. 进行考核。 5. 制定目标、评价。	1. 学生具有考前紧张意识, 激励自己, 积极投入练习中。 2. 通过练习, 大部分同学能够通过及格标准。 3. 学生上下肢协调能力得到锻炼, 发展速度力量素质。 4. 学生积极要求上进, 养成努力拼搏、全力以赴的好品质。 5. 正确评价自己和他人。	重点:动作规范正确。 难点:动作连贯协调。	教法:考试激励法、练习法、榜样教育法。 学法:自主练习法、考核法。	1. 安排好考试场地、练习场地。 2. 做好准备活动, 安排好练习考核秩序。
考核评价内容与标准	绝对性评价和相对性评价两者相结合 绝对性评价:起跑后完成三个栏 标准: 7.5s 以下 优秀 7.5s~8s 良好 8s~8.5s 及格 8.5s 以上 不及格 相对性评价:动作评定 优秀:跨栏动作正确规范, 摆动腿伸直向前, 起跨腿展拉充分, 跨栏步与栏间跑结合好, 身体各部位协调灵活。 良好:跨栏动作较正确规范, 摆动腿伸直向前, 起跨腿展拉充分, 跨栏步与栏间跑结合较好, 身体各部位较为协调。 及格:能够完成考核内容, 跨栏动作有连续性, 但身体各部位协调性差。 不及格:无法完成考核内容。				

八年级《跨栏跑》教学设计

一、指导思想

依据《2011版体育与健康新课程标准（2011年版）》，树立"健康第一"的指导思想，充分发挥学生的主体地位，遵循体育教学规律，让学生在参加跨栏跑学习中能有效地发展速度、灵敏和柔韧等身体素质。培养克服困难和勇敢顽强的精神，提高学生在日常学习和生活中的突发情况下跨越障碍的能力。同时，增强学生的组织纪律性和集体荣誉感，寓教于练，使学生在宽松、愉快、热烈的课堂气氛中学习知识及掌握技能，身心得到健康发展。

二、学情分析

本次授课对象为（水平四）八年级学生，正处在生长发育期的他们心理还不够成熟，自我约束能力不够，还不具备独立思考、判断、概括等能力，但是好奇心强，有着较强的模仿能力和创造才能。经了解大部分学生对跨栏跑兴趣很浓厚，愿意积极尝试，但是部分女生没有接触过这个项目，以及个别学生个子矮小，肥胖，身体协调能力不够，会对跨栏产生一定的畏惧心理。这就要求教师充分利用刘翔这样的明星榜样力量以及运用各种有趣、新颖、实效性高的教学形式与手段，来提高学生的求知欲望与兴趣。教师还要关注个体差异和不同需求，根据学生特点及所掌握的学习情况来安排学习内容，充分挖掘每个学生的潜在能力，更好地促进学生完成教学目标。

三、教材分析

摆动腿技术和起跨腿技术是跨栏中最为关键的技术，摆动腿积极抬伸，下压落地迅速，起跨时必须充分蹬伸，它是在摆动腿充分有力的折叠前摆条件下自然形成的。起跨一结束，起跨腿就应在髋关节后面屈膝折叠上翘脚尖，以膝带动，依次过栏。本节课的重点是摆动腿抬伸压、起跨腿蹬展拉，难点是手脚协调完成。

四、在单元计划中的地位与作用

上节课学习的是摆动腿和起跨腿技术,但学生在实践课中的问题自己意识不到。本节理论课,利用多媒体资源,展示跨栏坐、摆动腿以及起跨腿技术的练习方法,引导学生发现自己的问题,提高跨栏跑技术,科学掌握跨栏跑锻炼方法,培养学生的健康行为素养。

五、主要设计思路

本课以促进学生运动参与、社会适应能力为目标,激发和培养学生运动兴趣及爱好为手段。学生通过理论课学习,掌握与运用本课的健康知识和运动技能,提高学生敢于尝试和独立思考的能力,培养学生勇于探索、不怕困难精神。这个课程设计到评价的各个环节,始终把学生的主动参与、主体地位及学习积极性放在主要位置。

《跨栏跑》理论课教案

课程名称	跨栏跑				
授课教师		学校名称			
教学对象	八年级	科目	体育与健康	课次	4
教学目标	认知目标:通过学习与欣赏,激发学生学习兴趣,学生理解跨栏技术动作的结构及技术要点,并了解跨栏跑在生活中的应用与价值。 技能目标:通过学习,学生了解跨栏坐、摆动腿和起跨腿技术练习方法,并通过尝试改善技术,为实践教学打下理论基础。 情感目标:通过学习,培养学生自主学习、探究学习和合作学习意识,并养成跨栏跑的健康行为。				
教学重难点	重点:摆动腿抬伸压、起跨腿蹬展拉。 难点:手脚协调完成。				
	教学过程				
教学环节	教师活动	学生活动		图解	

【新课导入】	1. 课堂常规。 2. 观看刘翔雅典奥运会视频让学生思考:刘翔在起跑不占优势情况下,如何取得领先? 3. 跨栏跑的生活意义及价值。	1. 明确上课要求。 2. 学生积极思考并回答问题。	
跨栏坐练习方法	1. 跨栏跑专项准备活动介绍。 2. 跨栏坐练习方法。	1. 学生掌握跨栏跑专项准备活动知识。 2. 明确练习方法。	
摆动腿练习方法	1. 观看视频,指出学生上节课的易犯错误。 2. 观看视频掌握摆动腿练习方法。 3. 组织学生进行摆动腿练习。	1. 认真观看视频,思考自身有没有犯类似错误。 2. 掌握练习方法。 3. 积极参与练习。	
起跨腿练习方法	1. 观看视频,指出学生上节课的易犯错误。 2. 观看视频掌握起跨腿练习方法。 3. 组织学生进行起跨腿练习。	1. 认真观看视频,思考自身有没有犯类似错误。 2. 掌握练习方法。 3. 积极参与练习。	

课后小结	1. 组织学生复习跨栏操。 2. 点评学生表现。	1. 积极完成跨栏操。 2. 做好自评与互评。
布置作业	总结本课	认真完成课后作业
教学资源	多媒体、教学课件、桌、椅、体操垫、牛皮筋。	
课后 小结	通过室内理论课，让学生了解跨栏跑在生活当中的运用，掌握跨栏跑的练习方法，并启发学生进行思考，反思自己的易犯错误，并逐步改正，这种创新模式总体效果不错，学生将理论与实践相结合，逐步掌握正确动作。就是在室内进行教学，空间较小，组织上有一定困难。	

案例五　第五课时——足球裁判手势讲解

水平四（八年级）足球单元教学计划

单元 教学 目标	1. 学习运球过人、射门与抢球等基本技术，以及斜传直插二过一等简单战术配合，并在游戏和比赛中运用这些基本技术动作和战术配合。 2. 通过多种形式的游戏和比赛，进一步培养对足球运动的兴趣，让足球成为同学们的培养。 3. 复习巩固已经学习过的踢球、运球、接球等技术，能够比较熟练地进行短距离的传接球，并尝试在足球游戏和比赛中运用。 4. 学习越位、直接任意球和间接任意球等足球竞赛规则的知识，并在竞赛中合作执法比赛。 5. 学习运用足球的知识达到发展体能、增进健康的目的，发展协调性、灵活性、柔韧性、速度、耐力，磨炼意志，培养团队协作的意识以及公平、公正的态度。

课次	教学内容	教学目标	教学重难点	主要教学法	安全措施

1	1. 了解足球运动发展的概况、趋势和足球运动的特点。 2. 掌握熟悉球性的练习方法（拨、拉、扣）。 3. 复习脚背外侧运球和脚背内侧运球。 1. 练习拨球过人和扣球过人。	(1) 足球运动的有关知识。 (2) 球性。 (3) 运球突破。	重点：拨球、拉球、挑球、扣球等动作。 难点：突破时机、突破距离以及速度和方向的变化。	(1) 示范讲解技术动作。 (2) 脚背正面颠球练习。 (3) 两脚内侧交替拨球、扣球。 (4) 走步运——慢跑运——快速运。 (5) 两步一推到一步一推。 (6) 教师示范讲解动作要领。	(1) 做好考勤。 (2) 加强课堂常规教育。
2	(1) 进一步提高拨球过人和扣球过人能力。 (2) 学习脚内侧和脚背正面踢地滚球。 (3) 了解、学习定位球射门和运球射门。 (4) 进一步熟悉球性。	传接球 射门	重点：传接球的基本动作。 难点：传接球时机、力量、方向的掌握。	(1) 两脚内侧交替扣球。 (2) 复习运球突破。 (3) 原地与上前一步模仿传球练习。 (4) 两人一组一球传接球练习。 (5) 射门技术动作。 (6) 分组教学比赛。	充分活动踝腕关节，避免受伤。
3	(1) 进一步掌握运球突破技术。 (2) 初步了解正、侧面抢截球。 (3) 进一步提高技术动作的运用能力。	正、侧面抢截球	重点：抢球的动作。 难点：抢球的时机。	(1) 各种正、侧面抢截球练习方法。 (2) 教师作防守者，全班同学进行练习。 (3) 两人一组，练习抢截球动作。 (4) 二抢五练习。 (5) 教学比赛。	(1) 充分热身． (2) 力量合理，避免受伤。

4	(1)掌握已经学过的基本技术,初步掌握"斜传直插"二过一简单战术。 (2)体会运球突破、传球时机的有机结合。 (3)增强协同防守的意识,发展速度、灵敏、耐力等素质,提高快速反应能力。	斜传直插二过一。	重点:斜传直插二过一的配合要点。 难点:传接球配合时机与能力。	(1)游戏"抢圈"。 (2)介绍"二过一"方法与要求。 (3)三人一组,徒手进攻防守练习。 (4)三人一球,二攻一守练习。 (5)教学比赛(重点提出进攻简单战术的比赛)。 充分热身,避免运动。
5	(1)培养学生对足球裁判规则的认知程度,能够基本掌握规则。 (2)通过学习能够明确裁判员的手势和哨音。 (3)通过学习让学生了解足球裁判规则并热爱足球运动。	足球裁判规则与执法。	重点:判罚手势的正确性。 难点:越位的判罚。	(1)观看视频并思考:裁判员的判罚是否正确。 (2)思考:一场比赛中裁判员拥有哪些权利。 (3)观看视频让学生体会直接任意球和间接任意球的判罚条件和红黄牌的出示。 (4)明确裁判员哨音的区别,模仿判罚手势和助理裁判员的旗示。 (5)越位的定义。 跑位时注意队员位置,避免冲撞。
6	(1)培养学生参与比赛、阅读比赛的能力。 (2)学生积极参与比赛,正确执法比赛,完成考核。 (3)培养学生对足球的兴趣和团结协作的意识。	比赛与执法	重点:完成单元考核。 难点:学生能够独立完成比赛与执法。	(1)学生分组进行足球比赛。 (2)学生轮流执法比赛。 (3)教师在旁进行协助判罚。 (4)教师总结本课并评价。 充分热身,避免运动损伤

考核内容与评价标准				
评价内容	分值	分项内容	分项分值	总分
技能水平	80	脚内侧横拨球	20	100
		3mX8 往返运球计时	20	
		脚内侧地滚球传准	20	
		教学比赛与执法	20	
情感态度	20	出勤率	10	
		态度表现	10	

八年级《足球裁判规则与执法》教学设计

一、指导思想

本课以《体育与健康课程标准（2022年版）》为依据，全面贯彻"立德树人"的根本任务，强调在教学中以学生为主体，运用研讨、情景模拟的方法提高学生对足球裁判法的学习热情。在课堂教学过程中，注重培养学生有创造性地自主学习，在学与练中获得成就感。引导学生开动脑筋，相互合作和探究，增强社会适应能力，为终身体育奠定基础。

二、教材分析

本课是《体育与健康课程》中必修选学内容部分，符合学生的年龄特点，通过了解直接和间接任意球、越位球的判罚，使学生在现有认知结构的基础上，提升规则意识，懂得分析比赛，获得积极愉悦的情感体验，促进学生个性自由和谐地发展，为终生学习的可持续发展奠定基础。

三、学情分析

本课学生是八年级男生，有些足球常识，但对足球规则缺乏系统学习。有分析问题的思维能力，能结合讲解示范，主动模仿或进行思考。八年级学生对体育的学习热情很高，充满自信，但在教室上体育课他们还不能接受，他们渴望在操场上尽情玩耍来释放自己的能量，所以室内教学的内容必须丰富，呈现方式的新颖，感官刺激的多样，组织形式活泼才能吸引他们。有益于各层次学生体验成功的喜悦并得到提高。学生在参与活动中感受到成功感！

四、教学目标

根据本节课教材和学生实际情况教学目标设定为：

1. 认知目标：培养学生对足球裁判规则的认知程度，可以基本掌握规则。

2. 技能目标：通过学习能够明确裁判员的手势和哨声。

3. 情感目标：通过学习让学生了解足球裁判规则并热爱足球运动。

五、教学重难点

重点：裁判员的手势和哨声。

难点：裁判员如何正确地判罚犯规。

六、教法与学法

1. 教法

（1）教师讲解、示范、启发、引导学生练习、评价及集体纠正错误和个别辅导等直观性教法。

（2）面对全体学生又考虑个体差异，分层次有区别地进行教学，使学生从掌握单一犯规的判罚到整场比赛的判罚，由浅入深、由易到难进行教学。

（3）通过找优秀学生示范的教学方法，激励学生进取，让学生勇于表现自己，体验成功的快乐。

2. 学法

（1）学生通过看视频、听讲解、看示范，经过观察思考以及对判罚要领的理解，同教师一起做模仿练习。

（2）小组合作探究，互帮互学，使每人都有收获并且体验成功带来的喜悦。

七、教学过程

视频导入—直接任意球—间接任意球—黄红牌的判罚—裁判员哨音—裁判员手势—助理裁判员旗示—越位球—巩固练习：越位球的判罚实例—课的小结

《足球裁判规则与执法》教案

课程名称	足球裁判规则与执法				
授课教师		学校名称			
教学对象	八年级	科目	体育与健康	课时安排	1
教学目标	1. 认知目标:培养学生对足球裁判规则的认知程度,能够基本掌握规则。 2. 技能目标:通过学习能够明确裁判员的手势和哨音。 3. 情感目标:通过学习让学生了解足球裁判规则并热爱足球运动。				
教学重难点	重点:直接任意球与间接任意球的区别。 难点:越位球的判罚。				
教学过程					

教学环节	教师活动	学生活动	板书设计
【新课导入】	1. 观看《马竞主教练西蒙尼不满判罚被罚上看台》视频,让学生思考:裁判员判罚是否正确? 2. 让同学们带着问题学习新授内容。	1. 认真观看视频。 2. 学生积极思考并回答问题。	足球裁判规则与执法
裁判员的权力	1. 提问:你认为足球比赛中裁判员有哪些权利? 2. 每场比赛由一名裁判员控制,他具有全部权力去执行与比赛有关的竞赛规则。	学生积极思考,大胆回答教师的问题。	裁判员的权利
裁判员的判罚	1. 观看直接任意球和间接任意球判罚的视频,让学生思考直接和间接任意球判罚的区别,并总结判罚的条件。 2. 红黄牌的出示条件。	1. 认真观看视频,体会直接任意球和间接任意球判罚的条件。 2. 仔细听教师解读红黄牌的出示条件。	1. 裁判员的判罚。 2. 直接任意球。 3. 间接任意球。 4. 红黄牌。

裁判员的哨音和手势	1. 观看视频,让学生明确需要鸣哨的情况、不需要鸣哨的情况以及鸣哨的种类及要求。 2. 裁判员手势:犯规球、直接任意球、间接任意球、球门球、角球、点球、越位球。 1. 助理裁判员旗示:界外球、球门球、角球、越位。	1. 观看视频,了解裁判员哨音的区别。 2. 学生跟随教师的讲解与示范学习裁判员判罚的手势。 3. 观看挂图,主动模仿助理裁判员旗示。 1. 游戏:"我是你做"同桌两人一组一个报,另一个同学做出相应的手势,一轮以后交换。	三、裁判员的手势与旗示
越位	1. 越位: 越位位置:比赛中,当队员处于下列情况时,即为该队员处于越位位置: (1) 在对方半场。 (2) 较球更接近于对方球门线。 (3) 在该队员与对方球门线之间,对方队员不足两人。 (4) 接本方队员传球,并获得利益 上述四项条件中,若缺少任何一条,队员均不属于处于越位位置。 2. 让学生讨论作为一名优秀裁判员应具体的素质。	1. 明确越位的条件。 2. 观看十个越位球视频实例,并讨论接球队员是否处于越位位置,进球是否有效。 3. 分组讨论,陈述理由。	四、越位
教学资源	多媒体、教学课件、哨子、裁判边旗		
课后小结			

案例六　第六课时——健美操考核与评价

水平四（七年级）健美操单元教学计划

单元教学目标	(1) 了解健美操对锻炼身体的价值,并在教学实践中吸引学生参与的积极性,从而提高学习兴趣。 (2) 培养学生上下肢、胸、背等部位的肌肉力量以及灵敏、协调、柔韧、力量、速度等身体素质,培养学生的自控能力与音乐节奏感。 (3) 充分调动学生学习的主动性,培养学生主动参与、乐于探究、勇于实践的品质。 (4) 教育学生勇于克服困难,合理地释放自我,培养学生自信、果断、顽强的精神。

课次	教学内容	教学目标	教学重难点	主要教学法	安全措施
1	(1) 健美操运动的概述及价值特点 . (2) 健美操与科学锻炼。 (3) 健美操基本术语。 (4) 健美操的音乐与编排。 (5) 健美操竞赛规则简介与欣赏。 (6) 大众及竞技健美操的评分标准。	(1) 整体上了解健美操的概念、特点和功能。 (2) 了解健美操的发展过程 (3) 明确学习健美操的主要目的和意义。	重点:获取健美操基本理论知识,懂得欣赏健美操。 难点:在现实生活中如何发现美、欣赏美、更好地生活。	识记健美操的锻炼方法与编排,以及健美操的竞赛规则与评价标准,领会健美操的编排原则。	做好考勤,加强课堂常规教育。
2	(1) 手型及基本站立。 (2) 身体各部位基本动作 (头颈动作、肩部动作、上肢动作、腰部动作、下肢动作)。 (3) 基本步伐:踏步、侧并步、侧交叉步、Ⅴ字步、Ａ字步、侧点、前点、向前 / 向后走、吸腿、踢腿、开合跳、弓步、跑跳、弹踢腿跳。	(1) 掌握健美操基本步伐、手型及上肢定位技术练习,要求动作定位准确,发力方式正确 (2) 通过学习本课培养学生的协调性,为后面课程的教学做好铺垫。 (3) 培养学生团队合作精神,以及对美的认识。	重点:基本步伐的弹性和手臂快速发力与制动。 难点:手臂动作准确位置和身体姿态的控制。	教师引导学生学习,激发学生兴趣 教法:教师讲解、示范,巡视指导 学法:学生模仿体会;集体练习;分小组练习,体会动作要领	检查场地,注意前后左右站位,保持间距充分活动踝腕关节,避免受伤。

3	(1) 健美操基本动作:把杆练习、华尔兹、恰恰等舞步。 (2) 健美操基本动作组合。 (3) 手臂组合。 (4) 基本步法组合。 (5) 流行韵律操健身操组合。	(1) 把握节奏特点及变化规律,培养学生正确的身体姿态,为成套动作打好基础。 (2) 培养团结合作的精神。	重点:动作的规范性。 难点:动作优美、大方、连贯。	教师示范,学生模仿;教师讲解,学生体会;学生分组练习,共同完成健美操的基本动作组合。	(1) 充分热身,避免拉伸时受伤。 (2) 注意站位间距,避免交叉。
4	(1) 大众健美操二级规定动作分解练习。 (2) 大众健美操二级规定动作部分组合动作串联练习。 (3) 结束造型展示。 (4) 分组比赛。 (5) 素质练习。	(1) 加强身体其他部位的配合,提高快速反应能力。 (2) 加强力度及表现力,进一步体会健美操的丰富性。 (3) 积极主动参与练习,进一步增强学习热情。	重点:动作的连贯性 难点:动作的弹性、节奏均匀	(1) 集体练习。 (2) 教师示范,学生模仿。 (3) 教师讲解,学生体会。 (4) 学生分组练习,互相评价。	(1) 检查场地。 (2) 结束造型展示。 (3) 注意保护与帮助。
5	(1) 复习大众健美操二级规定动作。 (2) 基本队形编排变换。 (3) 学习健美操创编的方法。 (4) 分组交流展示。	(1) 熟练掌握大众健美操二级规定动作。 (2) 形成正确的身体姿态,塑造健美的体态,发展身体的综合素质。 (3) 积极主动参与,并加强学生身体姿态及气质的培养。	重点:健美操动作的编排,队形的创编。 难点:健美操动作和步伐一动时的协调配合	(1) 集体练习、强化音乐节奏感。 (2) 教师讲解,学生体会。 (3) 学生分组练习,互相评价。	(1) 队形编排变换注意走位,避免交叉。 (2) 合理安排小组活动场地。
6	(1) 小组自编操展示。 (2) 理论考试。	(1) 能够跟音乐基本完成自编操动作,队形整体,发力正确。 (2) 与同伴相互帮助、相互鼓励,勇于挑战自我展示自己的能力。 (3) 独立自主完成考试。	重点:动作与队形的配合,形成不同风格的组合操。 难点:动作的整齐性、流畅性。	(1) 分组练习,跟着音乐自编舞蹈并展示。 (2) 自编操比赛,介绍评分标准、评分档次。 (3) 按要求完成考试。	(1) 检查场地,强调课堂常规。 (2) 队形展示注意保护与帮助。

考核评价内容与标准	优秀:整套动作熟练、准确、有力度、节奏感强,具有较强表现力,音乐配合协调,队形变换自然流畅。 良好:整套动作较连贯,动作较正确,音乐配合比较协调,表现力一般,队形变换比较自然。 及格:整套动作基本正确,能独立完成,与音乐基本协调,队形变换不够自然。

七年级《健美操》教学设计

一、指导思想

本节课以《体育与健康（2022年版）》课程标准的基本理念为指导,坚持了"健康第一"的指导思想,结合我校的实际情况,把课程内容与提倡个性发展相结合,进而提高学生学习的积极性,激发学生锻炼的热情,为树立终身体育意识奠定基础。在教学过程中,加强学生模仿自学,自编自练的能力,使学生能够灵活地运用所学的知识,让学生在学习过程中获得成功感,提高学生的审美观及鉴赏能力,形成自信、自尊、乐观等良好的心理品质,培养学生相互探究、团结合作的精神,促进其身心全面协调发展,增强社会适应能力。

二、教材分析

初中学生的身心发展正处在主要阶段,通过学习健美操,可以增强体质,提高学生的身体素质,塑造学生端正的身体姿态,提高艺术素养、陶冶情操,增强自信心,培养学生团结协作精神及群体意识。大众二级健美操是现代中学生非常喜欢的一套动作组合,动作舒展大方,运动路线较前一单元初级套路动作有了一定变化,有利于多角度开发学生的思维,同时能够体现当代中学生的青春朝气,让学生进一步体会健美操的艺术魅力,提高学生学习体育的热情。

三、学情分析

本课授课对象为七年级健美操选修课女生,此年龄的学生对任何事物都比较好奇,她们的特点是头脑聪明,善于思考,有较好的音乐素质,对于身体的姿态美及形体美有着较强烈的追求。而喜欢追求时尚的心理,使健美操成为了女生喜欢的时尚运动项目,健美操能提高学生的自信心和表现力,并且能够培养学生良好的气质,通过多表扬鼓励、分组学练,有效激发团队合作精神,增强教学效果。

四、教学准备

多媒体设备、音箱、课桌椅等

《健美操》理论课教案

课程名称	健美操				
教学对象	七年级	科目	体育与健康	课次	6
教学目标	1. 能够跟音乐基本完成自编操动作,队形整体,发力正确。 2. 通过自编动作和队形,培养学生的创新能力和团结协作能力。 3. 通过比赛,发展学生自我表现能力,培养学生自尊自信的品质,调动学生参与活动的积极性。				
教学重难点	重点:紧跟音乐节奏,动作协调,发力准确。 难点:动作的组合和队形变换。				
	教学过程				
教学环节	教师活动	学生活动		图解	

一、课堂常规 二、健美操自编示范（视频） 1. 步伐组合。 2. 手型组合。 3. 步伐与手型组合。 4. 不同音乐变换。 5. 队形变换。 6. 完整示范。	1. 师生问好。 2. 宣布本课的教学内容，提出要求。 1. 讲解步伐、手型的搭配与变换。 2. 讲解节奏变化练习的重要性。 3. 讲解示范简单的组合动作变化。	1. 师生问好。 2. 集中注意力，听教师宣布课的内容及要求。 1. 仔细观看，认真听讲，结合所学知识思考新的动作组合。 2. 模仿编排动作并大胆创新。 3. 认真听讲，了解健美操创编要求。 4. 仔细观察教师示范。	＊＊＊＊＊＊ ＊＊＊＊＊＊ ＊＊＊＊＊＊ ＊＊＊＊＊＊ ★
1. 自编操要求讲解。 2. 选定自编操音乐。 3. 分小组讨论，创编动作。	1. 教师讲授自编操要求。 2. 介绍自编部分动作组合跟类型。 1. 教师播发视频，组织学生观看。 2. 教师示范套路动作。 3. 教师示范并引导学生进行合作探究学习。 1. 组织学生合作探究学习，巡回指导每组学生的创编。 2. 参与学生的学习。	1. 认真观看。 2. 模仿练习。 3. 在教师的引导下合作探究学习。 1. 发挥骨干学生的作用，互教互学，共同思考问题，并解决问题。 2. 积极思考，发挥集体的力量进行动作编排。	＊＊＊＊ ＊＊　＊＊ ＊＊　　＊＊ ＊＊　　＊＊ ★

小组展示点评	1. 组织学生分组展示创编动作。 2. 组织学生自评互评动作。 3. 教师点评。 1. 带领学生进行柔韧放松。 2. 教师总结小组自编操创编情况。	1. 在音乐的伴奏下分组展示创编的动作。 2. 大胆展示动作,小组团结协作,认真完成。 3. 认真听教师总结自编操创编情况。	**** **** ★ **** ****
理论考试	一、填空题。 1. 健美操的种类有:竞技性健美操、健身性健美操、表演性健美操。 2. 现代健美操运动最早由美国人库帕 博士于 20 世纪 60 年代开始, 80 年代初传入我国。 3. 健美操常见的手型有:五指分开式、五指并拢式、西班牙舞手式、芭蕾舞手式、拳式、花掌手式、一指式、响指。 4. 健美操基本步伐有:踏步、弓步、开合跳、吸腿跳、后踢腿跳、弹腿跳、大踢腿。 5. 健美操的特点:高度的艺术性、强烈的节奏感、广泛的适应性、健身的安全性。 二、判断题。 1.1992 年 9 月,中国健美操协会 (CCA) 在北京正式成立。对 2. 竞技健美操三人项目必须是男女运动员混合的。错 3. 健美操课的结构一般分为准备、基本和结束三个部分。 4. 难度动作是区分竞技健美操和健身健美操的重要标志之一 5. 低冲击力步伐动作是指在做动作时一脚着地,另一脚离地的动作。 三、简答题。 表演性健美操创编原则? 答:(1) 要有鲜明的针对性。(2) 要体现科学性。(3) 合理搭配和连接原则:动作顺序应先四肢、后躯干;动作速度由慢到快;动作幅度和运动量由小到大;动作的性质先柔和后有力。(4) 创新性原则。(5) 动作和音乐的一致性。		

课后小结	1. 带领学生在音乐伴奏下放松。 2. 教师点评本课学习情况。 3. 师生再见。	1. 充分放松身心,动作配合呼吸。 2. 反思本节课所学所练。 3. 跟老师再见。
布置作业	总结本课	认真完成课后作业
教学资源	音箱、投影仪、板贴	
课后 小结		

第四章　深度学习下健康行为素养的教学实施

第一节　基于学情的健康行为素养培育方略

一、学情分析促进深度学习

（一）何谓学情分析

学情分析是指在课堂学习情境中对于影响教学的学习者内在特征和外在要素之间关系的分析，目的在于寻找学习情境中学习者内在特征与外在要素的最佳联结处，以促进有效学习。教师在课堂教学中分析学情实际就是分析学生的学习经验状况，即在教学设计阶段分析的是"学习（经验）起点"，在教学实施阶段分析的是"学习（经验）状态"，在教学评估阶段分析的是"学习（经验）结果"，这三个连续的阶段是我们观察与分析学情的三大范畴，也是三个着力点。

学情分析要分析出学习者的共同特征和差异性特征，而只有把握个体差异性特征，才能真正做到因"材"施教；学情分析是在具体的课堂教学情境中实施的，这样才能使学情分析的结果与具体的教学内容和教学方法结合起来，教学才具有针对性；学情分析要体现出情境性，也就是要把学习情境中的"内"与"外"两种因素之间的关系分析清楚，才能依据学情设计出具有针对性的学习活动，并且根据学生在学习活动中的学习状态调整教学。

（二）何谓深度学习

深度学习是指在理解学习的基础上，学习者能够批判性地学习新的思想和事实，并将它们融入原有的认知结构中，能够在众多思想间进行联系，并能够将已有的知识迁移到新的情境中，作出决策和解决问题的学习。

深度学习要求学习者做到以下六点：①在新旧知识、概念及经验间建立联系；②将他们的知识归纳到相关的概念系统中；③寻找模式和基本原理；④评价新的想法，并且能将这些想法与结论联系起来；⑤了解对话的过程，对话的过程就是知识产生的过程，并能够批判地检查论据的逻辑性；⑥对其理解及学习的过程进行反思。

（三）学情分析与深度学习的关系

深度学习是学生作为主体，积极主动地投入学习中。从此角度来说，学习是非常个性化的活动，与学生的个人经历、内心感受以及思想水平与想象力都有密切的关联。教师需要针对学生的差异展开学情分析，再选择合适的学习方法，帮助学生在学习过程中得到发展。除了个体差异，学情分析的具体内容还涵盖学生的已有经验、学习需求、学习困难、错误偏差等方面。教师通过对学情的梳理，为促进学生的深度学习提供更加精准的措施与策略。学情分析为深度学习的实施指明路径。学情分析越精细，深度学习越有效。同时，深度学习也为学情分析提供了理论基础，它是学情分析的目的和归宿。学情分析的最终目的是为了促进学生的深度学习。教师可采取后测、访谈等不同形式评估学生的学习效果。这一检验结果促使教师对自身的学情分析能力进行反思与完善，使得学情分析在深度学习中实现良性循环。

二、学情分析在深度学习中的运行机制

学习起点、学习状态、学习结果作为观察与分析学情的三大范畴，在实际的课堂教学中呈现为一个动态连续体，共同构成在深度学习中的运行机制，如图4-1这一学情分析的运行机制贯穿课堂教学设计、课堂教学实施、课堂教学评估的整个过程，使一节课的各环节之间甚至"这节课"与"下节课"之间都能建立相应的关联，学生在课前、课中和课后的学习情况都能进入教师的学情分析视野，他们的课堂学习经验发展状况得到了教师的动态关注。

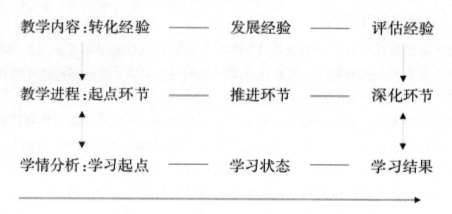

图4.1 学情分析在深度学习中的运行机制示意图

三、开展学情分析的途径与方法

（一）客观资料分析法

这是了解学情普遍使用的方法。它的特点是通过已有的文字记载材料间接了解、研究学生已发生的事件或固定的基本情况。材料包括档案、笔记本、练习本、作业、试卷、成绩单、成长记录袋等。通过查阅有关资料，可以比较系统地了解学生的学习、生活、思想、个性等方面的情况，并以此作为教育教学的重要依据。分析书面材料，必须注意其客观性、可信性。例如，看评语，要一看评价是否全面；二看评价是否认真；三看评价用语是否得体。对千篇一律的评价权作参考，对切合实际的评价要加深印象，并与学生的现实表现结合起来，发展性地评价学生。再如看成绩单，既要看各门学科是全面发展还是有偏科现象，又要看成绩稳步前进还是忽高忽低，以便指导学生时的心中有数。

（二）学生自传分析法

可以要求学生写一篇介绍自己的"自传性作文"，也可以填写表格式的个人情况调查。"自传"能够反映出学生的家庭背景、性格特点、学习成绩、兴趣爱好、人际交往、个人理想等情况。由于学生对这样的自我介绍颇感兴趣，能勾勒出一幅较为逼真的"自画像"。也可以通过让学生互写题为《我的朋友×××》《我的同桌×××》的作文，童言无忌，能从侧面了解到每个学生的突出特点。

（三）教师自传反思法

同理心是教师了解学生的首要条件。同理心包括三个条件：站在对方的立场去理解对方；了解导致这种情形的因素；把这种对对方设身处地的了解让对方了解。只有充分认识自己，才能更好地理解别人。教师可以在教育实践中，通过内心回忆、教育叙事、撰写自传等反思方法，把自己当作研究对象，对自己学生时代的成长经历、关键事件、深刻感受、生存状态等情况进行反思，从自己的童年经验来分析一个孩子的成长过程。再结合自己的教师生涯，进行对比分析和反向思考，培养自己对学生的同理心。其中最关键的因素就是推己及人。

（四）谈话法

教师可以访谈学生家长、访谈其他教师，也可以直接和学生交谈。通过这三种访谈，可以对学生的成长有一个比较全面的了解，还可以进行不同角度下的对比分析，大大增强了学情分析的可信度。做好访谈，应该事先确定访问对象、制订访谈计划、预设访谈问题；谈话时态度要亲切、诚恳、和蔼，针对不同谈话对象的性格特点，注意说话的方式；在访谈中要注意循序渐进，不时变换交谈角度，初期进行全方位的开放式观察和访谈，然后逐渐聚焦，进行选择性访谈；及时地做好书面或录音记录，保存第一手资料。

（五）问卷调查法

问卷是由研究者设计由回答者填写的问题表格，它是直接了解学情的一种方式，比较适合大面积调查。问卷有开放式的主观性题目，其设置问题应尽量简洁明了，如"你有什么样的感受？""你什么地方读得懂，什么地方读不懂？""你用什么方法记生字？"这样比较开放的题目，最大化地保持了学生学习的自然状态及个性化学习特点，从而能够最大限度地反映出学生初学的原生状态。更多的是封闭式的选择题、判断题，答案量化，以方便统计。问卷设计必须体现效度原则，即卷中问题应能反映问卷的目的要求，具有鲜明的针对性，要突出主题，简明扼要并易于回答。

（六）师生共同备课法

开展师生共同备课，是摸清学生认知水平与经验层次的一个有效途径。教师能够在某一单元备课中，请来几位不同层次的学生，就即将开展的教学内容进行交流，大致了解学生的需求状态和问题指向。一般可以通过以下几个问题和学生展开交流：对这一单元中的某些部分，你们能不能独立学习，会有什么困难？如果你是教师，会怎样清楚地与同学们交流学习的方法？可以设计怎样的练习进行巩固？

（七）课堂观察记录法

课堂观察记录法就是在自然的课堂情境下，有目的和有计划地观察并记录学生个体的言语和行为，进而判断其心理过程的学情研究方法。在实际的教学过程中，教师要通过日常教学过程，细致了解本班学生的学习习惯、学习方式、思维特点、认知倾向等，进而设计符合特定学生的思维路径。在信息技术条件好的学校，最好采用摄像机记录课堂教学过程，教师在课后进行课堂行为的微格研究。只要我们做有心人，许多珍贵的资料是可以通过观察获得的。

（八）课堂提问分析法

在课堂上通过提问可以了解学生学习的即时状态。但是由于课堂学生分析有明显的即时性，学生带给我们的信息转瞬即逝，面对这种情况教师不妨有意设计几个不同层次的问题主动对学生进行分析和判断。

（九）学生试卷（作业）讲评法

学校中普遍存在一种现象，即一些教师认为作业或试卷讲评就是对对答案，答案对完了，作业也就讲评完了。此外便不知如何下手，不知道该讲什么、评什么、分析什么。因此，这些教师在讲评课上，不能对具体题目讲清楚解题思路、错误原因及采取的措施，尤其不会结合各类题型中的典型例子，适时讲解答题方法，指导学生如何审题、如何思维、如何答题，更不善于通过指导，训练学生的思维方法、解题技巧与应试能力。一节课下来，学生收获甚微：不了解自己错误的根源，更加谈不上寻求避免此类错误的措施。

第二节　深度学习视域下健康行为素养培育策略

一、巧借思维导图，引导学生深度理解

很多教师往往比较关注"教的目标"而忽略"学的目标"，致使学生对自己要学到什么程度并不清楚。教学中，教师把复杂的、需要用较多语言篇幅表述的动作要领，绘制成高度凝练、结构清晰的思维导图，在课前以学案的形式发放给学生，引导学生通过观察、交流和讨论，初步了解学习内容及目标。在课堂上，结合思维导图对学生进行指导，

促使他们进一步明确自己学的是什么、要学到什么程度、离目标还有多少差距，做到"我的学习目标我有数"。如"前滚翻"的动作要领为"团身紧、依次着垫滚直线"，要求在极短的时间内完成连贯动作，很难进行分解练习。在课前，教师制作前滚翻动作思维导图（图4-2），发给学生。学生对照着思维导图进行演练，能够较为全面地了解前滚翻技术中身体各部位在滚翻过程中需要完成的"任务"。课堂上，他们便可以根据自己的实际情况，自主决定"我要在哪几个方面完成目标"、对比发现"我的动作出现了问题，如何纠正"。通过模仿、教师指导、同伴互助、反复练习，结合辅助手段和口诀等进行练习，学生便能初步掌握动作要领。下课前，学生可再次对比思维导图，进一步判断自己掌握了哪些技能、与完整的动作要求还要哪些差距，为后续学习奠定基础。

又如，在"篮球原地运球"授课前，教师按照运球时身体的不同部位需达到的要求绘制思维导图（图4-3）。上课前，学生通过看图、阅读文字，对原地运球的动作要领有了初步印象，从而能明确"我要在哪几个方面达到运球的标准动作"。课堂上，经过教师的演示和指导，学生对比思维导图检查自己课前确定的学习目标是否达成，还有哪些地方需要后续进一步努力，进而实现了"要我学"向"我要学"的转化。

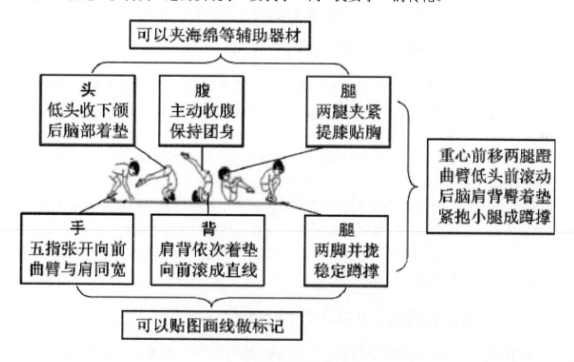

图4-2　前滚翻动作思维导图

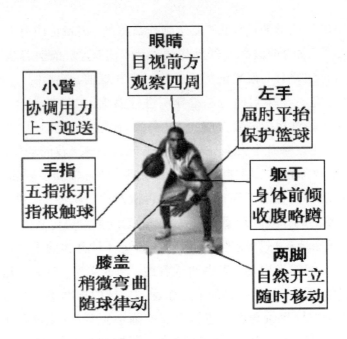

图4 3 篮球原地运球动作思维导图

二、设计问题情境，激发学生练习兴趣

以"前滚翻"教学为例，教学之时，教师提问："龟兔赛跑后，小兔子决定苦练本领，赢回尊严。他虚心向其他小动物拜师学艺。这些小动物老师中就有小刺猬。如果你是小刺猬，你会教小白兔什么本领？为什么？会怎么教？"在这样的情景中，学生的思考兴致大增，纷纷抢着发言。很多学生建议小刺猬教小白兔缩成球滚动，因为这样可以在摔跤的时候避免受伤，还可以滚动下坡，比跑步更快且更省力。顺着这个情境，教师继续提问："如果你是小白兔，你会怎么学缩成球？向前滚动的时候又有哪些注意事项？怎么做才能滚得又快又稳？"在此情境中，学生自然而然会思考并推敲前滚翻的标准动作。这样的教学，不再是教师一味地教学生做，而是在有情境的问题当中激发学生主动思考，从而对动作要领有更深刻的理解。

三、紧扣高阶问题，引导学生主动体验

课堂的提问如果过于简单，就激发不起学生思考的兴趣，失去了提问的价值。因此，教师要研读教材、分析学情，提出有适当难度的问题，激发学生的挑战欲望。例如，在教学"跨越式跳高"的课堂上，教师提问："为什么不用前脚掌起跳？'滚动式'的起跳法

优势在哪里？有什么科学道理吗？"这样的问题，学生不可以立刻给出答案，必须经过对比实验才能得出合理的结论。在问题的引领下，他们一个个跃跃欲试地想要快速解决问题。在自己的不断尝试和教师的逐层引导下，学生理解了水平速度转化成垂直高度的力学原理，这有助于掌握正确的起跳动作。又如，在教学"分腿腾跃跳山羊"的课堂上，教师提问："做'山羊'的同学是不是越矮越好？太矮或太高有什么安全隐患？什么样的'山羊'高度是合适的？"回答这些问题，需要学生不断练习、探究和琢磨。当他们带着问题去练习、去思考时，练习的实效就会自然提升。

四、运用媒体技术，引发学生批判建构

在科技飞速发展的今天，借助平板电脑、智能手机等媒体设备，完全可以把学生的动作拍摄下来，让其自己回看，发现错误并及时纠正。例如在，"前滚翻"的教学中，学生翻滚时会出现很多典型错误。教师让小组成员用平板电脑录下同伴的翻滚视频，同伴便能直观地发现自己的问题，并及时改正，变"被纠错"为"自我纠错"。又如，在"肩肘倒立"的教学中，很多学生对脚尖是否绷直、是否挺髋等没有感觉。教师对每个有问题的动作都进行了特写抓录，并及时定格、回看，让学生一目了然，纠错也更有说服力，大大提高了练习效率。当然，媒体技术在课前、课后都可以开展。上课前，教师可以制作微视频，让学生事先了解要学习的内容，以便尝试模仿；上课后，把微视频或课堂实录上传到 QQ 群、微信群，让学生对照正确动作进行练习，甚至能够让家长拍摄学生练习的情况，发给教师进行远程指导。

五、重视有效评价，引发学生深度反思

课堂教学评价应该由与学习过程相伴的形成性评价和培养学生核心素养的终结性评价共同组成。就培养学生人文素养的历史课堂教学而言，应该更关注前者。当然，课堂教学中的形成性评价不仅仅是指学生的自评或互评，还包括教师的即时评价。形成性评价，特别是教师的即时评价不能停留在对知识内容掌握程度的评价，而应该是多元化的评价，包括历史思维和质疑精神、情感态度等方面的综合评价，通过有效的课堂评价和反思，促使学生实现从浅层学习到深度学习的跨越。

（一）自我反馈

为了便于学生知道自己学了什么、学到了什么程度，并且对自己的学习情况有一个客观的评价，教师借助学案，有目的地引导学生在随堂练习中自我反馈。例如在"前

滚翻"的新授课中,除了设计图4-1中的前滚翻思维导图,教师还设计"前滚翻练习自我反馈表"(见表4-1),让学生对照学习目标,根据自己对动作的感受在反馈表中打钩,完成自我反馈。

表4-1 前滚翻练习自我反馈表

班级:___ 学号:___ 姓名:___				
头着垫部位	手撑垫部位	团身紧	滚直线	自我评价
头后部	太前	很紧	直线	好
头顶	正好	一般	斜线	较好
前额	太后	打开	侧翻	一般

(二)小组反馈

在开展小组练习时,教师还鼓励小组内进行相互评价和反馈。例如在"篮球原地运球"的新授课中,每组5人,在分组练习时由小组组长组织互相评价,教师在集中统计技术掌握情况时,由组长汇报:本组运球技巧掌握很好的有几人,基本掌握的有几人,有待提高的有几人,主要的问题是什么。小组反馈有助于小组之间形成良性竞争,促使组员认真练习,培养集体荣誉感;小组里的每位成员通过观察和对比,不仅能知道自己在小组里的学习状况,也会主动判断自己小组和其他小组的差异,为后续练习明确方向。

(三)集体反馈

集体反馈,即针对授课的具体内容,让部分或全班学生进行课堂展示,其他学生观摩、评价。其间,学生个体展示和小组合作展示搭配完成。仍然以"前滚翻"新授课为例,当全体学生都领会了相关动作要领后,可以通过整排展示的方式,要求学生滚翻后快速起立亮相。这样很容易就能判断出学生对"动作快速连贯"的掌握情况。之后,教师还想知道学生对"保护与帮助"的掌握情况,就随机点名某个小组进行展示,并得到了相应的反馈信息。在此过程中,学生直观地看到自己和同伴的学习效果,对自己的学习情况也会有正确和客观的认识,有利于后续学习的深入开展。在新授课上,教师根据教学内容灵活应用各种教学策略,不断调动学生的学习兴趣,让学生主动参与学练,学生的学习目标就会更明确,课堂体验就会更充分,学习效率也会更为明显。

第三节 不同内容下体育实践课中健康行为素养培育方略

案例一 学以致用方能融会贯通
——《武术组合拳》实录与赏析

【案例描述】

武术是中国人都引以自豪的一项传统体育项目，或许是太过熟悉的原因，很多人都将武术当成一个单纯的运动项目而忽略了武术的实用性。武术既是一种文化的传承，也是一项能够强身健体的体育项目，更是一项具备实用性的防身手段。

基于深度学习理念，教师在课堂教学中结合武术防身的实用性，结合武侠的情景带领学生进入别样的学习背景，从而使学生的兴趣得到激发，需求得到强化。

学生在兴趣和需求的双重刺激下，会更加积极主动地投入到学习中，并且结合自身原有的认知对相应武术动作的运用做出不一样的解读。

【实录与赏析】

一、热身激趣，武侠世界初尝试

师：同学们，等一下大家跟着老师一起完成本堂课的准备活动，在活动的过程中思考一下我们本堂课会学什么。好不好？（突然加大音量问道）

生：好！（齐声喊道）

教师带领学生做简易的武术操进行热身。

师：现在可以告诉老师我们今天要学什么吗？（在学生基本掌握动作后边做边

提问）

生：武术。（大部分学生喊道，也有学生喊功夫）

师：同学们看过《一代宗师》吗？

生：看过。（很多学生回答）

师：你们想成为一代宗师吗？

生：想！（男生为主，部分学生笑得很开心）

师：好，今天我们的课堂上就会诞生一位武学宗师，他到底会是谁呢，我们拭目以待吧。

【赏析：教师利用准备活动的时间，通过几个问题引出了本课的主题，激发学生的兴趣，调动学生内心深处对未知的需求，同时初步构建本堂课的情景，逐步引导学生进入武侠世界这样的情境之中。】

二、情景教学，路见不平行仗义

师：OK！同学们我们一起来做两个深呼吸，然后假想自己进入一个丛林，我们走累了靠着一棵大树在休息。

（教师做出一个靠树休息的动作，学生跟着模仿）

师：就在这时一位蒙面黑衣人出现在我们靠着的大树的上方，一掌劈下。我们要怎么办？

生：躲开。（很多学生回答，也有一部分学生说要反击）

师：有同学说躲，有同学说反击，那请问我们如何反击呢？

生：（一时语塞，很多学生在思考答案）

师：同学们可能还需要思考一会，不如先看老师是怎么做的，请同学跟老师一起来体验一下，江湖豪侠是如何大战蒙面黑衣人的。首先我们左手伸出撑树，同时将身体推离原来的位置，避开蒙面黑衣人的劈掌。之后右臂上抢，右手快速有力地抓住蒙面黑衣人的衣领迅速下拉，砸在收回来的左手上。

教师巡视一圈

师：同学们做得非常不错，但是有一点大家可能忽视了，我们为了更好地发力，把敌人砸晕可以配合身体重心的起伏达到更大的助力，因此同学们看一下你们砸完以后是屈腿还是直腿。

学生听到后立即作出了调整，部分学生还将动作重复做了几遍，教师将学生的表现一一看在眼里。

师：你们觉得结束了吗，没有江湖险恶，我们刚对付完一个又来了一个。只见旁边的一棵大树后面突然蹿出另一位蒙面黑衣人，为了好区分我们称他为蒙面黑衣人二号，只见他快速冲出想要右腿横扫我的腰部，我们怎么可能坐以待毙。我们快速上两步缩短与敌人的距离，让他的腿法失去最好的攻击空间，之后我们双手奋力向前一推，将其推倒。

教师巡视一圈

师：你们仔细地体会一下自己的动作，尤其是下肢的动作看看跟老师的有区别吗？区别在哪里？

生：我的弓步好像不太稳。

生：我知道，我们因为做得太快，弓步没有按要求完成，身体有些扭在里面，导致下肢不稳。

师：对了，同学们在跟着老师练习的过程中切记不能忘了我们武术中基本技术的动作要领，否则就全是花拳绣腿了。需要调整的同学抓紧时间调整一下，因为接下来我们将面临更加严峻的挑战。刚才被我们推倒的蒙面黑衣人二号并没有受到重创，他又爬起来准备进攻，昏昏沉沉的蒙面黑衣人一号也从侧面对我们发起了鞭腿的进攻。我们直接来一个勾踢打消他们的念头。

教师巡视一圈

师：勾踢要快速有力，踢腿的这一下要给蒙面黑衣人二号造成重创，同学们可以感受一下自己的腿是坚硬有力的，还是松软没力的。这一脚下去要是没力的话可就给了敌人反击的机会。同时勾手并非摆摆动作这么简单，勾手的这一下正好挡掉了蒙面黑衣人一号从侧面横扫过来的鞭腿，因此勾手的动作也要快速有力才能化解自己的危机。那么，等下练习的时候为了让老师更好地感受到你们的奋力一击，大家可在做动作时喊一声"哈"，喊声要跟动作一样快速有力。

生：哈！（部分学生笑场）

师：同学们，我们要将自己代入角色中，若假想中的蒙面黑衣人不被我们打败，后果将非常严重，很可能身受重伤，所以大家务必严肃认真地对待练习，再来一遍。

生：哈！（大部分学生能做到快速有力）

师：勾踢完了我们可没有时间休息，紧接着身后的蒙面黑衣人三号也已经出现，他见我们背后空虚，准备乘虚而入，岂料我们脚踩莲花步，转身弓步劈拳直接重创敌人面部，让他失去了战斗力。

教师巡视一圈

师：同学们，这一击劈拳要对敌人造成极大的伤害，像你们这样软绵绵的拳头怎么行呢，再跟老师做两遍哈！

生：哈！（力道有了明显的提升）

师：这是蒙面黑衣人一号，也是跌倒了几次又爬起来的，最顽强的一位黑衣人再次向我们袭来。我们左手成掌向下盖挡对方的冲拳，接着右手穿掌直击对方喉部，顺势拉住对方衣领将他摔在地上，紧接着一个仆步抢拍直接拍在敌人脸上让他失去战斗力。

教师巡视一圈

师：这两个动作要一气呵成，由于我们刚接触这个动作可以觉得有些烦琐，那么先跟着老师把这两个动作慢慢地做一遍，做的时候体会发力的顺序和手臂行进的路径，好不好。

生：好！（异口同声道）

【赏析：教师通过使用情境教学将学生带入到一个崭新的武侠世界，假想的敌人和丰富的故事情节增加了练习的趣味性，并通过故事的关联帮助学生强化记忆，厘清组合拳动作顺序。教师在情境教学中明确每一个动作在实战中所起到的作用，指向性强，实效性高，学生在练习的过程中有更多的联想，更深的体会，对动作也有了更好的理解，能逐步进入深度学习的状态。】

三、分组协作，武林大会争第一

师：同学们，在你们刚才自主练习的时候老师发现了一些女侠、少侠，接下来我们选出四位女侠或少侠带领大家把今天学习的武术组合动作强化一下好不好？有没有自告奋勇推荐自己的同学。

生：我来，我来。

师：非常好，还有吗？

教师稍等一会见没有其他同学举手。

师：现在还差一位女侠，老师刚才观察了一下发现某某同学动作非常优美，老师就做主邀请她来做第一队的教头好不好。

生：好。

师：很好，接下来各位教头就带着你们的队员开始练习吧。

生：好的。

教师巡回观察，指导教头组织练习，帮助部分学生纠正动作。

师：你看我们一组有12位同学，如果你自己一个人去教效率高不高？

生：不太高，我经常顾到排头就顾不到排尾，顾到排尾又顾不到排头。

师：是这样的，老师可以给你一些建议。比如，队伍的站位可以相对集中一些，虽然我们原本是站成一排的，但现在重新分组以后，可以根据练习的实际需求加以改变。另外，你是这一队的总教头，你还可以选拔一些做得比较好同学做你的分教头，让他们具体负责一部分学生，你就有更多的时间和精力顾全大局了。

生：原来可以这样呀，谢谢老师。

师：不用谢，你在组织练习的过程中可以进行思考，或许能发现更好更适合你们小队的方法。

生：明白！

教师巡视其他小队，在必要的情况下给予一定的帮助。

教师组织学生集合。

师：各位女侠、少侠你们的小队练好了吗？接下来是不是该比比谁更厉害了呢？

生：好好好，我们要比。

教师组织学生比试，分出胜负。

【赏析：分组协作的练习方式不但提高了课堂练习的效率，部分学生的组织管理能力也得到了相应的提高。教师一味地讲授并不能成为持续刺激学生学习兴趣的教学方式，学生互助协作，相互指导的活动过程可以更有效地加深学生对技术动作的印象，主动教授别人的过程也是技术动作深度强化的过程。学习的过程已经从被动接受式转变成主动的自我探究式。主动的、自我探究式的学习让学生更加积极地将新的知识技能与原有的、熟练掌握的知识技能结构体系相关联，并且形成新的知识技能结构体系，进入深度学习的状态。】

四、分组探究，开宗立派招弟子

师：好了同学们，经过一系列精彩的比赛，武林联盟有了决定，让某某同学和某某同学具备了开宗立派的资格，就让他们分别带领自己的弟子开始探究如今学习的几个组合动作的破解之法。两位掌门可有信心？

生：有。

师：那两位掌门就抓紧时间招募弟子共同探讨吧。

生：好的。

教师巡视两个宗门的探究活动。

师：两位掌门，一个门派的构架都清楚吗？除了掌门宗门里还有哪些人？

生：长老、堂主、护法……

师：很好，那么两位掌门是不是什么事情都要亲力亲为呢？

生：哦，我们知道了。

两位掌门立即组织弟子进行再次分组练习，选拔长老、护法等，并且安排具体的任务，进行小组内的分组探究。

师：大家在探究时务必要结合实际情况，不要太过夸张，要结合自己学过的动作合理安排攻防动作。

生：老师能来我们这边指导一下。（有一个小组的学生积极询问道）

师：你们有什么问题解决不了？

生：第一个动作抢臂砸拳如何化解？

师：我们先来做一下这个动作，（边做边讲）若这招是用老师教的方法来进攻，那么想要把人拉下来就需要抓住哪里？

生：衣服、衣领等。

师：对了，要抓住了衣服、衣领或者手臂等才能将对方拉下来。那么我们现在假定抓的是衣领，想要不被拉下来就要怎么做？

生：不让他抓住衣领等地方。

师：非常好，那我们又该如何不让对方抓住衣领等地方呢？

生：我知道了，擒拿手。

师：具体的我也不说，你们自己体会一下，若手臂的关节被控制了还能很好地发力吗？当然练习的时候务必要注意用力的大小，需避免伤害到同学的关节。

生：知道了。

【赏析：分组探究的过程是分组协作练习的一个延续，更加考验学生的组织管理能力，让学生体会门派的人员设立也是一种初步的社会关系的体验。每个人都扮演不同的角色，每个人都有特定的责任和义务，各司其职才能让整个门派在探究活动中取得最终的胜利。教师在这个阶段更多的不是指导学生如何组织管理，而是引导学生善于发现问题并解决问题，培养学生的思维方式和思维能力，提高学生的思辨能力，并且养成良好的思维习惯。】

五、风采展示，一代宗师扬天下

师：好了诸位武林豪侠，留给我们的时间不多了，请两位掌门推荐两位弟子给大家表演一下攻防动作。大家掌声鼓励！

生：加油！加油！（激烈地鼓掌）

师：演练的弟子记得把攻防动作的目的性讲解一下。

生：我们对第一个动作的应对是通过老师的指导探究出来的，为了防止被拉下来砸到地上，我们用两手分别控制对方手臂手腕关节与肘关节的两侧，向中间按压，让对方无法更好地发力。

师：非常好，其实这个办法更多的是你们自己探究出来的，以后要注意的是学会自我引导，寻找解决问题的办法。你们接着展示。

生：第二个动作我们采用侧身躲避推掌，从两手臂中间顺势进入对方身前进行横拳一击或者肘击等。

师：这招有点富贵险中求的感觉，你们继续。

生：第三个动作我们处于低位被勾踢，只可以迅速地用双手向下格挡踢出来的腿，并顺势撩起或者后拉，破坏对方的平衡，再伺机而动。

师：这位弟子，我们接下来可以不要再说第几个动作了吗？我们直接把动作的名字叫出来，好吧。

生：好的，应付转身劈掌我们用到的是双手向上格挡的动作。有机会可以顺势反握对方的手腕将对方身体向前猛地一拉，趁对方重心不稳的时候进攻没有防备的地方。

师：可以一试，或许难度有点大。

生：对付穿掌就简单了，我们左手向内格挡，转身右手挥拳出击。

师：快速有效。

生：对付仆步抢拍，也没有更好的办法，主要是不让对方加速成功。

师：好的，接下来看看另一队演示弟子如何讲解的。

…………

【赏析：学生展示的过程教师要以鼓励为主，适当提出一些建议供学生参考。学生在攻防动作两端的思考可以加深对动作的理解，在练习的过程中便能明白什么时候要快，什么时候要有力，什么时候下盘更加稳健以及不同的步法和身型所起到的不同作用。】

【结语】

整节课老师都围绕着武侠世界的情境把教学任务一步步向前推进，学生在玩耍中完成对动作的记忆，在实践中巩固强化了动作的要领。分组练习与探究充分体现了学生的主体地位，教师也成功地完成了引路人的角色。

1. 代入情境是学习也是玩乐，是练习也是拍戏

在基础教学阶段，教师不仅充分地利用了情境教学，而且整个教学过程看起来更像

是拍电影，教师担任的是导演的身份，学生担任的是演员的身份，可以说基本部分的教学是一个多情境策略教学。学生在双重情境中更能沉浸于学习本身，而抛却一些世俗的杂念，从自我需求出发引导自己进入深度的学习状态，强化记忆的过程，优化记忆的方法，在实践中使新的知识与自身原有的知识构架体系产生关联，进而加深新知识的牢固性，促进新知识构架体系的形成。

每一个新授的武术动作对于学生而言都是生涩的，还不属于自己知识构架体系中的一部分。情境教学有效地起到了桥梁的作用，它把生涩的新动作与相对熟悉的情境相结合，在旧的情境中加入新的技术动作，将新旧知识紧密地结合在一起，反复磨合中新知识、新动作逐渐成为旧知识、旧动作。

整个基础教学的过程似学非学，似玩非玩。学生在学习中玩得很开心，在玩乐中学到了新的知识，学习的过程没有刻意性，仿若水到渠成。

2. 分组教学便于学生更好地融入情境

新动作的新授阶段的情境教学内容丰富，但代入感还不是很强，毕竟教师更偏向于导演和教头的身份，学生则是统一的演员或者学员的身份，这样的同化不便于学生加深自己在这个武侠世界中的定位。实力强的学生得不到足够的认可，实力稍弱的学生也得不到足够的引导，会造成"吃得多的饿着，吃得少的撑着"，这样不便于因材施教。更加细化的角色定位能够很好地解决这个问题。

每个个体运动能力之间的差异性是非常明显的，而不同的运动项目又有着不同的身体素质的需求，部分学生因为本身客观情况对运动项目的练习有着天生的优势和逆势。在教学过程中没有必要一味地拉扯学生的逆势，但是要充分提高学生的优势，在优势达到一定程度后便可以促进逆势的快速发展。因此，情境教学中不同角色的定位正是因材施教的需求，所有人在一个共同的情境中互帮互助，相互提高，所有人没有必要限定一个统一的参考值。只有动态的参考值才是因材施教的表现，不改变最终评价方式的因材施教过程会显得苍白无力。

3. 学生的互助与展示是学习的升华，也是身心健康的升华

学生在学习一项新知识和技能后更多考虑的是如何运用，若一项新习得的知识和技能没有得到及时的运用，那么大脑潜意识中便会将这一知识或者技能边缘化。在一堂课中，新知识和技能的运用最好的不过于学生担当小老师的职责去指导其他学生练习，这个指导的过程中很可能是单向的，也可能会形成双向的。比如一开始是 A 同学在指导 B 同学，然而 B 同学在学习的过程中有了新的体会和感悟，他又可以反过来指导 A 同学，这样的互帮互助能够更加有效地促进新知识和技能的学习和巩固。

展示的效果与互帮互助有些类似，在展示的过程当中使学生对新知识和技能的价值有了更深的认识，学好新的知识和技能不仅可以在实际的运动生活中运用，更是可以增加他人对自己的认可感，这种微妙的认可感恰恰是学生赖以长久保持学习兴趣的因素之一。

不管是互帮互助中自身价值的体现，还是展示过程中认可感的获得，都大大促进了学生的身心健康，让他们在学校这个小的"社会团体"中明确自己的定位，体现了自身的价值，有较强的角色代入感和成就感。

案例二 任务驱动提升深度学习
——《肩肘倒立》实录与赏析

【案例描述】

体育学科与其他学科相比较，它最突出的特点就为以身体练习是基本手段。在瞬息万变的情境中进行复杂认知，这一过程包括复杂的动作思维和运动文化的理解与运用，伴随着丰富的情感体验，是在运动过程中理解知识、技术，运用知识、技术解决复杂多变的问题，获得深刻的感悟。深度学习，是师生共同经历的一场智慧之旅，目标是让学生能够积极、充分、灵活地运用所学知识理解世界、解决问题、学以致用，并获得人格的健全和精神的成长。

体育与健康学科核心素养主要包括运动能力、健康行为及体育品德。在实践课授课中，教师普遍以关注学生技能、体能学习的运动能力和行为规范的体育品德为主，容易忽视健康行为的培育和发展。本课《肩肘倒立》以水平四七年级学生为教学目标，探索问题导向教学、任务型合作教学、分层教学为主要教学方法，结合自评、互评的评价手段实现深度学习，促进学生人际关系的交往、养成良好的运动习惯及修炼良好的心态。

一、《肩肘倒立》全课概览

（一）准备部分

1. 导入课题及进行安全教育。

2. 慢跑热身。

3. 韵律操。

（二）基本部分

课堂导入：教师示范完整动作，建立出动作概念。

看示范，自主学练。

导入问题：

A. 夹肘了吗？

B. 压垫、翻臀了吗？

C. 伸髋立腰了吗？

4. 学习夹肘的动作技术。

5. 学习压垫、翻臀动作。

6. 学习伸髋立腰。

7. 教师示范《肩肘倒立》完整动作及组织学生自主练习，进行再次尝试。

8. 完整动作练习，分层讲解保护与帮助的方法并组织集体有保护和帮助练习及分组分层练习。

A. 能独立自主完成完整动作且能在空中停留3～5秒。

B. 能完成动作，但在空中摇晃不能停留，两人一组合作进行帮助。

C. 不能独立完成动作，两人一组继续保护与帮助。

9. 集体无保护与帮助练习。

10. 展示与评价。

分小组展示，优秀动作：身体呈直线，并且能停留3～5秒；良好：身体略微弯曲，停留时间1～2秒；加油：动作不能完成。

11. 素质练习：

A. 绕垫子跑跳。

B. 核心力量练习。

（三）结束部分

1. 垫上放松操。

2. 小结本课学习情况，并让学生讲一讲本节课的体会。

器材：贴纸；小铃铛（每人一个）；体操垫（每人一张）；挂图3张。

【实录与赏析】

（一）任务呈现

师：认真观看老师示范，待会请同学们去自主模仿。

生：模仿和尝试。

师：刚刚的练习中，能像老师一样立起来的同学请举手，做得真不错，你的模仿能力真强！

师：老师在同学们练习时，也在认真地观看。发现了下列几个问题，不知道同学们赞不赞同呢？

师：第一个问题，老师发现有的同学在模仿的时候一不小心翻过了，有这种情况的同学请举手。

生：几位女生不约而同地举起了自己的手。

师：老师发现的第二个问题，感觉自己在空中不能立直，有这种情况的请举手。

生：很大一部分学生举起了手。

师：第三个发现的问题，有没有感觉手臂借不到力的。

生：又有几位同学举起了手。

（二）任务强化

师：这是老师发现的三个主要问题，那么接下来呢，老师就带领大家从这三个问题入手共同学习。

【赏析：基于问题驱动构建情境，体现以学生为主体，教师为主导的教学策略，将教师与学生之间的关系更加地紧密融合，增加学生技术学习的兴趣，为本节课学生学习准确定位方向，从而进一步激发学生分析问题、解决问题的能力。】

师：接下来，按照学习的步骤，为大家设立三个任务。第一个任务：学习夹肘的动作技术；第二个任务：学习压垫翻臀动作；第三个任务：学习伸髋立腰，老师相信，通过一步一步地攻克难关，我们最后肯定会战胜堡垒。

生：老师快攻克第一个难题吧。

师：接下来先学习夹肘，看老师，四指并拢，虎口张开向下，又于腰部，下面男女生分别前后两人为一组，相互合作，相互纠错。

生：老师，这样的手型对吗？

师：非常棒。夹肘动作是整个动作中最基础的一步。请所有同学向后转，背对老师，将刚刚的夹肘动作完成给老师看。都不错，老师帮大家想个办法，感受一下用力，还是两个人一组，一人坐在垫子上做出夹肘动作，帮助者从斜上方给同伴施力，将手臂往中间靠拢，体验承重的感觉。

生：老师你看他的手臂对不对呢？

师：在这位同学的帮助下，他的同伴完成得相当不错，期待团队后续更加精彩的配合。

生：笑了。

师：同学们打开垫子，每位同学拿出贴纸，为小伙伴打分，老师要求打分要客观。红色代表优秀，绿色代表良好，黄色代表要加油，现在开始，看这位同学，虎口方向正确，肘关节内收，老师给她一个红色贴纸。

生：很高兴地为对方评价。

师：哇，老师看了一下，每个人的袖子上都有一个红色标贴。那我们就进入下一个任务，看大屏幕，现在播放的是压垫翻臀的动作示范，老师给同学们两分钟的时间，两人一组，合作模仿，快！动起来！

【赏析：生生评价的教学环节，促进课堂氛围融洽、人人踊跃，在展示和交流中，增强学生的自信心，学生在获得反馈后会进一步努力，不断追求优秀。】

生：老师，这里请求帮助，为什么别人的脚不晃，而我的双脚却稳定不了，人还感觉一直往后，感觉会翻过去？

师：同学们不要着急，老师给同学们一个小小的提示，双手按压垫面的时候，让老师听到用力压垫的声音，代表这位同学已经压实垫子了。此外，还看到很多同学两条腿慢慢就分开变成弯曲的了，取下手腕上的小铃铛，套在我们的踝关节之处，这样就可以有效地帮助同学们并拢双腿了。

生：感觉整个人要翻过去了。

师：同学们自己开动脑筋，现在你们假如是个跷跷板，想要保持平衡，那脚需要停留在哪个位置呢？老师提示，可以尝试脚尖在额头上方。

生：真的可以，可以试试完整动作了呢。

师：看来同学们可以通过看视频，相互讨论做出跟视频里一模一样的动作了。同学们真的非常聪明。那就请同学们再次拿出打分卡，通过互相展示，给出对方真实的评价。

师：通过第二轮的打分，老师发现有几位同学得到的是绿色标签。要更加努力呦！

【赏析：本教学流程采用的是任务式学习法，使学习者在真实的学习情境中带着任务学习，并持续和驱动学习者的学习兴趣和学习动机，学习者通过接受学习任务，并循序渐进地完成任务。学习者在逐步体验任务挑战性的同时，也会得到阶段性目标完成的成就感，发挥孩子课堂参与的主动性，进而进一步激励孩子向更难程度的任务发起挑战，维持学习兴趣，能有效地提高学习质量。】

师：接下来继续看视频，合作学习伸髋立腰，要特别注意保护与帮助的方法。

生：请示范保护与帮助的方法，不知道怎么发力。

师：站在练习者的侧方，膝盖顶住腰部，另外两只手抓住脚踝往上提，教师边示范边讲解。

师：同学们尤其注意伸髋立腰的时机。

生：可以独立完成了，可不可以自主练习？

师：完全可以，但同伴在练习的时候要主动去帮助他，同学们现在是一个小团体，学得快的同学要多帮助学得慢的同学。

生：好的。

【赏析：合作学习法是两人或多人进行职责分工共同完成规定的任务。运用了两人一组合作，一是培养学生的群体思维，二是在责任分工明确的互帮互助学习中，不仅可以让被帮助者在异质分组中勇敢大胆地完成动作，从某种程度上也避免了运动损伤的发生，促进教学。】

（三）任务强化

片段：完整动作练习，分层讲解保护与帮助的方法并组织集体有保护与帮助练习及分组分层练习。

师：刚刚同学们通过循序渐进的学习，现在已经距离成功只差一步之遥。同学们取下脚上的铃铛，帮助者将它拿在手上，悬挂于练习者的脚尖垂直上方，练习者尝试用脚尖去够铃铛。

生：如果练习者碰到了铃铛，那接下来怎么办？

师：同学们可以使用铃铛作为"诱饵"，设置这样的标志物可以让练习者伸髋立腰。

师：老师关注到有部分同学已经不需要保护与帮助了，那请你在练习的时候，自我省察，根据我们说得"倒肩、举腿、翻臀、屈臂夹肘、夹臀及伸髋立腰"逐步自评有没有将动作做到位。

生：好的，并积极地展开了新一轮挑战。

师：请认为还有一定学习障碍的同学继续请小伙伴保护和帮助，老师相信大家在练习中会逐步地领会到动作要点。认为自己能大致完成动作技术的同学，帮助者可以站在一旁，及时地给予鼓励，适时地给予帮助。

师：练习一段时间后，老师想请三位同学一起到前面的小垫子上展示，放轻松，展示只要做好自己就好。其他同学认真观看，看看这三位同学哪一位完成得最好，我们一起来为他们打打分。

生：中间的同学完成得最好，他的身体很直，做到了夹臀伸髋，比较好地呈现了美的姿态。

师：看来同学们已经知道如何评价动作技术是否标准了，老师为你们自豪。

【赏析：分层设计练习任务，尽可能让每一位学生成为课堂的中心，学有所得。在实际的教学中，每一位学生的理解能力、身体素质水平、学习方式、思维能力都存在着差异，教师如果全课堂统一"指挥棒"，只顾完成课堂教学内容，那么就容易造成"和稀泥"的现象，就不能体现以学生为中心的课堂理念，这就要求教师在教学过程中开展分层教学，设计针对性的练习，让不同层次的学生都能享受到成功的喜悦。】

（四）任务评价

师：本节课的主要内容已经学习得差不多了，也到了我们组与组之间比一比、赛一赛的时候了。现在一组同学进行展示，后面组的同学按照老师挂图上的要求为前一组的打分。

生：这一组全部都立起来了，学习能力真强。

师：同学们要善于做一个小考官，在评价他人的同时，也需反思自己的动作技术有没有到位，力争在以后的练习中，做到尽善尽美！老师想给我们所有同学优秀的评价，因为老师发现每一位同学都努力地参与。

【赏析：学生在评价的过程中，教师注意培养学生的分析能力和思维能力，在发展学生的技能学习外，注意培养学生的各项能力，如教会学生不仅学会了自己练，还学会如何教，如何评，有利于对肩肘倒立的动作技术有全面、系统的理解。】

这节课旨在任务驱动下培养学生的健康行为，主要从任务呈现、任务强化、任务展示、任务评价四个环节构成结构清晰的流程。学生面对学习障碍和误区时，教师利用生动的语言和引导提示，逐步帮助学生摆脱错误动作带来的负面情绪，树立正视自我，敢于挑战自己的拼搏精神；在两人一组到多人一组的合作学习和合作展示中，让每一位学生都成为课堂的主人；从自主学习、多样化的评价打分等流程中挖掘学生认知能力、人际能力和个人能力，促进深度学习能力的发展。

案例三　问题策略驱动深度学习
——《耐久跑》实录与赏析

【案例描述】

问题提出是学习的关键，更是触发思考的引擎，如何激发学生提出问题、发现问题、分析问题和解决问题是老师的基本素养。问题驱动引领学生积极主动参与学习，深层深度理解学习，自主构建学习过程，问题的精心设计、有效的导入能引导学生进行深度学习，从而全身心投入学习，促进知识的理解，有效地提高解决问题的能力。

以初中体育水平四《耐久跑》实例教学为例，以具有思维价值的问题导入，适时的情景引导，培养独立的思维品质，运用合理的合作探究的学习方式引导学生走向深度学习。

【实录与赏析】

《耐久跑》全课概览

（一）导入部分

1. 宣布课题提出目标

2. 热身换队形跑

3. 热身操

（二）基本部分

1. 情景模拟游戏（贪吃蛇）"收集物资"

2. 教师讲解呼吸方法（口鼻并用）两步或三步一吸一呼

3. 情景模拟："争夺物资"（五子棋）

4. 提出问题：除了上述呼吸方法以外还运用了哪些方法？

5. 提出问题同学们跑了一阶段身体有什么状况？

6. 情景模拟"运送物资"

拉7. 伸；坐位体前屈

8. 力量练习：平板支撑

（三）结束部分

1. 放松：垫上拉伸
2. 课堂延伸问题：什么是无氧练习？无氧练习项目有哪些？

一、通过情景的模拟激发学生的学习兴趣

片段一：基本部分情景模拟以收集物资——争夺物资——运送物资作为学习的情境线。

耐久跑教材本身要解决的问题难度并不大，但练习手段较为单调，枯燥无味，且持续时间长，运动强度大，十分艰苦。而目前的大部分学生生活优越，极少经过艰苦磨炼，缺乏吃苦精神，对耐久跑无兴趣，畏难情绪严重。所以以新冠疫情为情境，符合当下形势，以游戏为手段便于学生理解、接受，利于产生对耐久跑的练习兴趣。

所以我们在设计情境时，需要教师有意识地创设学习情境。要达到这一目的，教师要挖掘身边所能利用的一切资源，激发学生参与的兴趣，鼓励学生积极地参加活动，并由此产生强烈的学习欲望，学生能认真配合老师的教学，自然能获得较佳的课堂教学效果。

二、通过知识线设计问题促进学生知识的理解

片段二：提问为什么要练习耐久跑？耐久跑的呼吸方法是什么？除上述呼吸方法还有什么方法？什么是极点，出现极点怎么办？延伸什么是无氧？哪些项目可以练习无氧耐力？

课堂中有些单一问题的提出，学生独立思考与原有的知识储备就可以解决，但随着问题的不断升级，这就需要的不单单是浅层学习就可以解决，必须通过深度学习才能完成及掌握。让学生发现问题、分析问题、解决问题，不断提高学生学习的主动性。并在各种评价下增强学习的自尊、自信、自强不息的品质。

课堂中通过有效的提问，让学生了解耐久跑，并消除学生恐惧心理。恰当情境导入和适时的提问是为了让学生"知其然并知其所以然"。并结合初中生的知识面及理解能力，在教学过程中一定要告诉学生，初中耐久跑项目是以无氧运动为主、有氧运动为辅，决定运动能力的关键因素还是心血管系统和呼吸系统的工作能力，即心肺耐力以及骨骼肌的代谢能力。告知学生练习时出现"极点"的各种反应及处理办法。在练习时要教育

学生采用"三步一呼，三步一吸"或者"二步一呼，二步一吸"的口鼻呼吸节奏来进行练习；同时应教授学生运动后肌肉酸痛产生的原因以及如何快速恢复的方法。只有把这些知识告知学生并让学生明了其中关键，那么他们在练习过程中遇到相应的生理反应时才不会惊慌失措、不会害怕、不会放弃练习。让学生在体育活动中产生持续、稳定的态度体验，表现出对体育浓厚的兴趣，并且能提升运动参与水平。

三、有效、有趣、有意的游戏激发学生学习热情

片段三：本课通过游戏"五子棋"的比赛融合知识线。

耐久跑学习过程中可以为学生创设情景，让枯燥的内容变得有趣起来，慢慢地对耐久跑产生兴趣，培养了学生刻苦锻炼，勇于进取，相互合作的意志品质，为提高运动成绩打下坚实的情感基础。通常学生会觉得耐久跑枯燥乏味，没有兴趣。但是老师可以根据不同阶段学生的身心特点，制订不同的教学计划，在各个阶段尝试不同方法让学生乐于参与耐久跑，以此提高学生耐久跑的水平及兴趣。七年级可结合学生身心特点，让学生在各种游戏中体验耐久跑，首先可以让学生了解耐久跑是什么，有什么作用。在耐久跑教学中可以设计一些耐久跑情景和游戏环节，如五子棋、运送物资或者"莱格尔跑"等游戏，来提高学生耐力素质及小组合作能力。这样的课堂教学，学生的练习密度大、练习强度强，但是学生练习热情高涨，没有因为疲劳而无精打采，反而教学效果也较明显，从而不断培养学生的耐久跑兴趣。针对八年级学生争强好胜的性格，可以设计一些如障碍跑、接力跑、追逐跑等项目，让学生体验战胜自我的成就感，以此来提高学生耐久跑水平。在面对困难时学生表现出的征服欲望是很强烈的，这样不仅锻炼了学生的耐久跑，还提高了学生勇于克服困难，挑战自我的信心。初三的学生，独立性、意志力都有很大的提高，加上学生知识的积累，应对初三学生进行全程耐久跑教学。在教学过程中要注重教会学生如何克服"极点"现象，如何掌握呼吸节奏，如何轻松地跑步等带有专业性的耐久跑技能，让学生明白耐久跑的一些基本原理，让学生在知识的支撑下、在自我的督促下提高耐久跑的运动成绩。不同阶段采取不同教学方法，既是方法的不同其实也是评价方式的不同。这种分阶段创设情境的教学改变了常规教学方法，让学生更容易体验到成就感。因此创设情境融合比赛的教学方法，是准确地把握学生学习的兴趣点，同时切实帮助学生提高耐久跑运动成绩的必要改变。

四、提高学生健康行为，为终身体育服务

耐久跑教学作为初中体育教学不可缺少的一环，体育教师只有在体育学科核心素养

的框架下进行耐久跑的教学，才能让学生"想"练、"乐"练、"多"练，为提高学生身体素质提供保障，为树立学生终身体育意识奠定基础。

五、结语

深度学习在当今的教学中尤为重要。作为教师，应该通过培养学生的学习兴趣，通过问题提出和情境创设激发学生学习热情，促进学生在已有知识的基础上对新知识的学习和掌握，加强对知识的深度挖掘，其中自然离不开教师在思维和情感、认知的有效渗透和引领。而这样的过程中提出问题，引入问题驱动促使学生更有深度对知识的学习与把握。其中问题引入可以是教师针对性提出碎片化的问题，也可以是学生主动提出的感兴趣、疑惑、富有争议的问题，还可以是教师引导下学生吃不透、弄不准一些生成性问题。更是师生对一些核心问题的探索和学习。因此问题驱动，促进深度学习的研究显得尤其重要。

案例四　情境创设促进深度学习
——《快速跑》实录与赏析

当前很多学生在学习过程中出现了学习状态涣散、注意力不集中、知识转化能力不足等现象，在学习过程中存在着一定的局限性，对知识的转化不足，深度学习理念的运用则能够有效解决这一问题，深度学习理念为学生参与课堂学习提供了新的机遇，为学生构建了问题驱动教学学习策略，在教学过程中对学生创设教学情境，以问题为导向引发学生思考，设置了较高的课堂定位目标，构建多种课堂评价方式，能够组织学生有深度地开展多项学习活动。

一、教学问题

基于深度学习理念，为学生设计课堂导入问题，以问题作为驱动力，促进学生学习。基于深度学习理念，对田径短跑运动项目进行深入探索。

（一）课的导入阶段

以两分钟为限度，教师对学生讲解田径速跑相关知识，对学生播放百米录像过程以及著名运动员博尔特在奥运会上的百米冲刺过程，以此提升学生的课堂参与意识，引发学生对田径运动的参与兴趣，提升学生参与课堂讨论环节的兴趣。

（二）激发求知欲阶段（热身部分 6 分钟）

引导学生选择自己感兴趣的话题，在明晰游戏规则的前提下，在组长带领下参与到游戏活动中，提升学生参与游戏的兴趣，以热身游戏提升学生的自学组织能力。

（三）运动参与体验阶段（基本部分 27 分钟）

1. 摆臂练习（4 分钟）

在教学课堂目标的引导下，促进学生之间的互相观察与帮助指正，引导学生掌握正确的跑步姿势，明晰摆臂在快速跑中的重要意义和价值。

2. 高抬腿跑、后蹬跑训练（8 分钟）

对学生设计高抬腿跑、后蹬跑的专门跑步训练，掌握快速跑的专业应用技巧，高抬腿跑能够改善学生大腿前摆不够的错误动作，通过后蹬腿能够改善学生运动过程中容易出现的坐着跑、蹬不充分等现象。对此在运动过程中，对学生设置不同的运动区域，包括高抬腿跑区、后蹬跑区、技术探索讨论区，引导学生结合自己实际情况灵活选择适宜的练习区域，通过与学生的交谈和探讨等，使得学生能够明晰不同训练方法的合理性，并选择适宜自己的训练方式。

3. 设疑探究（7 分钟）

教师对同学们设置问题，促进学生对问题的思考。教师引导学生思考：跑步速度由哪些因素所决定？是步幅、弹跳、步频还是力量？

在跑步过程中如何能够实现快速跑？通过这些问题的设置引发同学们的思考，促进学生对跑步相关问题的思索，并将问题带至实际跑步过程当中。

4. 障碍接力游戏（8 分钟）

为学生参与跑步游戏设计障碍接力，在垫上前滚翻、过独木桥、跳绳、钻栏架、蹲着跑等田径快速跑项目中均设置障碍接力方式，对此设置相应的编排顺序，以此增加运用项目的难度与激烈程度，引导学生积极参与其中，并且在这一过程中训练学生的思维能力，提升学生在田径运动中的反应速度。

（四）恢复身心（5分钟）

为学生布置田径运动的同时，设置娱乐放松时间，在运动的间歇时间，为学生播放旋律舒缓优美的放松音乐，以此促进学生身心放松，在较为优美的旋律中下课。加强教师与学生之间的有效交流，构建学生之间互评机制，教师对学生的运动情况进行评价，更好地完成课堂教学目标，达到以体增智、以体长技、以体育德及以体怡心的田径运动效果，使得学生在参与田径运动过程中能够乐在其中。

（五）教学中可能出现的问题和解决办法

学生在参与田径运动快速跑过程中可能会出现一些问题，应当对此积极解决。学生容易出现的常见问题主要表现为学生不知道如何学习、不明晰课堂教学目标、学习过程中对节奏把握不明晰。

针对出现的这些问题，要求在教学过程中，教师能够结合当前新课标教学对学生的要求，引导学生养成一定的自主学习能力，促进学生对课堂教学的理解与运用，引发学生对田径运动快速跑的理解。教师多关注一些跑步成绩不佳的学生，关注这部分学生成绩落后的原因，引导学生进行探究学习，给予关注与指导。课堂教学活动开展过程中，要求教师具有较强的课堂整体把控能力，可以结合学生的实际学习情况进行相应的课堂活动调整，应变能力良好。

二、情境化教学

基于深度学习理念，对学生设置情境化教学方式，引发同学们的思考，在具体的教学情境中，促进学生完成田径运动快速跑的课堂教学内容。

（一）教材分析

基于《国家体育锻炼标准》相应规定以及体育教学大纲，对学生设计相应的快速跑运动课堂。

此种运动方式对学生较为有利，能够培养学生机体无氧代谢能力、快速反应能力，并在这一过程中有效锻炼学生养成奋发向上、勇往直前的奋斗品格，教材的运用能够有效激发学生参与田径快速跑的兴趣，促进学生良好、健康的心理品格和生理品格。短跑运动中容易被忽视的动作之一为摆臂，但是在运动过程中非常重要，为此对学生进行正确的摆臂动作训练与指导，使得学生能够掌握正确的摆臂动作，通过有效的摆臂改进两腿动作，以此有效改善原有可能出现的抬不起腿的现象。快速跑训练是在长期训练过程中形成的具有一定指导意义的训练方式,对学生参与短跑训练具有重要意义。

为此在教学过程中深入挖掘短跑运动竞技教材内涵,使用多媒体技术辅助课堂教学,在课堂中为学生播放国际经典的优秀百米冲刺视频,向学生播放博尔特在北京奥运会100米夺冠的视频,带领学生回到短跑运动激烈的场景之中,提升学生参与课堂学习的兴趣。在课堂设置中,给学生创建多种形式的教学情境,引导学生进入短跑运动教学情境中,提升学生参与短跑运动的兴趣,为学生设置多种方式的短跑运动游戏,提升学生短跑能力。

(二)学情分析

学生经过一段时间的学习,已经具有了一定的自学能力和自学水平,在教师指导下具有一定的分析问题和解决问题的能力,学生合作与自控能力良好。同时此阶段的学生心血管系统、运动系统、呼吸系统已经逐渐完善,身体机能良好,具备参与快速跑运动的良好条件。学生肌肉增强,骨骼变粗,心脏容积、肺活量、最大吸氧量均有所增加,所以参与快速跑运动可以让身体机能变得更好。

(三)教学目标

1. 认知目标:使得学生明晰摆臂技术在快速跑中的作用,掌握短跑运动的常见技术,能够参与到短跑运动相关技术练习活动之中。

2. 技能目标:通过课堂学习使得超过80%学生掌握快速跑摆臂的技术动作,使得超过70%学生掌握高抬腿、后蹬跑的技术动作。

3. 情感目标:通过课堂活动设计,引导了同学们良好的团结协作、探究研究、勇往直前的奋斗精神。

(四)教学重难点

本次深度学习过程中,在田径快速跑中能够掌握快速跑中的相关技术动作,并将其运用于田径快速跑练习之中。

课堂教学中的难点在于促进学生养成正确的快速跑姿势。

三、学习方式

(一)教学设计

1. 田径快速跑之前的热身游戏采用小组自选方式,各小组可以自由选择不同的游戏进行热身，以此提升小组同学的参与意识与组织能力。

2. 在摆臂练习中采用两人或者三人练习方式，使得小组练习方式中能够及时发现组员存在的错误，并予以纠正，以此形成正确的动力定型。

3. 基于问题驱动策略，在距离跑中，可以让身体条件较佳的学生先跑，男生让女生先跑，以此增加比赛中的激烈程度，为活动设计悬念，使得部分学生能够感受到成功感。

4. 优化障碍接力设计，结合场地器材及相关规定，为学生设置障碍物顺序，在这一过程中培养学生组织能力、思考能力、团结协作能力。

5. 采用放、收、松、紧结合的课堂教学与组织方式。

（二）教学组织形式设计

田径快速跑健康行为素养培育中，优化组织设计，发挥学生的主体作用，给予学生自由的发挥时间、空间、练习形式，为学生提供帮教型、探索型、友伴型、讨论型、合作型等几种常见的小组分类方式，优化活动区域划分，包括后蹬跑区、高抬腿跑区、技术探索讨论区，学生可根据自己感兴趣的部分参与相应讨论活动。以此通过教学组织优化，促进不同群体学生信息之间的有效交流，促进教师和学生之间达成共识，以此增强教学效果。

（三）教学程序

在田径快速跑健康行为素养养成中，为学生设计自主、合作及探究几种不同的练习方式，教师引导学生自主参与到短跑运动项目中，引发学生对田径快速跑的有效认知，能够有效形成良好的短跑运动习惯，促进学生养成良好的运动素养。

为学生设计合作学习方式，引导学生进行自由分组，结合自身实际运动需求以及身体素质情况等，选择合适的小组成员完成分组，选举小组长，共同完成小组学习目标，在小组内督导与共同氛围带动之下完成教学任务，用合作小组的力量共同完整短跑运动训练目标。

构建探究学习方式，学生在运用教师所教授学习方法的同时，与自身实际短跑运动实践活动相结合，对教学方式与教学技能提出自己的观点与看法，以此带动课堂教学学习，提升学生对课堂学习活动的参与度。

四、结语

问题驱动教学法的运用能够有效培养学生参与课堂学习的意识与能力，并将其贯穿学生课堂学习活动的始终，运用中能够有效促进学生对田径运动快速跑知识的掌握，培养学生良好的运动素养，通过问题以及情境的创设为学生构建良好的学习环境，对促进学生短跑技能的掌握与运用具有重要意义。通过此次教学活动的开展与实施，能够有效培养学生良好的快速跑健康行为素养，具有良好的课堂教学意义。

案例五　高阶思维引发深度学习
——《篮球行进间运球》实录与赏析

【案例描述】

篮球行进间运球是实战比赛中最基本的技术；运球技术能够很好地锻炼学生的灵敏、协调素质；学生可以利用这一技术摆脱防守，进而获得自信与成就感。因此，行进间运球具有较强的可学性。该技术需要学生有一定的控球及上下肢协调配合能力，虽然此技术的基本方法并不复杂，但要做到准确、熟练、快速地运球，略有困难。

高阶思维是深度学习的核心，也是一种较高层次的认知能力。本节课在教师的引领下，通过高质量问题的驱动，改变学生固有的学习方式，调动学生的学习兴趣，激发学生主动学习，对学习内容深度加工，批判思考，经历挑战，体验成功，提高了学生发现问题和解决问题的能力，从而获得身心发展。

【实录与赏析】

教学流程

（一）开始部分

1. 课堂常规：整队、师生问好。

2. 宣布本课内容、目标及要求；安排见习生。

3. 热身活动。

（1）持球慢跑——篮球场三圈。

（2）球性练习。

a. 左右手指拨球。

b. 绕环练习——头部绕环，弓步单腿绕环、抬腿绕环及胯下8字拨球绕环。

c. 抛球练习——单手抛接、双手抛接、双手击掌抛接。

（通过球性练习加强学生对篮球的肢体感觉，提高了学习篮球的兴趣）

（3）原地运球练习

a．左、右手运球练习。

b．左、右手低运球练习。

（4）运球报数练习。

（通过复习原地运球，提高学生对运球手型、节奏的熟练度）

教师：教师示范、口令组织。

学生：模仿动作、集体练习。

（通过球性练习加强学生对篮球的肢体感觉，提高学习篮球的兴趣）

（4）运球报数练习。

（通过复习原地运球，提高学生对运球手型及节奏的熟练度）

教师：教师示范、口令组织。

学生：模仿动作、集体练习。

（二）基本部分

1．情景导入——观看行进间运球视频（图4-4）。

图4-4 CBA篮球比赛和教师示范动作

师：同学们，今天我们学习篮球行进间运球，在学习前请看两段视频：CBA篮球比赛运球和老师的示范运球动作，在看视频的同时请思考两个问题：1．如何触球，才能使球向前运动？ 2．如何能更稳定地控球向前？（在一体机上播放视频，并出示问题板书）

师：视频看完了，下面请同学们分组进行模仿练习，并讨论之前的两个问题（将学生分组，练习时教师巡回观察，个别指导，并参与学生对问题的讨论，引导学生思考）

师：同学们，相信通过练习和讨论，你们已经有了答案，第一个问题：如何触球，才能使球向前运动？

生：要运球的后方，把球往前运。

师：很好，实践出真理，看来大家已经体会到了，第二个问题：如何能更稳定地控球向前？

生1：不能太用力，球不能弹得太高。

生2：跑的时候球不能离身体太近，步伐和运球要配合好。

师：同学们很棒，自己总结出了运球技术的动作要领（在一体机上出示板书）：

"三前"：上体稍前倾、目视前方、球的落点在一侧前方；

"两后"：按拍球的后上方，后腿蹬地使球前进；

"一高"：球的反弹高度要在臀腰之间；

"一合"：手脚要协调配合。

师：下面一起读一下运球口诀：上体前倾膝微屈，五指分开肘为轴；用力按球侧后方，大步奔跑要跟上。

【这一环节，教师改变了教学方式，从灌输式教学——"先教后学"到启发式教学——"先学后教"，教师先不教，让学生通过观看视频，模仿正确动作开始自主学习，也改变了学生的学习方式，变接受学习为自主学习，让学生带着疑问进行深度学习。问题是触发学生思维的引擎，本节课教师通过精心设计的问题："1. 如何触球，才能使球向前运动？ 2. 如何能更稳定地控球向前？"，引导学生进行深度思考，培养学生发现问题和解决问题的能力，在合作练习和讨论的过程中，通过不同学生思维及技术的碰撞，引导学生研究本节课主题"行进间运球"。并在相互学习、探究过程中达成团结协作、集体相处的教学目标。问题化的体育教学是指将一系列精心设计的问题贯穿到教学过程中，引导学生参与各种学习活动和比赛，培养学生分析问题和解决问题的能力，以整体化问题带动学生合作探究水平的提升，引导不同层次的学生都能有粗浅的认识，都有合作交流的需求，提高学生交往、沟通和合作能力，提升高阶思维的发展，进而引发深度学习。】

巩固检测

（1）"走"的直线练习。

（2）"慢跑"的直线练习。

（3）"快速跑"的直线练习。

（4）"快速跑＋击掌"的直线练习。

（5）分层学练——学生自主选择——"走、慢跑、快速跑"练习，并进行时间打卡。

（在熟练运球要诀的基础上，组织并指导学生进行不同速度的"行进间运球练习"，充分鼓励学生练习，并及时纠错）

教师：组织、巡视、纠错。

学生：四列横队，听口令依次练习。

【设计分层练习，主要是满足不同学生的差异性需求，基础薄弱的能够选择"走"或者"慢跑"来继续提升球感，基础好的学生可以挑战"快速跑"，帮助其更好地完成和提高技术动作，这样的分层练习让不同的学生都能体验到学习的成功和喜悦，引发深度学习。】

2. 拓展延伸——游戏"运球捡宝"（图4-5）

图4-5 篮球运球捡宝示意图

师：同学们，通过本节课的学习，大家想不想把运球技术运用到实际中？

生：想。

师：那我们就利用本课所学技术，开展"运球捡宝"的竞赛游戏。我们分成八个小组，两两对抗，运用运球技术，在运球过程当中一组负责摆正标志盘，另一组负责翻倒标志盘，在规定时间内完成任务多的队伍获得胜利，一组游戏结束之后，小组讨论，重新安排战术，再战一局，同学们，有没有信心赢？

生：有。

【该教学环节将篮球运球技术运用在对抗比赛中，既是对前面教学技术动作的巩固，也是对这一技术动作的检验和评价，学生只有在带有竞技性的教学比赛中灵活运用所学技术，才能真正掌握此项技术，也是深度学习的领域之一。一组游戏之后，小组讨论，布局战术，这也提升了学生合作交流的能力，将深度学习贯穿到体育教学的各个环节。】

3. 素质强化。

（1）平衡支撑：以篮球为支点，直臂俯撑练习。

（2）跳接球：双脚夹球，向上跳起双手接球练习。

通过练习，发展力量、协调及灵敏等身体素质。

教师：示范、组织。

学生：体操队形，集体练习。

（三）结束部分

1. 持球拉伸，促使学生消除肌肉的疲劳，身心放松。

2. 学生总结，老师点评。

3. 师生再见，归还器材。

器材：篮球40个、标志盘40个、多媒体一体机。

场地：标准篮球场2块。

密度：60%，心率：140次／分。

板书设计

1. 标题：篮球行进间运球。

2. 探究：模仿练习，小组探究。

如何触球，才能使球往前运动？

如何能更稳定地向控球前？

3. 技术要领：触球位置——后上方（重点）。

运球节奏——上下肢协调配合（难点）。

口诀：上体前倾膝微屈，五指分开肘为轴；用力按球侧后方，大步奔跑要跟上。

游戏："运球捡宝"。

小结：你最大的收获是什么？

【结语】

深度学习是指在教师引领下，学生围绕具有挑战性的学习内容，积极参与、体验成功、获得发展的学习过程，也是学生感知觉、思维、情感、意志、价值观全面参与的活动。而高阶思维是深度学习的产物，发展高阶思维有助于实现和促进深度学习。深度学习注重批判学习与知识的整合构建，最终实现知识的迁移和运用，进而提高学习者的思维品质和学习效能。深度学习的发生是学生运用高阶思维解决问题的过程。

学、练、赛、评是体育教学的最佳模式，本节课从教师的教法、问题的设计到学生的学习方式都围绕着深度学习进行设计，从开始的让学生看视频模仿练习，变"灌输式教学"为"引导式教学"，变学生的"接受性学习"为"探究性学习"；问题的设计与引导，引发学生主动思考，积极讨论，发现问题，解决问题，用批判、质疑的眼光看待所学知识，从而进行深度学习；再通过分层练习，使每个学生都有体验成功的机会，从而提高学生的学习自信，变被动学习为主动学习；最后素质拓展游戏，让学生将所学技术动作运用到实际的对抗比赛中，实现对技术动作的迁移与应用，是深度学习的重要标志之一。

第四节 不同内容下体育健康课中健康行为素养培育方略

案例一 健康的生活方式从自律开始
——《生活方式与健康》实录与赏析

【案例描述】

本课通过对当下比较流行的吃播的片段的播放，以及暴饮暴食后对身体造成的伤害进行了强烈的对比，让学生更加深刻地了解什么是健康的生活方式。紧接着教师进入引领者的角色，引导学生一步步探究健康的生活方式，并对健康生活的四大基石进行分组研讨和交流。最后通过学生自己制作的作息安排表引出"知行合一"，提醒学生不但要知之更要行之。

【实录与赏析】

一、视频导入加深学生对健康的理解

视频开头播放的是一位游走在各大美食之中的吃播，极好的胃口和不断的咀嚼声的确勾起了学生心中的馋虫。然而随着视频的继续播放，吃播大量地进食，尤其是过量食用一些刺激性较强的食物时，学生的反应有了明显的变化。最后吃播的身体每况愈下，长期暴饮暴食后留下的病根一个个显现出来。这时学生们才恍然大悟，喜欢美食，并不代表暴饮暴食，凡事总要适可而止。

师：同学们，看完视频你们有什么感想？

生：老师，我也喜欢美食，有时候遇到特别喜爱的食物也会暴饮暴食，可刚才看到

吃播因为暴饮暴食而吃坏了身体，我就有些后怕，以后再也不敢暴饮暴食了。

师：很好，能改掉这个坏习惯是一件可喜可贺的事情，不过你也不要太担心，视频中的吃播是因为长期暴饮暴食才会身体在短时间内受到了损伤，你如果改掉坏习惯，我相信你的生活会越来越健康，身体也会越来越健康。其他同学还有不一样的想法吗？

生：老师，我的想法恰恰跟张同学相反，我从不会暴饮暴食，因为我在家里就是个挑食的小公主，爸爸妈妈、爷爷奶奶都非常宠着我，我只会吃一些我喜欢的东西，而且一次也吃不了多少。虽然我不知道我这么挑食会对身体造成什么影响，但是不难猜出肯定是一种不健康的饮食习惯，我想我在之后的生活中也要改掉这个坏毛病。

师：非常好，能意识到自己的错误，并及时做出改正的指令，是值得表扬的。老师也希望你能坚持下去。既然你意识到自己的饮食习惯是不健康的，那么你可以跟大家分享一下什么才是健康的饮食方式吗？

生：我原本对健康的饮食方式并不是太了解，但今天看了视频又预习了课文，所以我个人觉得健康的饮食方式肯定是符合科学的，大鱼大肉要吃，蔬菜水果要吃，大米饭也要吃。有营养的都要吃，但也不能多吃，而且要少食多餐，这样才是健康饮食。

师：说得非常好，同学们还有不同意见或者需要补充的吗？

生：老师，我觉得健康的饮食就得想吃什么就吃什么，要不然营养什么的是均衡了，可是人却憋得慌了，最后健不健康可就不好说了。要是我，我可能就不会太在意这些营养呀，搭配呀，还是根据自己的喜好来，不吃太多就好了。

师：嗯，我们终于听到不一样的答案了，同学们对于这个答案有没有自己的看法呢？

沉默片刻。

生：老师，孙同学的回答听起来很有道理，但我们预习课文都知道，健康的生活方式有四大基石，合理膳食只是其中一个，而另外有一个就是心理平衡，我觉得孙同学的答案就有些因为没有吃到自己喜欢的食物而心理不平衡了。

师：嗯，好的。看来同学们预习的都很认真。我们就来看课本第二页，有关心理平衡的知识里面讲到一句"能够正确地认识自我和同伴。"课本中讲得更多的还是人与人之间的沟通与交往，那么如果我们将每天的食物看作一种特殊的"同伴"的话，那么孙同学是否正确认识自我和同伴了？明知不可为而为之的行为是否可取？反过来，如果明知不可为而为之了，那么我们健康四大基石里面的规律生活还能持续地进行下去吗？

老师停顿了片刻，给了学生更多思考的时间。

【赏析：视频的前后内容形成了强烈的对比，享受美食和身形憔悴，给了学生视觉上强烈的冲击，也加深了他们的健康生活的理解和沉思，从而更好地反思自己，为学生的发言交流埋下了伏笔。课上老师巧妙地利用孙同学的回答引出健康生活的其他基石，更好地衔接到第二段的教学任务中。】

二、学生结合自己的生活经验谈谈健康的生活方式

师：同学们，带着老师的这些问题，我们四个小组的同学在小组长的带领下，根据自己的生活经验谈谈自己生活中有哪些健康的生活方式，又有哪些不健康的生活方式。

学生进入热烈的讨论中。

教师巡回观察，指导小组长如何调动组员的积极性，使大家能够畅所欲言。

师：好了，同学们。我们讨论的时间到此结束，那么请大家根据自身的实际情况，如实地谈一谈自己的生活方式，有哪些是健康的，又有哪些是不健康的。

老师等待了片刻，依旧没有学生回答。

师：这样吧，老师提议邀请四位小组长先来跟大家分享一下，接下来再由小组长推荐一名组员跟大家分享，你们看怎么样？如果可以的话，有没有哪位小组长愿意带个头。（教师说着特意拍了拍原本在课堂上就比较活跃的一位小组长。）

这位小组长貌似"心领神会"一般开始分享起了自己的生活方式。

生：如果可以给自己的生活方式打分的话，我想我会给自己打80分左右吧。首先我是一位积极开朗的人，也喜欢交朋友。饮食方面我没有挑食，也没有暴饮暴食，生活也相对较为规律，只是在运动上还有所欠缺，除了在校有固定的锻炼时间，假期在家里基本就没有什么运动，正因此我才会给自己打80分。

师：嗯，不错。你可以对自己有一个较为可观的认识，也是相对较有勇气的人。课后你可以找老师，老师可以协助你制订相关的假期锻炼计划。

生：谢谢老师！

师：下面还有谁愿意主动跟大家分享一下呢？

生：老师，我先来吧，正好我的问题跟前一个同学不一样。

师：可以，请继续。

生：既然刚才的同学用了打分的方法，那我也给自己打个分吧，我感觉自己只能打到65～70分的样子。我假期的运动量也比较少，加上我平时喜欢看书，所以假期经常会看到很晚才肯睡觉，更要命的是，看书晚了之后我还总是要麻烦妈妈给我做点好吃的才能睡得着。今天了解健康生活的四大基石后，我才发现原本不以为然的生活方式是多么不健康。

师：老师觉得看书是件好事情，坚持看书也是比较好的习惯，但是合理的作息时间会更好地促进我们阅读。晚上早点睡，早上可以早点起来看书，不是更好吗？

生：老师，下面我来讲吧。

师：好的。

生：我给自己打90分。我的作息时间比较有规律，假期也会有固定的锻炼时间，而且我觉得热爱运动的人都不难交到好朋友，唯一不确定的就是膳食是否合理，反正各种食物我都吃，也不挑嘴。

师：好的习惯还是要继续坚持下去，老师相信你的饮食是比较合理的，如果让老师打分，老师愿意给你打95分。

师：还有吗？

…………（后来的几个回答与前面的基本相同）

【赏析：教师在让学生评价自己生活方式时首先采用的是自主发言的方式，在发现学生心里还有一些小犹豫的情况下果断改变方式，采用要求和推荐的方式，并有意无意地拍了拍某位组长的肩膀，算是一种肢体动作上的打气。最终教师的目的达到了，就是让学生自己讲自己的生活方式，更直接地来剖析自己，并通过与其他学生进行交流，从而达到改变、进步的目的。】

三、分组讨论，每组围绕一大基石

师：同学们，既然大家都对健康的四大基石有了一些了解，那么接下来我们四个小组正好每个小组围绕一大基石进行深入讨论，辨别哪些生活方式是健康的，哪些生活方式是不健康的，我们就按照小组的顺序来，分别讨论合理膳食、适量运动、规律生活、心理平衡。

生：好。

（小组长带领本组的同学开始深入研讨，教师巡回观察，并给予一定的指导。）

师：好了，我们研讨的时间到了，那么每一组请推荐一位同学来说说你们研讨的结果好不好。这样啊，每组的代表可以是组长也可以是组员，给你们30秒时间确定一下人选。

学生准备中。

师：那么就按照顺序请第一组的代表说说你们对合理膳食的相关研讨结果。

生：我们组的讨论其实还分了两个小组，第一小组的任务就是罗列生活中的一些饮食方式，并进行初步的分类，把它们归纳到健康与不健康的生活方式中。第二小组的任务则是提前预习课本上的第一章节的第三小节《合理膳食　促进健康》，第二组大致预习后再对第一组的分类复查，对一些生活方式进行微调。其中我们原本认为食物都可以吃，只是不要多吃就行了，然而在预习了第三小节之后我们才发现，油炸食品、各种含糖饮料等食品是要少吃的。我们在谈论中注意到了两个不同的用词，一个是不能多吃，一个是要少吃，乍一看这两种说法很像，但仔细想一下，不可以多吃是在正常饮食量的基础上更多一些，而少吃则是在正常饮食量之下，所以合理的膳食同样要掌握好食用量的问题。比如健康的食品可以适当多吃一些，不健康的食品可以不吃或者少吃一些。

师：哇哦，非常棒！你们不但对用词的细节进行了斟酌，而且还知道提前预习后面的章节，真的非常棒。那能告诉大家哪些食品是不健康的需要少吃的，哪些食品是健康的适合食用的吗？

生：好的，宜吃的食物有：新鲜蔬菜和水果、鱼虾、牛肉、禽类、肝脏、蛋、奶、豆腐、豆浆、白开水、不添加糖的鲜果蔬汁。少吃的食物有：油炸食品、各种含糖饮料、糖果、蜜饯、巧克力、冰激凌、甜点、膨化食品、西式快餐、肥肉及黄油。

师：非常好，那么接下来就请第二组的代表来谈谈你们对适量运动的相关研讨结果。

生：我们组讨论的焦点主要集中在假期运动场地的问题上，另外就是每个人适合的运动量是不同的，我们在锻炼的过程中一定要量力而行，如果过量运动或许会对身体造成损伤。至于假期的运动场地相对来说比较少，有些小区里面可能还有篮球场和健身广场，但是学生太多了，有中学的，有小学的，能活动的地方还是比较少的。

师：的确是这样，而学校也正是考虑的这些情况，所以决定在假期的时间里开设免费的体育兴趣班，给大家提供场地和技术指导，可以解决一部分学生的问题。当然还有很多同学仍然会觉得没有足够的运动场地，其实不然，运动场地可以是固定的，也可以是不固定的，比如我们做跳绳的练习，可以在篮球场练习，也可以在小区的空地上练习。对不对？

生：我们还可以在客厅里练习。

（一位学生激动地说道）

师：在客厅练习是要看情况的，若家在是一楼我想没什么问题，如果不是那就要考虑到你练习跳绳的时候是否会影响到楼下邻居的正常生活呢？换成是你，你愿意楼上频繁传出跳绳击打地板的声音吗？其实说到这是不是感觉跟第四大基石心理平衡有一定的关联呢？所以想要锻炼方法很多，场地也不会少，就看自己怎么去发现和利用了。那既然我们说到了心理平衡，要不就让第四组的代表先来谈谈你们对心理平衡的相关研讨结果。

生：我们组根据课本中的内容又结合自己的生活经历，觉得要达到心理平衡就要做到不以物喜不以己悲，要善于交朋友，敢于交朋友。

师：这部分内容相对来说比较抽象一些，大家想一想，不以物喜不以己悲，需善于交朋友敢于交朋友的前提是什么呢？

生：正确地认识自己和同伴。

师：对了，要正确地认识自己和同伴就要建立在实事求是的基础上，这正好跟我们学校的"求是"文化相匹配。我们要在求是中求真，求真中求道，学习的大道。认清现实方能平衡心理，这里老师跟大家分享一下慧能禅师的一首佛偈：菩提本无树，明镜亦非台，本来无一物，何处惹尘埃。大家有兴趣的话可以课后去了解。好了，我们已经聊完三大基石了，最后也应该蠢蠢欲试的第三组代表跟我们分享规律生活的相关研讨结果。

生：老师刚才说心理平衡的内容比较抽象，我觉得我们规律生活的内容也比较抽象。从课本上看，规律生活就是在规定的时间里做规定的事情，然而我们在讨论的过程争议最大的就是严格按照计划来执行是不是显得太过刻板，反而对生活造成了一些不便。也就是规律的生活是否也该有机动性，要不然我们一旦超过了预计的时间就可能产生焦虑的情绪了。

师：你们的担心也不无道理，老师以为规律的生活是可以有你们所说的机动性的。只是这个机动性得有一个度的限制，做一个夸张的比方，原本设定的睡眠时间是晚上九点半到次日早上五点半，结果实际的睡眠时间是晚上十二点到次日早上五点半，这样的变化老师觉得就不再算是机动了，而是变动了。所以老师认为规律的生活是可以有适当的机动的，却不能有较大的变动，否则规律就变得不再规律，健康也就变得不再健康了。

【赏析：教师基本把课堂的舞台交给了学生，从分组研讨到各组派代表分享，整个过程教师都只是在穿针引线，更多的是学生的思考、讨论及表达，他们通过自己的方式和方法将本课的主要学习内容一点点地学会，慢慢地消化。】

四、学生结合自己的作息安排表，评价自己的生活方式

师：同学们，我们已经一起将健康生活的四大基石了解了一下，那么下面就请你们对照自己原本制定的作息安排表，看看你的生活方式有哪些是健康的，哪些是不健康的，并重新完善自己的作息安排表，同一组的同学可相互借鉴和帮助。

生：知道了。

师：等会儿每组推荐一份比较好的作息安排表，我们一起来学习交流一下。

学生分组忙碌起来，有人先埋头整理自己的作息安排表，有人跟组员相互讨论起来，

教师巡回观察，并帮助有需要的学生解决问题。

师：我想同学们都修改得差不多了吧，那我们就来看看每组优秀的作息安排表是什么样的，好不好。

生：好。

师：请各个组长将你们组优秀的作息安排表拿到讲台上来。

四个组长依次送上本组优秀的作息安排表。

老师将四份优秀的作息安排表投影到黑板让学生逐一观察。

师：同学们有没有发现什么问题？

生：四份优秀的作息安排表的内容大同小异。（片刻后一位学生说道）

师：非常好，这位同学发现这四份优秀的作息时间表的内容大同小异，那么有同学能举例说明他们四份作息安排表同在什么地方。

生：他们都对饮食、学习、运动及睡眠做了具体的时间安排，有起止时间，同时在饮食环节还强调了要多吃什么少吃什么。

师：很好，老师觉得我们所有人的作息安排表基本都有这几个环节对不对？

生：是的。

师：那你们谁知道老师为何要将这四份优秀的作息安排表给大家看呢？

生：是让我们学习。

师：除了学习呢？

生：将自己的作息安排表跟优秀的作息安排表进行比较，找出自己的差距。

师：除此之外呢？

学生陷入了沉寂。

师：老师让你们欣赏优秀的作息安排表自然是有让你们学习并巩固本课教学的内容，但同样还有一个非常重要的目的就是提醒大家，道理都懂，只有按道理做事的人才能是最后的赢家。

【赏析：本环节的主要目的一方面是要让学生加深对本课内容的印象，另一方面是为更好地引出下一个教学任务。】

五、如何完成健康生活的四大基石

师：同学们认识王守仁吗？

生：不认识。

师：王守仁，字伯安，号阳明，也有人称之为王阳明，他是明代杰出的思想家、教育家，他提出一个观点就是"知行合一"。说到这里同学们有没有猜到老师想对你们说的话？

生：我知道了，老师是想告诉我们，列出优秀的作息安排表只是知道要这么做，要这么做和真的这么做了是两个完全不同的概念，所以知道了该怎么做就应该去做。

师：说得非常好，老师担心的就是大家知道该怎么做，却在做的时候犯难了，大家明白没？明白的同学请举手给老师看一下呢。

学生陆续举手。

师：看来大家都知道，那么不能做到的请把手放下去。

有些学生愣了愣，笑着看向周围的同学，手同样一直举着。

师：很好，大家在认知层面上都能过关了，具体的情况如何，就让我们在十年之后有缘相见的时候一看究竟。

生：哈哈大笑。

师：那现在大家可以告诉老师健康生活的四大基石是什么吗？

生：合理膳食、适量运动、规律生活、心理平衡。

师：要达到这四点还需要什么？

生：还需要知行合一。

师：对了，我们不仅要知之，我们还要行之，最后还要根据实际情况进而改之。这就需要同学们提高自己的自律性，为健康的生活方式而努力。

【赏析：这一段在整节课中的篇幅不多，却成了点睛之笔。很多时候学生没有输在知之，而是输在了行之。就像一个新的知识一般，学会如果不去用它解决问题，时间一长便会慢慢遗忘，直至想不起来。】

五、结语

整节课教师都处于一个引导者的位置，他把课堂留给了学生，使学生真正成为课堂的主体。教师作为引领者带着学生一步步探究着健康的生活方式，学生的参与度很高，因此对本课学习的内容也同样印象深刻。

1. 视频的导入起到了暖场的作用，学生的思绪也随视频的画面而炸开

本课的教学内容对于学生来说兴趣度并不是很高，所以教师在课的开头部分利用前后对比较鲜明的视频让学生一下子进入到健康生活方式的研讨之中。教师借助视频的余热，抓住时机给了学生大胆发言和勇于表达的机会。正所谓万事开头难，如果课的开头教师无法将学生的积极性调动起来，那么之后的教学环节中，在与学生互动的相关环节中就会显得比较被动和乏力。

俗话说一年之计在于春，一日之计在于晨，那么一节课的规划便是从课的导入部分开始，如果与室外体育课相结合的话，室内课的导入部分就是准备活动部分，如果准备活动做得不充分，后面的练习不但起不到好的效果，还容易出现运动损伤。

在平时的课堂中，视频的导入对调动学生的积极性往往都能起到较好的效果，但是教师在视频选择和学生看完视频之后的引导就显得极为重要，如果选的不好或者看完让人心潮澎湃的视频后教师没有进行有效的引导就会让整节课出现高开低走的事态。

2. 分组探究讨论，增强学生团结协作的意识，培养学生的沟通能力

分组探究讨论一是为了更好地利用课堂时间，让每一组充分地探究某一个健康基石，再与其他组进行分享和交流。二是学生的团结协作地意识得到了充分的培养，尤其是第一组的学生，组长能够将小组再次分工分组，分别对于合理膳食进行了问题的罗列和新课的预习。

分组的过程中，组长的管理和组织能力也得到了一定的提升，怎么才能够调动所有组员的积极性显得极为重要，整堂课下来，四位组长的表现还是能看出一定差别的。第一组的再次分工分组探究研讨的方法明显就比另外三组更加合理，作为组长，哪怕这个主意不是他首先提出的，但是他采用了这种方法本身也是一种能力的体现。

分组探究讨论更好地解决了教师一个人讲的教学方法，每一次分组的组长可以轮流担任，一是可以让更多的学生体验当组长的感觉，二是也可以让更多的学生在当组长的过程中得到更多的锻炼。当然教师对组长也要进行适当的培训和帮助，以便他们更好地进入自己的角色，为本组的探究和讨论做好相应的工作。

3. 作息安排表的对比和修改加深了学生对所学内容的印象

作息安排表是教师开学时布置的一个课外作业，当时学生对本课的内容有了一定的预习，但对健康生活方式的理解肯定没有这堂课上下来这么深刻，因此课的结尾部分教师让学生对自己的作息安排表进行评价并加以修改。这一评价和修改的过程其实就是随堂作业，也是对本课知识的一个巩固过程。

当然，教师围绕作息安排表做的一系列安排更重要的还是引出最后"知行合一"的话题，俗话说道理大家都懂，只是做起来没那么顺畅罢了。健康的生活方式其实是需要一定的自律性的，这也是本课的一个难点问题。毕竟本课的主要目的不是让学生知道什么是健康的生活方式，而是要让学生拥有健康的生活方式。

在很多课堂上也是如此，知识的传授不仅仅是掌握，更重要的是运用和实践。

案例二　问题导向促进人际关系——《人际关系的原则与技巧》实录与赏析

【案例描述】

初中体育是一门培养学生良好身心素质以及生活、运动习惯的学科，也影响学生终身发展情况的重要学科。教学内容方面，教师一般将目光放在学生运动技能学习的实践课中，对于室内健康课程关注甚少；一般用培养学生的运动能力为主要目标，较容易忽视健康行为的培育。

深度学习是指在教师的指导下，以培育学生的核心素养为宗旨，围绕具有挑战性的学习主题，通过积极的探究实践，深刻地掌握学科核心知识，并运用该知识解决实际问题。

以初中体育水平四《人际关系的原则和技巧》健康课教学内容为例，通过问题导向、自我评价及他人评价等方法，引导学生认识良好人际关系的重要性，通过讨论，掌握人际交往的技巧，为创建良好的人际关系打下基础，增进了学生身心健康与积极适应外部环境的能力。

【实录与赏析】

一、《人际关系的原则和技巧》全课概览

1. 以"人际关系测试"结果导入本课学习内容。

2. 讲述故事《风中的羽毛》。

3. 引导学生人际交往应该掌握哪些原则。

4. 组织开展游戏并小组讨论游戏结果。

5. 教师根据学生的讨论总结。

6. 了解人际交往的技巧。

（1）重视第一印象；

（2）善用体态语言；

（3）赞美他人；

（4）善于交谈；

（5）不搬弄是非。

7. 对镜自照——损害人际关系的行为有没有。

8. 总结本课，布置课后作业写一段感言，并且张贴在醒目的地方。

二、实录与赏析

（一）展示问卷测评结果，创设问题情境。

师：老师在课前布置了一个小任务，完成问卷内容，现在请根据黑板上的具体题目分值计算出自己的得分。

生：90、88、80、76、65、58。

师：我看到了虽然同学们是同一份问卷，可是好多同学的分数都不一样。还关注到，相当一部分的同学他的分值算出来并不高。

生：分值所代表的意义是什么？

师：分数越低就代表受到人际关系问题困扰就越大。"为什么在座的同学中很多人会受到人际关系的困扰？如何才能有一个良好的人际关系呢？"

【赏析：通过导学案设计问卷调查环节，学生进行自我检测得分，科学完成自我定位。学情是教师课堂教学的出发点，设计这一环节可以准确掌握学生的学情，确定本课重难点，精准定位。最后提出问题，让学生带着问题走进本次活动的主题，有助于学生主动去思考，激发他们对课堂的兴趣和学习的积极性，唤醒学生学习的内心驱动力，为接下来让学生自主学习、团队合作、探索学习打下基础。】

（二）小组合作，了解人际交往的原则

师：讲故事《风中的羽毛》。提问：听了这个故事，同学们有什么感想呢？认为人际交往应该掌握哪些原则呢？接下来请以小组为单位展开讨论，讨论结束之后，成员积极发言，按照发言的次数累计张贴小红花。

生：在各组小组长的带领下，积极展开讨论。

师：指导学生讨论，同学们认为说过的伤人的话真的会"雁过无声"吗？在日常生活中怎么做才能够避免发生这样的事情？

生：讨论中有：恶语伤人六月寒、尊重他人的想法，不把自己的想法强加于他人身上。

师：讨论时间到，现在请各组的代表先后发言。

生：同学们应该在说话之前充分考虑自己要说的内容，不应该乱说话。

师：说得非常好，这其实就是学会三思，对自己的话语负责任。

生：不管是朋友还是亲人，依靠着亲近的关系，不照顾他人想法，这就是一种自私的行为。

师：也许有的同学会把最好的一面呈现给不熟悉的人，把最不好的一面呈现给自己最要好的朋友，这样不仅伤害了最亲近的人，也会让自己处于痛苦和愧疚的境地。

【赏析：通过学生小组合作讨论，教师创设了开放性的问题，引导学生从自身角度和从他人角度出发谈问题，讨论出多种答案，学生深入理解故事内容，体现出以学生为主体、以教师为主导的理念，深度挖掘学生相互学习、相互合作及以小组为单位踊跃发言体现出来的集体荣誉感。】

师：现在拿出一张纸，根据老师的提示，它有两只耳朵，四条腿，一条尾巴，两只眼睛，描绘出你心中的一种动物。

生：学生纷纷展现出自己画笔下的动物，有小狗、小猫、恐龙、水牛……

师：为什么同样的指令，但是你们画出来的各不相同呢？

生1：因为同学们理解的内容不一样。

生2：同样的一句话，每个人各有各的想法，但是同学们都没有错。

师：一个小小的游戏因理解不同，缺乏沟通会出现这么多的结果，那同学们在人际关系中，碰到这样的事，每个人的做法不一样就不奇怪了吧。何况每位同学的经历不同，对于事物的理解肯定也有着自己最独特的方式。同学们应该要怎么做比较好呢？

生1：互相尊重对方的想法，遇到意见不统一的地方，尝试着在他人的角度上多考虑考虑，人与人之间就会少了很多的矛盾。

生2：古人说："一片冰心在玉壶"，我认为要真诚地对待他人。

生3：对身边的人和事充满热情，做一位他人喜欢相处的人。但其实并不是都能像我一样对人热情。

师：这位同学说得真棒！但是能改变的只有自身，可从自身做起，慢慢地去影响身边的人呀。

生：在产生矛盾时，及时沟通很重要，避免他人误解自己的意思。

师：刚刚每位同学说的都说到老师心坎里去了，那老师就来为大家总结一下：人际交往要相互尊重、以诚待人、善于接纳、求同存异和及时沟通。

【赏析：运用学生爱做游戏的心理调动课堂参与的积极性、主动性。学生在发言中，感受和思考人际交往的原则。同时利用这样的游戏更加说服了学生学会转换角色，相互尊重的必要性。同时在游戏互动中，循序渐进地解决学生产生的疑虑，便于掌握学生的想法，对教师而言，起到了掌握学生的思想动态，做到心中有数，可以及时调整课堂内容，从而做到有针对性地进行教学。】

（三）了解人际交往的技巧

师：在了解人际交往的原则后，大家想不想知道如何更好地交到朋友？

生：老师同学们想知道有没有什么好的办法来帮助我变成交际达人呢？

师：同学们看老师 PPT，上面描绘了同一个场景，不同学生的表现。（高一开学的第一天，老师还没有到班级，班级的新同学见面，小明是位"网瘾少年"，一进门就拿出手机开始打游戏；小刚很"潮流"，烫着这个暑假社会男生最流行的发型，摇摇晃晃地从门口走进来；随后进班级的是小李，他面带笑容，着装整齐，遇到每一位新同学都说你好示意。）如果在座的同学也是这个班级中的一员，对谁的印象最好呢？

生：不约而同地说小李。

师：看来每一位同学都认为第一印象很重要，也充分代表同学们肯定也会尽可能地给他人留下好的印象，这其实就是心理学上的"首因效应"。

师：同学们刚刚提起总结出来的是第一个技巧，接下来老师给大家时间，以小组为单位自主学习马克·吐温、林肯的故事和体育实践课中一起争执事件，5分钟以后，同学们一起听一听每个小组的讨论成果。

生：其中一个小组成员谈道：在与同伴的交往中要善于表扬和赞美他人，肯定他人的优点。

师：引导学生，那同学们可以随意赞美他人吗？

生：明显陷入思考，过了一会儿喊住老师说："不能虚伪，以前某位同学夸我就显得很不用心，"小组成员哈哈大笑，但从其中我看到学生眼里都期盼被真诚的赞美。

师：大家来谈一谈都收获到了什么，也吸取了什么教训？

生：善于交谈。

生：真诚而又适度的赞美。

生：肢体语言要合理，恰到好处的肢体语言，能促使同伴之间的关系更和谐。

师：那接下来同学们角色扮演《美军营里的传令》，故事情节可能会因为同学们角色不同而有所变动，现在请以每个竖排为小组，第一位同学为排头，每组排头上前听老师讲一段话，听完以后去传达给下一位同学。

生：踊跃向前，自信满满地参与其中。到达最后一位同学，六组同学都不能完全地复述出教师的话，其中第二组偏差最大，引得全班哄堂大笑。

师：这个活动就是让同学们知道在日常生活中不当"传声筒"，不做搬弄是非的事。

【赏析：通过故事、角色扮演、游戏的方式，使学生在真实的情境中切实明白人际交往的基本技巧，特别是在听传言的过程中，有的大意不变，有的可能已经面目全非，因此作为听到传言的人，不可断章取义，要善于分辨是非黑白，避免发生不必要的误会。这样的学习方式，一方面拓宽了学生的思路，体会到培养了学生善于思考、积极探索的精神，另一方面让学生在情境中能够收获更多的喜悦。】

（四）对镜自照

师：请学生对照"这些影响同学关系的言行你有吗？"检查自身行为。

生：除了有时候控制不住自己说脏话，其他都很不错。

师：那这位同学能不能从今天起尝试着改掉这个缺点呢，毕竟同学们是文明城市未来的接班人，都要从做好自己开始，讲文明、树新风！

生：老师，有一个问题。这些言行在我身上都没有发生。可我还是没有很多朋友。

师：朋友的数量不在于多，而在于困难的时候能不能伸出援手，这就是所谓的"患难见真情"。

【赏析：学生自主对照检查评价，处理好人际关系，不但让学生知道该怎么做，也让学生明白了什么不应该做。进一步帮助学生规范行为。】

（五）总结

师：请每一组组长统计本节课老师张贴的小红花个数。

生：汇报个数。

师：老师发现今天这节课第三组的同学最积极，同学们把最热烈的掌声送给他们。

师：讲故事"盲人提灯笼"，告诉同学们要善于奉献。总结：交友之道当然远远不止这些，在具体的实践中，同学们还需要慢慢地去感悟和体会。我想只要同学们抱着真诚、理解和尊重的态度，对这个世界充满爱，同学们一定会有比较好的人际关系。

【赏析：总结升华主题，引导学生进一步的思考。统计出每一组小红花的个数，肯定小组合作中每一位同学的贡献，也潜移默化地让学生深刻意识到团队合作的重要意义，在一次次活动中真实地体会如何相互学习、如何平等交流、如何合作探索。】

【结语】

本节课以小组合作为主要方法，问题为主线，在深度学习视域下不断帮助学生健康行为素养的形成。

体育教师要明确教学中的问题，并熟练运用深度学习理念改造教学方法，进而培养学生的健康行为素养。首先同学们要做到的就是充分肯定自己的价值和能力，在课堂中教师仅作为引导者，合理地安排分组，发挥小组合作的有效作用，为小组合作的讨论和游戏中引导学生围绕课堂主题进行，避免一些学生讨论的话题不着边际；当看到绝大多数小组在讨论，而有的小组已经停下来的情况时，教师需及时化解"尴尬"，适当地进行提醒，让话题可以继续延续。深度学习要开发学生发散性的思维，让学生在交流、探索、评价的同时，掌握知识，适应环境，提升交往能力。

案例三　让深度学习在情境中发生
——《拒绝吸烟酗酒》实录与赏析

　　随着社会的发展，教育也在不断地发展着，越来越多的学校开始重视学生深度学习，就是为了真正能提高学生的核心素养。深度学习有利于培养学生对事物的探究性和思维性，而在深度学习中所创设的教学情境，能使学生更进一步地进行深度思考，从而让学生的思维得到进一步的开发，培养出具备核心素养的优秀人才。本文以拒绝吸烟酗酒为例，论述了深度学习在情境中发生对学生有什么好处。

　　在当下社会，深度学习已经成为一种硬核的学习方式。深度学习是指学生围绕具有挑战性的学习主题，全身心积极参与、体验成功、获得发展的有意义的学习过程。但是小学深度教学不能脱离孩子们对事物理解的客观规律，需创设合理的教学情境，引发学生进行深度思考。

一、实录与赏析

（一）提出主题：拒绝吸烟和酗酒

（二）问题设计：吸烟酗酒危害大

1. 片段一：播放拒绝吸烟酗酒课件。（禁止吸烟的标志）

2. 师：你们都知道这上面的标志是什么吗？是用来做什么的？

3. 生：知道。（学生们纷纷作答）

（三）问题驱动

师：我们今天来了解一下为什么要拒绝吸烟和酗酒？以及吸烟和酗酒到底有什么危害？身边是否有人遭受到吸烟酗酒的危害？他们的身体健康状况如何？（教师播放宣传禁烟、戒酒的公益广告课件）

（学生们纷纷说出身边的人因为吸烟酗酒导致身体出现的各种毛病）

（四）问题追问

师：我们都已经知道了吸烟酗酒危害太大，我们应该要怎么做呢？

生：我们应该要杜绝这种危害，自己要做到坚决不碰这些东西，并且也要让身边的人少碰或者尽量不碰！（学生们作答）

师：同学们说得很对，我们应该要杜绝吸烟和酗酒，因为对人的身体危害太大了。

【赏析：吸烟酗酒的事件在我们身边并不陌生，反而是很常见，而很多家庭都遭受到了吸烟和酗酒的危害。通过课件的展示和老师的讲解，让学生们认识到其危害，从而让自己能从根本上杜绝，坚决不碰烟酒。也让学生更深刻认识和理解吸烟酗酒带来的严重后果，主动去关爱自己和父母的身体健康，使学生明白应该如何正确对待吸烟和酗酒。】

二、创设情境化教学的作用

（一）创设问题情境，激发学生的探究欲

为什么要开展上文那种情境教学法？就是因为教师只有结合教材内容，有意识地去创造一些生动的学习环境，才能让学生积极主动地投入到学习中来，从而才能提高学生的学习意识，才能进一步提高学生深度学习的素养。在课堂教学的过程中，教师如果有意识地创设问题的情境，把问题隐藏在教学情境中，这样学生就能在有趣的情境中进行学习，从而就能激发出学生探索新问题的欲望。例如，在"拒绝吸烟和酗酒"一课时，教师要结合学生熟悉的东西创设出问题情境，才能引导学生去探索和研究，教师分别出示禁止吸烟和酗酒的图标询问，"同学们，你们看看这两个图标上是什么意思啊？你知道这个标志是做什么用的吗？"学生们的兴趣就会提升起来，从而积极地投入到探究新知识的过程当中了。因此，教师要精心设计出情境教学的问题情境，这样才能让学生在问题的召唤下，积极地运用大脑去思考问题，进而主动地参与到学习的过程中。

（二）创设生动化的故事情境，激发学生的学习兴趣

俗话说得好，兴趣是推动学习的动力源泉，创设生动的故事情境，能够有效地激发学生的学习兴趣。而创设故事的情境化很适合初中学生学习形式，让学生进入到教师所创设的故事环境中，从而在头脑中形成"为什么"，激发了学生的浓厚的求知欲望，从而让学生产生强烈的学习动机，实现了学生的自主学习，引导学生进入到课堂中进行观察、实验和思考。教师可以将所要讲解的课程内容设计成一则简短而又生动有趣的小故事，让学生们犹如身临其境，从而增加课堂教学的趣味性。例如，在教学"拒绝吸烟和酗酒"时，因为这一节内容比较枯燥乏味，难以引起学生的兴趣，教师可以将这设计成一则小故事：小明今年刚考上重点中学，因为学习成绩优异，父母总觉得孩子已长大了，会管理自己了，因此在小明刚上中学后便开始对小明松懈了。但小明的确也如父母所想的一样，在开学的几个月后表现特别优异，父母对此也更加放心了。然而，事情的转折点发在小明开学的第二学期，因为身边小伙伴每天都让小明跟他一起去网吧玩，在小伙伴的几次邀约之下，小明学会了上网，并沉迷于网络中，但是你以为这就结束了吗？并没有，小明的小伙伴开始带上他一起抽烟与酗酒，也就是从那时候开始他的成绩一落千丈，甚至身体也变得越来越不好。而在一次参加同学的生日聚会上，小明拿出了一副小大人的架势，举杯畅饮还外夹着一支烟，结果因为超量酗酒及吸烟，小明的生命永远停留在那一天。而他父母也在知道这件事情后，过度自责，一夜之间病倒了。教师在讲完故事后可以向学生进行提问："同学们，如果面对吸烟酗酒的亲人，你该怎么做？"学生们听到这里都在互相地议论交流着，积极性也被带动起来了，这时教师可以问学生："可以结合今天所学的拒绝吸烟、酗酒的知识，来说说你们的想法。"学生们便开始众说纷纭，主动投入到学习中，创造一种故事情境，能让学生更好地在课堂开始前就能处于一个良好的学习状态，从而为后面教师提出课堂问题奠定基础，有效地提升了学生学习的效率和课堂教学的效果。

（三）创设操作活动情境，让学生理解知识

吸烟和酗酒这两种东西对于学生来说还比较遥远，学生这个年龄段是接触不到这些东西的。因此，我们可以根据这个特性，在平时教学的过程中开展一些教学操作的活动情境，让学生了解到吸烟的危害之处，从而更好地理解所学的知识。例如，教师可以做一个实验，让学生明白吸烟和喝酒的危害。准备实验的材料，第一步要找到三个大小一样的瓶子，里面准备同样的清水，然后再准备一根香烟，第一个瓶子里不放烟丝，第二个放一些，第三个放很多。在这个过程中用筷子不断地进行搅拌，过了一会儿就会发生变

化,第一个瓶子无变化,第二个变成了淡黄色,而第三个竟然变成了土黄色。最后一步就是把小鱼分别放入三个瓶子中,第一个瓶子里面的小鱼安然无恙,第二个瓶子里的小鱼不断地乱撞,第三个瓶子里的小鱼尾部已经僵直了,还有一丁点的呼吸。通过这个操作活动情境,能够帮助学生进一步认识到吸烟的危害,也让学生积极主动地参与了教学过程,感受到了操作学习活动所带来的乐趣。而从以上的教学情境中,可以让教学课堂更接近现实生活,而学生在情境教学的课堂中还能增加对学习的兴趣,更能激发出学生的探索欲和好奇心,进而积极主动地去学习,让情境教学达到了优化课堂教学的目的。

三、建立新型自主合作探究学习方式

传统教学模式中的灌输模式已经不再适合当代教育的发展,学生作为学习的主体,教师应该尊重学生的主体地位,而自主合作探究的学习方式,是能够让学生由被动学习转变为主动学习的方式。自主合作探究是一种引导学生产生自主学习的求知欲望,并促使学生产生与他人合作探究,从而对知识进行建构的学习方式。自主合作探究的学习方式能够提高整体课堂的教学效率,并实现学生与学生之间、学生与课本之间、学生与教师之间的多向交流,让自主合作探究的学习方式发挥最大的作用。

(一)创设自主、合作、探究的学习方式

师生互动学习是一种合作探究的学习方式,这种方式改变传统课堂上以教师为主的教学理念,从而转变了教师的地位,在课堂上给学生提供了自主、合作的学习机会,目的是为了培养学生的合作与竞争意识。而在合作式教学过程中,教师要发挥自己的引导作用,让学生在课堂上能享受到平等的地位,从而才能更好地进行教学。例如,在拒绝吸烟酗酒的课堂中,教师要引导学生清楚地知道吸烟和酗酒所产生的危害,在课堂中结合情境教学进行引导,而不是一上来就跟学生说吸烟和酗酒有害身体健康,这样的方式学生根本就不能理解吸烟和酗酒的危害到底在哪里,而且这种灌输式的教学方式也不利于学生学习,只会让学生对学习产生逆反心理。所以要展开教学引导,教师应该在课堂上组织学生带着问题进行小组讨论,让学生在讨论的过程中能够共同解决问题,从而尝到成功的喜悦。而在这个过程中,学生之间也会学会合作与共享,这种教学方式能够举一反三,让学生在潜移默化当中有效地提高学习能力。

(二)培养学生自主学习的意识和合作精神

教师要牢记,教育的过程不仅是书本知识的传授,也是培养学生学习能力和与他人沟通协作能力的过程。因此,学生作为学习的主体,应在教师的引导下发挥出自己学习

主体的作用，在学习过程中要充分调动起学生自身的自觉性、主动性和独立创造性，从而让学生掌握学习技巧和与人合作的方式。也让传统的课堂氛围从封闭、沉闷枯燥和被动中解脱出来，从而转变为灵活、有趣、主动。并让这种方式一直不断地持续下去，从而让学生在潜移默化中养成主动学习、团结合作的好习惯，才可以让自主合作探究教学成为有效的学习方式。

（三）有效运用现代化教学手段吸引学生

现代社会的发展，使得教学的手段也在不断地增加，从而丰富教学的方式，让教学效果得到了有效的提升。把信息技术运用到课堂中，与传统课堂的教学手段相结合，从而使课堂教学变成生动而又活泼的教学课件，配合着信息技术的音频和视频，让教学内容更加直观和生动，以此吸引学生学习的求知欲和好奇心，增加学生学习的兴趣，让教学目标能够更好地完成。但是在应用信息技术进行教学时要注意激发学生学习的兴趣，提高学生的参与度。在多媒体教学的过程中，教师要降低教学的难度，因为学生对生活缺乏经验，从而不能够对外界的事物进行概括和判断，所以教师要依靠多媒体把教学难度降低，直观地将知识呈现出来，当然要具有强烈的刺激作用，才能让学生印象更加深刻。并且还要利用多媒体文字的闪现、颜色变换及图像的缩放移动，对教学内容进行更加优化的处理，才能达到良好的教学效果，进而使提高学生的学习效率。

四、结语

综上所述，良好的学习情境创设和自主合作探究的学习方式有利于学生的学习效果得到更好的提升，从而进一步强化学生深度学习的主体意识，让学生能够积极主动地投全身心地投入学习，从而让学生的思维能力和探究能力都能得到有效的提高，并在此种学习环境下体验到学习的快乐，从而让学生发展成具备核心素养的优秀人才，为国家的发展贡献出一份力。

案例四 主动探究引发内心体验
——《生长发育与青春期保健》实录与赏析

【案例描述】

青春期是人生发展的关键阶段，是从性不成熟的儿童时期，转变成性成熟的成年期的过渡时期，这是人一生中生长发育的关键期，青春期教育对青少年的成长有重要的指导作用。

在体育教学中让学生获得活动和体验是深度学习的核心特征之一，"活动"是以学生为主体的主动活动，"体验"是学生在主动活动中发生的内心体验。自主、合作、探究是新一轮课改所倡导的学习方式，引发了深度学习的一个重要策略，就是让学生亲身经历学习的过程，在这种体验中获得知识。

【教学设计】

一、指导思想

在初中阶段，学生的生理上发生着巨大的变化，他们正在步入人生的第二次生长发育高峰时期——青春期。在这个关键时期，积极主动地学好体育与健康课程，养成经常参加体育锻炼的好习惯，不仅对学生的身体形态、身体机能和运动能力的发展，以及性格的塑造等有着巨大的帮助，为终身健康奠定基础，还有利于将体育锻炼中学习和体验到的勇敢与顽强、竞争与合作、挑战和拼搏等优秀品质迁移到日常学习和生活中。

二、教材分析

生长发育与青春期保健在教材的内容设计上起着承上启下的重要作用，是本章教学内容中最重要的一节。这一节的教学内容，贴近学生的真实生活，只有了解这些内容，才有利于学生的健康成长。通过本课的学习，有助于学生了解自己的身体变化、心理变化，正视心中的烦恼，明确在青春期更需要集中精力学习。

三、学情分析

由于学习的对象是初二年级的学生，对于青春期的理解有许多误区，在教学设计过程中通过各种活动激发学生的求知欲，从而引导学生正确面对青春期的变化、困惑，健康地度过青春期。

四、教学目标

1. 了解青春期保健的相关理论知识，并且能通过小组合作掌握所学内容，完成当堂训练。

2. 明确生长发育与体育锻炼的关系，学会通过体育锻炼促进生长发育。

3. 培养学生团结合作、互帮互助的精神。

五、教法

1. 讲解示范：通过器械、图片让学生体验一些有利于生长发育的体育锻炼。

2. 学案反馈：根据教材要求，对于学生们进行相关知识的当堂测试。

六、学法

1. 小组合作：通过小组合作的方式，共同掌握青春期保健的相关知识。

2. 实践：通过亲身体验，体会体育锻炼对生长发育的促进作用。

七、教学过程

主题：生长发育与青春期保健

地点：田径场

授课对象：初中二年级1班学生

教学重点：使学生掌握青春期保健相关知识，了解有利于生长发育的体育锻炼。

导入部分：

通过游戏"猜拳挑战"激发学生学习积极性。

基本部分：

1. 在规定时间内，全班分成6组同时开始定向跑学习每个点上不同的青春期保健的相关知识，跑回终点后每人完成一份测试卷，全队人员最多的小组获胜。

提问：如何进行小组合作，在最短的时间内完成场上所有定点的知识的学习和记忆。

2. 公布小组成绩，总结青春期保健的关键方面。

3. 总结刚才小组合作时每组的表现及出现的问题。

4. 分组轮转体验有利于生长发育的相关体育锻炼：有利于形体发育的体育锻炼、有利于长高的体育锻炼、有利于心肺功能发育的体育锻炼。全班将分成6组，在6个点跟随音乐同时开始体验，并定时轮转。

5. 带领学生瑜伽拉伸放松

6. 教师总结体育锻炼对生长发育的促进的作用

【实录与赏析】

教学触及学生心灵，让学生"心动"。

师：同学们，大家看这个场地的布置，觉得今天是一节什么课？

生1：耐久跑……

生2：身体素质练习……

师：大家说得不错，但是这只是这节课达成的目标之一，这节课的内容是：生长发育与青春期保健。

生1：啊？理论课？

生2：理论课不是应该在教室里上吗？

师：对的，常规的理论课是在教室里上的，但今天老师带大家体验一节不一样的理论课，有没有兴趣？

生：有。

师：好，那我就解读下这节课的学习模式，首先我们分成6组，每组选一位组长，带领小组通过定向跑的方式去学习每个点上的知识，然后跑回终点，每人完成一份测试卷，答题全对人数最多的一组获胜。我们既要抢时间，又将保证学习的有效性，要牢记每个知识。现在给大家3分钟时间选出组长，并讨论：如何进行小组合作，在最短的时间之内完成场上所有定点的知识的学习和记忆？

生1：我们应该从最远的点开始……

生2：估计大多数组都会从最远处开始，我们从最近的点开始，避开他们……

生3：我们不定顺序，看场上哪个点人少就去哪个点……

师：好，讨论结束，各小组准备：预备，开始！

【这一环节的设计，首先让学生眼前一亮，充满了好奇，理论课可以在室外上，激发了学生的探索欲；小组合作定向跑学习知识对学生来说充满了挑战性，激发了学习的欲望和激情。苏霍姆林斯基说过："著名的德国数学家 F. 克莱因将中学生比作一门炮，十年中往里装知识，然后发射，发射后，炮膛里就空空荡荡，一无所有了。我观察被迫死记那种并不理解、不能在意识中引起鲜明概念、形象和联想的知识的孩子的脑力劳动，就想起了这愁人的戏言。用记忆替代思考，用背诵替代对现象本质的清晰理解和观察——是一大陋习，能使孩子变得迟钝，到头来会使他丧失学习的愿望。"一如往常的室内理论课对学生来说太常见了，第一反应就是教师的满堂灌，学生的被迫接受性学习，如果这一节健康教育教学内容采用室内灌输的方式，就不可能触及学生心灵，不能使学生"心动"，没有"心动"，学生的思想、情感就不会活跃，就不会触发深度学习。而这节课正好相反，充分调动了学生的求知欲，让学生在动中学，在学中动，主动探究从而引发内心体验。激发学生的内在学习动机，感受学习乐趣，体验成功的喜悦。】

参与体验，促进深化理解

师：同学们，大家对青春期保健的知识都掌握得很好，大多数都满分，那么大家想不想知道怎么来促进自己的生长发育呢？

生：想。

师：除饮食以外，运动是最好的方式，接下来我们就自己去体验和总结吧。

生：自己总结？我们不会啊！

师：很简单，我们分成3个小组，选出组长，每组到一个点，在音乐的伴奏下进行学习和参与运动，音乐停止后顺时针轮转。等三个点都体验完了，你们就知道如何促进生长发育了。

生：老师，这么神秘吗？

师：不是神秘，老师是希望同学们通过自身体验学到并理解知识。体验过程中组长要起好带头和督促作用，每点的内容都要不折不扣地完成。有没有信心？

生：有。

师：好，第一组到A点，第二组B点，第三组C点，准备开始。

A. 有助于长高的运动体验区

图46　有助于长高的运动体验区

左右手运球各20次。

两人面对面站立，用图片姿势投篮给队友，队友接到球之后继续重复此动作，每组10次。

B. 有助于身体形态的运动体验区

图47　有助于身体形态的运动体验区

按顺序做以上静力动作，各持续30秒，完成2组之后。

C. 提高心肺功能的运动体验区

图48 有助于心肺功能的运动体验区

开合跳击掌,跳50次,跳绳100次。

【这一环节,教师改变了教学方式,不是一味地传授知识,而是让学生亲身体验,进而自主学习获得知识,触发学生自主探究时的主动学习和深度理解。小组合作的模式又提高了学生参与的积极性,要让学生成为学习的主体,而不是被动地接受知识,就要有"活动",要亲身经历知识形成和发展的过程。学生通过亲身体验,可以更深刻地理解所学知识,把知识真正变成自己的,也就是我们所谓的变"要我学"为"我要学"。】

【结语】

深度学习拒绝一切表层学习、机械学习,其运行机制就是"活动与体验"。学生要通过主动探究,把所学知识变成自己的认识对象,学生主动探究的过程,也是其亲身体验知识内涵和意义的过程,从而获得内心体验。在学生主动探究过程当中,也会伴随和教师、同伴之间的交流、合作、竞争等活动。

深度学习强调促进每一个学生的"个性"发展,课程教学的设计要符合学生的心理和发展特点,关注学生的需要、兴趣、追求、体验、经验、感觉、困惑、疑难等。在本课的教学中,没有把它上成说教课,而是体现以人为本,以学生的发展为本。对于青春期保健这部分,采取让学生在活动中学,调动学生的兴趣,小组合作、当堂测试更能激发学生的竞争意识,增加课堂气氛。在生长发育内容上,更是设计了几块体验区,让学生亲自体验各种体育锻炼对生长发育的促进作用,改变说教的形式。这样的形式不仅能让学生获得知识,还能收获情感,真正地促进深度学习。

第五节　基于情境化创设健康行为素养的培育策略

一、教学情境化创设

教学情境是指在课堂教学中，根据教学的内容，为落实教学目标所设定的，适合学习主体并作用于学习主体，产生一定情感反应，可以使其主动积极建构性学习的具有学习背景、景象和学习活动条件的学习环境。

从广义上说，教学情境是指作用于学习主体，产生一定的情感反应的客观环境。从狭义上说，则是指在课堂教学环境中，作用于学生而引起积极学习情感反应的教学过程。它可以综合利用多种教学手段通过外显的教学活动形式，营造一种学习氛围，使学生形成良好的求知心理，参与对所学知识的探索、发现和认识过程。

教学情境可以贯穿于全课，也可以是课的开始、课的中间或课的结束。

在传统课程的教学中，课堂教学强调以教学大纲为纲，以教材为本，课堂教学过程中基本以教材安排的内容和顺序进行，学生以被动接受式学习为主，教师基本不需或很少创设与教材不同的教学情境，因而创设教学情境在传统课程的条件下还不是教师必须掌握的专业能力。

新课程的实施，课程功能和目标的调整，使传统教学模式面临着变革。基于问题情境，以问题研究为平台的建构性教学成为课堂教学主流，教师的"创设教学情境能力"也随之成为重要的教师专业能力。

二、理论依据

创设教学情境是课堂生活化的基本途径。创设教学情境是模拟生活，让课堂教学更接近现实生活，使学生如临其境，如见其人，如闻其声，加强感知，突出体验。

现代教学理论认为，构建"问题情境——建立模型——解释、应用、拓展"的基本教学模式，是课堂教学的主要形式。依据这个理论，创设情境大致有以下几种：

（一）创设悬念情境

针对学生的年龄特征与心理特点等，在新课引入之时，依据教学内容创设制造悬念来诱发学生的学习兴趣。

（二）创设信息情境

在课堂教学活动中，教师要提供一些开放性、生活性、现实性的信息，让学生根据教师所创设、提供的信息，提出、解决教学问题。

学生都可以进行创新意识和实践能力的训练，从而使每个学生真正感受到学习的乐趣。

（三）创设生活情境

生活是教学赖以生存和发展的源泉。因此，教学必须从抽象、枯燥的形式中解放出来，走向生活，使教学生活化。

（四）创设求异情境

求异思维是不依常规，寻求变异，对给出的材料、信息从不同角度向不同方向，用不同方式或途径去分析和解决问题的思维方式，是创造性思维的一种主要形式，教师要善于选择具体例题，创设问题情境，引导他们的求异意识。对于学生在思维过程中时不时出现的求异因素及时给予肯定和热情表扬，对学生欲寻异解而不能时，则要细心点拨，耐心引导，帮助学生获得成功，让他们在对于问题的多解的艰苦追求且获得成功中，享受创造性思维活动的乐趣。

三、情景化创设原则

（一）诱发性原则

在创设教学情境时，一定要保证新设情境能激起学生的认知冲突，激起学生的积极思考。

（二）真实性原则

在创设情境时，一定要尽量使情境真实或接近真实，在现实生活中能找到。学生在"眼见为实"的丰富、生动、形象的客观事物面前，通过对情境相关问题的探究，完成对主题的意义建构。

（三）接近性原则

在课堂教学中，教师创设的情境要符合苏联著名心理学家维果斯基的"最邻近发展区"理论。创设问题的深度要稍高于学习者原有的知识经验水平，具有一定的思维容量和思维强度，需要学生经过努力思考，"同化"和"顺应"才可以解决问题，也就是我们常说的摘果子时，须"跳一跳，才能够得着"。

（四）合作性原则

时代要求培养学生的集体观念、团队精神和合作的能力，让他们学会交流和分享获得的信息、创意及成果，并在欣赏自己的同时，学会欣赏别人。教师在创设情境时，要充分利用小组合作学习，让小组成员之间愉快地交流、协作，并且共同克服学习中出现的困难。

（五）冲突和谐统一

教师在创设教学情境时，不仅要考虑师生之间的交流与合作，让学生大胆提出问题，使课堂"乱"起来，让课堂"活"起来，还要考虑师生之间的思维碰撞，让师生相互启发、诱导，达到融为一体、和谐并存的境界。

（六）层次性原则

学生的学习活动是一个从简单到复杂、由易到难循序渐进的过程。因此，在教学中创设教学情境应尽可能依据学生的实际经验和认知，架设好学习的框架，有层次，有梯度，考虑好问题的衔接与过渡。

四、怎样创设教学情境

教学情境是课堂教学的基本要素，创设教学情境也是教师的一项常规教学工作，创设有价值的教学情境则是教学改革的重要追求。有价值的教学情境要体现以下几个特征：

（一）基于生活

强调情境创设的生活性，其实质是解决生活世界与科学世界的关系，新课程呼唤科学世界向生活世界的回归。为此，创设教学情境，第一，要注重联系学生的现实生活，在学生鲜活的日常生活环境中发现、挖掘学习情境的资源；第二，要挖掘和利用学生的经验。

（二）注重形象性

强调情境创设的形象性，其实质是解决形象思维与抽象思维、感性认识与理性认识的关系。为此，我们所创设的教学情境，首先，应该是感性的、可见的、摸得着的，它能有效地丰富学生的感性认识，并促进感性认识向理性认识的转化和升华；其次，应该是形象的、具体的，它能够有效地刺激和激发学生的想象和联想，使学生能够超越个人狭隘的经验范围和时间、空间的限制，既可以促使学生获得更多的知识、掌握更多的事物，又可以促使学生形象思维与抽象思维的互动发展。

（三）体现学科特点

情境创设要体现学科特色，紧扣教学内容，凸显学习重点，当然，教学情境应是能够体现学科知识发现的过程、应用的条件及学科知识在生活中的意义与价值的一个事物或场景。只有这样的情境才能有效地阐明学科知识在实际生活中的价值，帮助学生准确理解学科知识的内涵，激发他们学习的动力和热情，学科性是教学情境的本质属性。

（四）内含问题

有价值的教学情境一定是内含问题的情境，它能够有效地引发学生的思考。情境中的问题要具备目的性、适应性和新颖性。目的性指问题是根据一定的教学目标而提出来的，目标是设问的方向、依据，也是问题的价值所在；适应性指问题的难易程度要适合全班同学的实际水平，以保证使大多数学生在课堂上都处于思维状态；新颖性指问题的设计和表述具有新颖性、奇特性和生动性，以使问题有真正吸引学生的力量。这样的问题才会成为感知的思维的对象，从而在学生心里造成一种悬而未决但又必须解决的求知状态，实际上也就是使学生产生问题意识。

（五）融入情感

情感性是指教学情境具有激发学生学习动力的功效。第斯多惠说得好："我们认为，教学的艺术不在于传授本领，而在于激励、唤醒、鼓舞，而没有兴奋的情绪怎么能激励人，没有主动性怎么能唤醒沉睡的人，没有生气勃勃的精神怎么能鼓舞人呢？"赞科夫也强调指出："教学法一旦能触及学生的情绪和意志领域，触及学生的精神需要，这种教学法就能发挥高度有效的作用。"

五、情境创设的分类

（一）经验情境

教师提出的问题是基于学生已有的经验，学习也就相应地成为学生的主观需求，环境对学生来说也就不是格格不入的，反而能够唤起他们的学习动机，所以教师应该要会创设经验情境。经验情境的创设应该是基于学生所熟悉的、已有经验的情境创设。创设情境的目的是引入问题，激发学生的学习动机。若创设的情境远离学生的经验与知识，它就无法起到激发学生学习动机的作用，反而会起阻碍作用。心理学中有个名词叫作启动效应，如果学生对所创设的情境感到熟悉，他们的心理就容易得到启动，从而产生学习的内驱力，否则就会起到抑制作用。

如苏州市的某某老师在体育示范课中，把课的主题定为学生所熟悉的"少林功夫"，课的各个部分都围绕"少林寺"设置情境，旨在吸引学生的注意力，课前就布置好场地，设置一些障碍物（如假山、水沟、山洞等），既美观又有气魄，同学们一到场地就被深深吸引住了，兴奋不已，叽叽喳喳地议论不休，激发了学生的兴趣，充分地调动学生的积极性，引导学生主动参与活动。

（二）社会事件情境

通过引入具有时效性、典型的、学生知道的，不知道的客观存在的社会事件创设情境更利于学生理解知识。

如在教学体育健康课程时，可以引入中国杂交水稻之父——袁隆平爷爷的事迹，提醒学生要勤俭节约，珍惜粮食。也可以引入钟南山院士的事迹，勤加锻炼身体，鼓励学生多参加体育运动。

（三）艺术情境

艺术情境是指借助一定的艺术素材或者手段，如借助图画、音乐、视频所创设出的情境。

如在小学体育课堂上，学生需要通过反复练习和训练才能够掌握一些技术动作，而这个过程本身较为枯燥和乏味，小学生总是不能坚持很长时间。笔者为了有效缓解学生的情绪，帮助学生更好地自我放松，就引入了音乐进行情境创设，音乐的节奏和韵律不仅能够让学生放松下来，更能够振奋学生的斗志，让学生在放松后重新投入到训练中。当感到疲惫时，笔者会选择节奏舒缓的歌曲播放，轻松愉悦的氛围让学习状态变得更好。同时，这也极大地丰富了学生的学习方式，给学生提供了更好的学习机会。这是一种在教学中经常采用的情境教学方式。

（四）实验情境

基于实验创设的情境是为认知冲突及思维的发生服务的。

如教师在教"怎样组织中学生游戏"的理论课时，为了让学生正确地认识到中学游戏组织的重要性以及游戏的结构，教师说："平时大家在室外做了许多游戏，现在请你们做一个室内游戏'组句接力赛'。"听说做游戏学生很高兴，教师有意地没有讲规则就开始做游戏，结果课室内一片混乱，游戏结束后教师导向性地提出了三个问题，"一、游戏前老师讲清规则没有，结果如何？二、通过刚才进行的游戏说明了什么问题？三、游戏的结构包括哪几个部分？"问题的提出引起了学生强烈的反应思考。原来游戏的组织是何等重要，没有规则的游戏就会使课堂乱成一团，问题弄懂了，目的明确了，也就导入达到了理想的效果。

（五）历史情境

历史情境也叫学科发展史情境。在教学过程中，脱离了历史背景，我们就很有可能达不到我们想要的学习效果。

如在教学"400米接力跑"一课时，教师没有直接安排学生练习，而是借助多媒体技术向他们展示一些我们国家优秀的400米接力跑运动员的图片和一些接力跑的视频，学生们纷纷被这些运动员的图片和技巧所吸引。在观看过程中，教师引导学生思考课件中400米接力跑有哪些技巧。通过这样的教学，学生懂得接力跑是一种培养集体主义精神的运动项目，接力跑可分为竞赛性接力和游戏性接力两类。

（六）生成性情境

我们说课堂是一个动态的、开放的、真实的、生成的课堂。相对教学设计的预设性，我们的教学还有生成性。因此，随着课堂教学的进行生成的情境称为生成性情境。叶澜曾说过一句话来强调生成的重要性及价值："课堂应是向未知领域挺进的旅程，随时都有可能发现意外的通道和美丽的风景，而不是一切都必须遵循固定的路线而没有激情的形成。"如进行《小篮球教学》时，让学生沿篮球场跑与有目标地令学生沿篮球场的线跑；对学生学习兴趣的培养及学生核心素质的提高，有着较好的效果。如学生在跑动中解决教师提出的问题"篮球场对角跑能组成多少个三角形？有几对全等三角形？"等。

（七）问题情境

问题情境是最重要的一种情境。问题情境是最好的认知冲突及学生思维的承载方式。桑代克准备律告诉我们学习是要有条件的。学习过程当中学生要处于"饥饿状态"，要具有学习的动机。应该常用设置问题情境激疑，激发学生的认知冲突。

我们现在倡导的是启发式教学，这最初来自孔子的"不愤不启，不悱不发"。这句话告诉我们启发的前提是学生处于一种愤和悱的状态。

例如，在"跳远"教学中，体育教师经常面临如何指导学生掌握正确跳远姿势的难题，笔者在教学过程中就向学生们提出了问题"哪种姿势能够跳得最远呢？"，学生在问题的引导下主动去摸索和探究正确的跳远姿势，同时在教师的帮助下逐渐规范自己的跳远动作，最终掌握了正确的跳远姿势，这对学生思考能力与学习能力的发展起到了积极促进作用。

总之，情境创设的根本目的就是为了激发学生的认知冲突，使学生的思维深度参与到课堂教学中。所以，教师在日常教学中要学会依据不同的课堂教学内容创设合适的课堂情境。

第五章　深度学习下健康行为素养的教学评价

深度学习下的健康行为素养的教学评价是为了培育学生体育核心素养的评价。同时,深度学习下的健康行为素养的教学评价目标强调从"单一的体育健康知识"转向"健康行为素养",紧紧围绕学生的体育学科素养养成情况进行评价。所以,健康行为素养的教学评价对评价目标、评价原则、评价主体、评价方法、评价内容、评价过程等提出了更高的要求。根据培育学生健康行为的路径来说,确定评价原则、评价内容和评价方法,制定科学合理的评价标准,构建能够体现《普通高中体育与健康课程标准(2017年版2020年修订)》理念的评价体系,来达到新课标对学生体育核心素养培育的美好愿景。

第一节　健康行为素养评价体系构建原则

健康行为素养评价体系的构建是落实健康行为素养培育过程的一种反馈调控,也是对健康行为教学效果的客观考核的关键。为促进学生能够养成良好的体育锻炼习惯、调控好个人情绪和社会适应能力等,深度学习下的健康行为素养评价的构建应具有方向性、全面性、发展性、多元性、过程性等特征,是进一步提升学生健康行为素养自主发展的必然趋势。基于健康行为素养的评价强调学生发展、活动表现、学习过程与教学目标的统一性。要达到这种培育目标,构建健康行为素养的评价理念、评价内容、评价方法、评价手段等都应有更合理的完善,最后让学生形成体育学科的核心素养,获得体育方面的全面成长。

为了使体育健康行为素养培育真正的落地生根,健康行为素养评价体系的构建应该遵循以下几个构建原则:方向性原则、全面性原则、发展性原则、科学性原则、系统性原则、激励性原则及可操作性原则。

一、方向性原则

在健康行为评价体系构建中，课标的方向性引领应为重中之重。《普通高中体育与健康课程标准（2017年版2020年修订）》指出健康行为养成的重点是锻炼习惯、情绪调控和适应能力。随着体育核心素养的提出，评价功能指向"学生发展"，指向"学业过程"，指向"活动表现"，指向"能力应用"，指向"经验迁移"。在此，构建健康行为评价体系应充分地发挥出健康行为素养育人的方向性，最大限度发挥激励及促进健康行为发展的功能，通过评价让学生体育核心素养得到发展。构建评价体系还要以评价促进学生能力发展，以评价促进师生"教"与"学"方式的改变与转变，用评价促进健康行为教学朝着正确的方向前进，此为构建健康行为评价体系的宗旨。

二、全面性原则

健康行为素养评价学生对健康知识的认知水平，应该重点关注学生运用健康知识来提升自我的健康行为和锻炼习惯，以及对同伴、家人的健康行为产生积极的影响等。在健康行为素养评价构建过程中，需要做到思想缜密、考虑周全，同时强调多元化评价（评价内容、评价方法、评价主体、评价过程的多样性）、基础性评价（学生对现有健康知识的基础状态）、表现性评价（学生在健康知识学习中行为、状态、参与度表现）、获得性评价（在一阶段体育学习中，反映体育健康行为素养的情感、态度及策略等方面）、终结性评价（主要综合评定形成性评价、基础性评价和表现性评价）有机结合。同时要全方位、多角度地采集和利用学生健康行为素质培养及应用健康行为能力发展的各种评价信息，全面、真实地反映学生在健康行为学习的过程性收获即形成性评价，促进每一个学生在掌握自我健康经验的基础上不断地发展，奠定良好的体育核心素养。

三、发展性原则

新课标指出：落实"立德树人"根本任务和"健康第一"指导思想，促进了学生健康与全面发展。针对以往评价中看重"学习结果""甄别选拔""知识掌握"，健康行为评价体系的构建，更应该关注学生的参与度、学生的学习过程、学生学习能力的发展。新课标倡导评价要"重视区别对待，关注每一个学生的进步和发展"，强调基于被评价者的实际情况，要按照不同的培养目标，促进每一个学生在原有的基础上得到更大的发展。构建健康行为评价体系时，还需强调选择多元评价内容、提倡多种评价方法的有机结合，多样评价主体的互动性。中学生正处于发展阶段的黄金时期，发展性评价将会正确地引导和促进学生的健康行为素养的构建。最终希望学生运用所学的健康知识来促进自己的健康发展。

四、科学性原则

科学性原则是健康行为素养评价体系构建重要原则之一，在构建评价体系过程中将科学性原则具体落实，应注意以下三点：一是从培育学生健康行为素养的角度出发，依据健康行为板块的教学目标合理统一的构建评价标准和相对应的指标体系。二是根据健康行为领域的教学内容，它存在着很多难以量化的人文因素，为了认清评价对象本质特征，在评价方式、方法上应将定性评价与定量评价有机结合，对学生进行健康行为素养能力综合评价。三是构建评价体系时注意有关评价的权重，评价的比重、量具要进行反复科学性、合理性的核算和修订，同时注意从整体到局部，进行全方面权衡，科学界定，合理评判。最终使健康评价体系能够给培养学生体育健康行为能力起到助推作用。

五、系统性原则

在构建健康行为评价体系时，为确保评价体系的系统性，应按照三级指标体系构建，同时各项指标体系（一级指标、二级指标、三级指标）应相互支撑、相互关联，逻辑关系清晰。根据健康行为教学内容的特点，首先确定一级指标的三个维度，分别为：自我健康管理能力；适应环境能力；生存和生活能力。其次，明确一级指标之后，甄别、确认二级指标。自我健康管理能力细化为：锻炼与方法、健康与技能、管理与学习三个方面；适应环境能力有：情绪与价值观、交际与合作两个方面；生存和生活能力有：健康生命、生活方式、健康与生存三个方面。最后构建三级指标，量化评分细则，为二级指标进行客观评价。如此一来，各指标之间彼此联系又相互独立，形成一个有机统一体。按照系统性构建原则，指标体系层次感分明，各个指标之间相互支撑，形成一个系统、稳固、不可分割的评价体系。

六、激励性原则

体育健康行为的评价指标构建最重要的目标就是激励学生积极主动地学习健康知识，提高学生健康行为能力，培养学生体育核心素养。在评价构建过程中，体现出激励性原则，应着重关注过程性评价与终结性评价相结合、相对评价与绝对评价相结合、定性评价与定量评价相结合、自我评价与他人评价相结合，其目的在于多方位、立体化挖掘学生学习过程中的闪光点，从而激发学生学习的内驱力。在评价过程中也要注重学生的努力程度和进步幅度、健康知识掌握情况、健康知识与技能运用能力等，从而激发和强化学生的健康知识学习的兴趣，引导学生把学习的健康行为知识和日常生活有机地融合起来，从而突出体育健康行为领域的育人功能。

七、可操作性原则

评价的可操作性原则是指评价的指标和方法要简便、明晰，易于操作及推广。在实施评价之前，所有师生应对评价指标体系、评价要求、评价流程清晰明了，这样便于评价的高效开展。进行评价的过程中，评价的方式方法应更丰富一些、可操作性更强一些，通过调查问卷、理论知识测试、自评、互评（学生之间、小组之间）、他评（教师和家长）的有机结合，师生之间共同参与、确保评价扎实开展，而非敷衍了事。在进行自评、互评、他评时，要根据健康行为评价表，学生提供过程性材料，通过基础性评价、获得性评价，最终得到终结性评价，这样既可以确保评价的公平性和实用性，又可以真实地反映一个学生健康体育行为素养养成情况。

第二节　健康行为素养评价体系的构建方略

一、现行初中体育课堂评价体系现状及问题

纵观现阶段的初中体育课堂，课堂评价主要通过考核进行，多以身体素质和运动技能为主，理论知识为辅。教师在评价过程中只需要记录学生各项成绩的分值，然后进行简单的百分比核算，得到最终的结果。然而初中阶段学生身体发育不平衡、存在差异性，所以终结性评价大于过程性评价带来的评价结果必然出现偏差。同时，在评价的过程中侧重运动技能、侧重外在显现的评价，忽略学生在学习过程中出现的问题。在课堂中无法较好地培养学生的学科核心素养，同时固定的技能分值让课堂成为少部分人的课堂，一部分达到标准的学生因为失去积极性，对于课堂的参与度会越来越少；一部分达不到标准的学生，由于目标过高无法企及渐渐失去对体育课堂的兴趣。再者，评价项目中各个单项的模式化使得教师在课堂中掌握评价的主动性，使学生在评价过程中处于被动地

位，违背了以学生为主体的体育课堂教学模式。从以上总结得出现，行初中体育课堂对于健康行为素养的评价较为不重视，课堂教学中也缺乏体育健康行为素养的评价方式。

二、初中体育课堂健康行为评价体系的内涵价值

（一）引导反思，培养学生学科核心素养

健康行为评价体系的构建可以使得健康行为中涵盖的丰富内容形成量化指标，从而更加注重学生在学习过程中的过程性评价，评价体系的系统化又可以对学生学习过程进行及时性的反馈，更加侧重学生体育课堂学习中的关键环节。注重过程性评价的评价体系能够引导学生反思自我，并通过评价指标进行合理调整，在调整过程中不断解决自身存在的问题，解决问题的能力使学生获得体育课堂的核心素养，最终实现立德树人的教育目标。另外，健康行为素养让学生正确认识健康知识，并且通过已有知识解决与健康有关的问题，从而形成健康的生活方式。

（二）转变方向，指导教师制定课堂目标

教师在制定教学目标时，依据的是教学大纲和评价体系，方向和形式较为单一。健康行为评价体系下，教师会主动改变以往的备课方式，更多地考虑学生学情，转变教学过程中的侧重点，关注学生的个体差异性。从而使教学中更加关注学生健康行为的过程性评价。同时，教师对于教材内容不断深入探究，最后达到目标、内容和教学过程一致，更有效地进行体育课堂教学，一定程度之上提升自身教学能力。

（三）全面评估，调动更多学生的积极性

学生的积极性来源于在评价的过程中找到适合自己的学习方式，并在学习中获得成就感，获得身体和心理上的双重满足。健康行为评价体系打破原有的评价方式，使学生更多地参与到课堂中，并培养良好的锻炼习惯，形成终身体育意识。在短期的学习中能够得到及时性的评价，在长期的学习中，使学生更加注重纵向的比较，更多的是和自己之前已有基础进行比较，让学生直观地感受一个阶段的知识技能的获取和进步，极大地检验了体育课堂的学习效果。此外，健康行为的评价方式，需要同伴与家庭的评价，小组合作学习的评价方式使课堂教学全面和高效，培养了学生的人际交往和社会适应能力；家庭的评价使学生的学习更加有延续性，使所学可以运用到实际生活中，真正做到学以致用。

三、构建健康行为素养的课堂评价体系策略

（一）确定评价体系的主要内容和评价等级

体育健康行为素养所涉及的内容较多且复杂，在评价学生时，需要及时地进行记录和反馈。所以需要建立完整的评价体系。如表5-1所示，健康行为的评标体系由三部分组成，分别是基础性评价，占比20%；表现性评价，占比40%；获得性评价，占比40%。吴爱军将其概括为，三大维度八个领域。一级评价指标为锻炼方法和管理、情绪管理与表达和生活方式与能力；二级评价指标为锻炼与方法、健康与技能、管理与习惯、情绪与价值观、交际与合作、健康与生命、生活方式呈现、健康与生存。在评价的过程中确保每一个领域的内容都能够包含在内，并在评价形式上采用自评、同伴互评、家长评价和教师评价四部分组成。

表5 1　健康行为素养评价形式及比重

内容	基础性评价	表现性评价	获得性评价
比重 %	20	40	40

（二）制定学生发展评价表

为了更好地反映学生实际水平，体现体育课堂中学生的个体差异性，突出了学生在体育课堂中的主体地位，故制定学生个人发展评价表，具体评价方式如表5-2。由该表可知，在评价每一领域时，依据考核内容和完成情况进行评分，举例评价锻炼与方法领域如表5-3所示。该表充分评价了体育健康行为素养的八个领域，通过自评、同伴互评、家长评价和教师评价全方位多角度地展现学生的学习进程。同时一改学生个体参与的现状，使学生、家长和老师共同参与到体育锻炼中。教师在学期末进行考核时，学生发展评价表可以起到关键性参考作用，使得评价更有依据，更加有针对性。

表5 2　初中体育课堂健康行为评价

考评项目	考评内容	分值	自评	互评	家长评价	教师评价
锻炼与方法 12%	掌握锻炼方法,养成锻炼意识,拥有较好的健康习惯	12分				
锻炼与方法 12%	掌握锻炼方法,养成锻炼意识,拥有较好的健康习惯	12分				
健康与技能 12%	培养锻炼习惯与掌握健康技能	12分				

续表 5 2 初中体育课堂健康行为评价

考评项目	考评内容	分值	自评	互评	家长评价	教师评价
情绪与价值观 14%	良好的情绪与积极向上的价值观	14 分				
交际与合作 14%	与他人协作,有良好的交际能力、团队意识	14 分				
健康与生命 12%	主动关注健康、珍爱生命、热爱生活	12 分				
健康与生存 12%	良好的健康水平,生活与生存能力较为出众	12 分				
生活方式呈现 12%	良好的生活方式,且较为科学合理	12 分				
综合评价	以上八个维度的综合得分					

表 5 3 任一领域评分标准

等级	完成较好	基本完成	大概完成	完成困难
得分	12	10	6	2

(三)增加学生自评和互评比重

在评价的过程中,应着重体现学生的外在思维表现,也应和培养学生的学科核心素养目标相一致。所以,自评、同伴互评、家长评价和教师评价的比重应该分别为30%、30%、20%、20%。学生积极参与到评价体系中,成为评价的关键。合理的评价方式可以转变学生的学习方式,增加学习的内在驱动力,在评价过程当中不断改进自己的学习方式,从而使得结果超出预期,让学生的体育健康行为学习进入良性循环。

(四)采用信息技术评价手段

随着科技的发展,智能穿戴设备和运动 app 应运而生,而它们正好可以作为体育课堂评价的补充,利用到课后评价中。如布置课后作业时可以利用运动 app 进行打卡,教师进行后台数据统计并及时反馈给学生和家长,充分培养学生的运动习惯和锻炼意识。学生也可通过运动手环和运动 app 相结合的方式,给自己和家人制订锻炼计划,促进身心健康,关注自身健康的同时,也能更加热爱生活。

四、健康行为评价体系的实施建议

(一)优化评价方式,使学生进行更有效的学习

健康行为评价体系用量表的形式对学生的体育健康行为的学习进行量化评价,应更

关注学生的过程性评价。学生在学习的整个过程中都可以进行及时的反馈与评价，所以学生可以根据评价量表对自己学习过程中出现的问题及时改进，也更好地约束学习过程中可能会出现的心理懈怠，更有效地培养体育健康行为素养。同时评价过程应简单、合理、有层次，这样学习过程就会变得更具体更具有针对性。注重过程性评价的同时也应该将过程性评价与终结性评价相结合，只有通过努力达到的最终成果才能够使学生的学习更有积极性，避免单一评价中出现的弊端。

（二）关注学生的努力程度和进步水平

评价应关注学生的个体发展。每个学生在学习能力上有差异，理解知识的水平也有差异，因此每个学生的评价起点是不同的。在体育教学的每个模块中，量表设计更应关注学生的努力程度和进步程度，以达到公平公正的评价结果。

（三）采取有效的措施规避评价误差

多方评价的过程中也会出现数据偏差，评价中同伴与家长的评价难免会包含一些人情因素，因为碍于感情，在评价等级时会出现偏颇。因此，应让参与评价的每个人都必须明确学习的最终目的是培养学生的关键能力和必备品格，评价的客观公正是学习成效的前提。另外，评价量表内容应涵盖各个方面，评价等级应具体化，使参加评价的所有人可以对照具体内容进行有效的评价，从而避免误差。

（四）教师评价与学生评价相结合

学生评价包括自我评价和他人评价，再与教师评价相结合，评价主体就可以更加多元化。如果只是单一的评价方式必然使评价过于片面，不具有代表性。评价主体的多元使更多的人参与到个体学习中，使单方面的体育学习过程转变为具有培养学生各项能力的过程，同时在过程当中锻炼学生的人际交往和沟通能力。

（五）对评价量表进行定期检查

评价体系的可持续性实施离不开评价量表的定期检查跟进。单有体系，而不落实体系，那么必然带来事倍功半的效果。所以定期对每一位学生的评价量表进行检查是必不可少的一个环节。在检查时，教师可以了解一个阶段学生的学习情况和进步水平，并根据检查情况对后一阶段的教学进行调整，让之更具针对性，也更加符合学生的个性化发展。

五、结语

体育健康行为评价体系的构建是对以往评价体系的补充，对培养学生的核心素养起着至关重要的作用。完善的评价体系可以更多维展现体育学科内涵，使学生真正喜欢体育课堂，融入课堂，参与课堂，让学生真正在体育课堂中受益，充分体现学校体育的魅力与价值。

第三节　健康行为素养评价体系的实践操作

学生的健康行为素养主要来自生活经验积累所得与学习所得，表现在健康知识的习得、健康技能的学练以及健康习惯的培育几个方面。从狭义的角度来说，并不是学生参与体育锻炼就是健康的，需要对学生的体育与健康的知识、技能和习惯等进行合理、综合性的评价，才能判断学生健康与否。《体育健康行为素养评价体系》就是根据健康行为素养表现不同，采取基础性评价（占比36%）、表现性评价（占比28%）、获得性评价（占比36%）的方式，从三个维度（自我管理健康能力、适应环境的能力、生存和生活的能力），八个领域（锻炼与方法、健康与技能、管理与习惯、情绪与价值观、交际与合作、健康与生命、生活方式呈现、健康与生存）进行评价，为了教师开展日常教学工作中，对学生进行合理、综合评价的实践操作明确了具体方向。

一、关注个体纵向发展的跟踪评价

个体发展具有阶段性的特点，个体的身心发展在不同年龄阶段有不同的发展任务、发展重点和发展特征。在前后两个相邻的阶段中，在一定阶段内，发展主要表现出来的是数量上的变化，经过一段时间，由量变引发质变，发展水平则达到一个新的阶段。健康行为素养也是如此，个体随着知识的习得与生活经验的积累，不同阶段都会表现出相应的特点，客观的评价有助于个体更好地发展。并且个体作为完整而独立的存在，个体之间存在一定的差异，不能以"一刀切"的模式评价每一个个体。所以，在对个体健康行为素养进行评价时，应关注个体的纵向发展，以跟踪进行评价的方式，客观评价个体。

（一）前测

在《体育健康行为素养评价体系》中，基础性的评价主要是学生参与体育学习与生活之前，其体育健康行为素养的基本样态，其作为获得性评价比对中，对学生体育健康行为素养养成的终结性评价的参考。但各年段学生之间存在着巨大差异，在开展教育评价之前，应对受教育者进行调查分析，了解受教育者的基础水平，给教育教学工作指明方向，并未客观、合理评价受教育者形成对比。

（二）中测

通过前测，对照《体育健康行为素养评价体系》，一方面能够发挥教育评价的"诊断功能"，对受教育者基础性表现进行合理评价，另一方面可以指导教育教学工作的有效开展与实施。

在实施教学过程中，参照《体育健康行为素养评价体系》各领域评价指标，小到从课时环节目标的达成情况，大到学期目标完成情况，甚至于学年目标完成情况，分阶段对具受教者进行记录、对比、分析，充分地发挥教育评价的"育人功能"。

案例链接

以初中篮球教学单元"胸前传接球"教学内容为例：

教学目标	通过教学，了解篮球双手胸前传接球的动作要领，并能用语言进行描述,懂得篮球运动的基本为例规则。 通过练习,能够掌握篮球双手传接球的技术,能准确传出具有速度和距离的球,并利用该技术进行游戏和比赛,同时发展灵敏、协调、速度、力量等身体素质。 通过游戏与比赛,培养互相合作的意识,体验篮球运动带来的快乐与自信,以及遵守规则的适应能力。

课次	教学内容	运动技能目标	重点、难点	教学策略
1	双手胸前传接球	初步掌握双手胸前传接球时的基本手型,记忆传球时蹬地伸臂、翻腕拨指的动作;接球时主动伸臂迎球、接球后引缓冲护球的连贯动作。	重点:传接球的基本手型。 难点:接球时主动迎球,传球时上下肢协调用力。	两人一组,各种传接球练习。 双人球操,练习传接球手型。 一人向上向地面传接球,一人观察传球接动作。 两人一组根据能力由近到远传接球练习。 展示评价。

2	双手胸前传接球	进一步提高双手胸前传接球的技术动作,并能通过利用正确的技术提高传球的速度和准确性。	重点:体会蹬地发力对传球的作用。 难点:提高传球速度和准确性。	1. 两人一组,向上一传一接练习。 2. 两人一组,根据教师规定远距离传接球练习。 3. 两人一组,自定或规定局里听信号或计时传球比赛。 4. 四人一组,一球到两球传接球练习。 5. 展示评价。
3	双手胸前传接球	巩固双手胸前传接球技术动作,并能自如地运用到游戏和比赛中。	重点:上下肢的协调配合用力。 难点:提高传接球的准确性。	1. 两人一组由近到远双手胸前传接球练习。 2. 四人一组一球双手胸前传接球比赛。 3. 四人一组两球双手胸前传接球比赛。 4. 四人对角移动中双手胸前传接球练习。 5. 展示评价。
4	双手胸前传接球	通过考核,了解自己掌握双手胸前传接球技术的水皮,从而寻找自身不足及时调整学习方法。	重点:快速准确连续地传接球。 难点:上下肢的协调配合及对球的控制支配能力。	组织进行考核,安排其他学生进行复习,考完的学生进行半场教学比赛。

在该单元教学计划中,涵盖健康行为素养评价指标中:锻炼与方法、健康与技能、管理与习惯、情绪与价值观、交际与合作等领域的内容。对照学生前测的评价结果,通过每个课时教学活动的开展与实施,进行跟踪性观察记录、对比分析,学生健康行为素养能够得到发展与提升。

中测时间节点可以安排在课时教学活动、单元教学活动、学期教学活动甚至于学年教学活动之后进行,主要根据计划周期长短进行调整,频次的多少可以根据跟踪性评价的详略要求进行控制调节。以学年为单位进行跟踪性评价为例:学期教学活动后的评价,可以作为阶段中测的时间节点,各单元教学活动后的评价为个体提供个体发展提供过程性评价的依据,课时教学活动就作为具体表现进行记录。

(三)后测

在教育教学过程中,根据计划安排,以学期为单位、以学年教学为单位、以水平阶段为单位,对受教育者一阶段的学习活动进行总结性评价,发挥好教育评价"指挥棒"的作用,发挥评价的"诊断功能"与"激励功能",让受教育者看到阶段成果,同时充分利用评价的"育人"与"导向"功能,使受教育者发现自身的不足之处,并明确努力方向与目标。

案例链接

目前，很多学校都有学生的"成长记录手册"，每学期结束前，都让学生对自身进行阶段性小结、同伴寄语、老师寄语以及家长寄语，对一阶段学习做以总结回顾。针对学生健康行为素养的评价，撰写以"学习成长日记"为题小故事，围绕对生命与健康的新理解、新的生活方式、掌握的新技能及结识的新朋友等方面进行展开，在对照《体育健康行为素养评价指标体系》进行评价。

××学校学生健康行为素养学期"成长日记"

1. 撰写一个你参加校内外体育锻炼的小故事

星期一放学回家，我兴高采烈地找到爸爸，因为我下午在跳绳比赛中获得了第一名，168个，这是我从来没有获得过的成绩！爸爸也特别高兴，还问我是不是今天使用了什么"绝招"。其实，我的"绝招"就是老师教的——调整呼吸，一鼓作气坚持到底。晚饭后，写完作业，我和爸爸一起下楼又开始了每天的锻炼任务——跳绳。果不其然，奇迹再次出现了，我又跳了150多个，以前我都只能跳120个左右。爸爸说，看来这阶段的锻炼是起到作用了。之后，我还要坚持天天练习跳绳。

2. 通过体育锻炼，让你结识的新朋友

有一天放学回家，我忽然很想打羽毛球，就缠着妈妈打羽毛球，妈妈只好带着我来到小区空地上。刚好，空地上另一位小姐姐也和她妈妈一起在打羽毛球，我没互相看了看，谁也没有说话。我就和妈妈开始了比赛，没一会儿，妈妈已经累得气喘吁吁，说打不动了，要休息一下，可是我还没打过瘾呢。妈妈让我主动去问问那个小姐姐，能不能和她玩一会儿。起初我还有点不好意思，但是架不住自己带球的瘾上来了，也只好硬着头皮去问小姐姐，能不能一起玩。小姐姐很爽快地答应了，还告诉我，她已经学习羽毛球有一段时间。于是我决定和小姐姐一较高下，果不其然，小姐姐的市里很强，没一会儿，我就败下阵来。小姐姐很耐心地告诉我，我的动作错误的地方，还教我正确动作。以后，我们又打了一局，没想到最后我赢了！哈哈！我赢了！我喜欢打羽毛球，羽毛球不但给我带来了很多快乐，还让我结识到了新朋友。

3. 疫情期间，居家锻炼后你对生命的新认识

突如其来的新冠肺炎疫情把"健康、体育锻炼"再次拉回我们的视野，我们对体育锻炼、强身健体的需求更加旺盛，也对体育锻炼有了新的认识。"生命在于运动"绝对不是一句空话，运动是人生命存在的表征，更是生命活力的源泉。作为身体的主人，我

们都得磨炼身体、照顾身体，因此要进行必要的体育锻炼。据有关科学调查证实，定期参与体育锻炼确实有降低慢性病风险、对抗衰老、延长寿命、提高生存质量的重要作用。健康不再仅仅依赖于医疗手段，也可以通过体育运动实现提前干预，增强体质，强化个体免疫力。体育锻炼可以磨炼我们的意志、品质，完善我们的心智，增强我们的体质，陶冶我们的性情。虽然疫情限制了我们的活动范围，但我们依然可以运动起来，而且我们的种类还不同哦！

通过以上三则"成长日记"的撰写，对照学生《体育健康行为素养评价体系》进行评价，与前测、中测对照进行比较，对学生进行客观的发展性评价。

因为每位学生的基础性健康行为素养存在一定差异，在其学习与生活中，所呈现积极向上的态度与努力程度也有很大的不同，因此，采取关注个体发展的跟踪性评价是针对个体纵向发展较为客观和合理的评价方式。

二、注重个体全面发展的过程评价

《体育健康行为素养评价体系》是以学生个体体育健康行为素养培育的纵向评价为主，学生之间横向评价为辅，由于健康行为素养具有动态性、阶段性的重要特征，所以该评价体系并不是评定学生优与劣、好和坏的标准。

健康行为素养的三个维度：自我管理健康能力、适应环境的能力、生存和生活的能力，八大领域：锻炼与方法、健康与技能、管理与习惯、情绪与价值观、交际与合作、健康与生命、生活方式呈现、健康与生存之间并不是相互独立、割裂开的，它们之间是相互影响、相互联系的。所以，对受教育者进行评价时，不可以单一地从某一维度或某一领域对受教育者进行评价，应该客观地从三个维度、八大领域对教育者进行全面评价。

以"自我管理健康能力"为例，长期以来，传统教育模式多以"看管型""保姆型"为主，严重阻碍了学生自主能力的培养与提高，更阻碍了学生创新能力的培育。从教育的出发点与归宿来看，只有学生积极主动参与发展，教育活动才能有实效、有成效。

案例链接

以某寄宿制学校建立的"三级参与"的自我管理模式为例：制定以早操、课间操、课外体育活动以及体育与健康课为内容的管理方案，明确具体要求、工作分工、管理办法及奖惩等。

早操：班主任为第一责任人，负责各班级每日早操时偶发事件的处理，对本班级早操情况进行评分；各班由1名学生总负责，汇总各班级出勤、出操情况与纪律，并对本班级进行评分；各寝室由寝室长负责本寝室同学的出勤、出操纪律等，并对本寝室成员进行评分。

课间操：由校级领导与体育教师轮流值日，针对当天课间操进行评价，提出改进意见；由各年级任课教师轮流负责本年级每日课间操评价，并将问题与整改意见进行公告；由各班体育干部交换班级，根据各班课间操参与人数、动作规范程度以及课间操纪律进行打分评价。

课外体育活动：由教务处与体育组在开学前对全校课外体育活动进行统筹安排、分项，由体育教师对其他教师进行培训、指导；教导处负责巡视，检查课外体育活动开展情况；由各班体育干部负责领取器材，协助老师组织同学开展课外体育活动；由班内同学轮流担任值日组长，对本组同学参与活动情况进行评价。

体育与健康课：首先，由校长室牵头，明确本校体育学科育人目标，明确方向，校长室负责检查教导处对体育运动工作的开展、实施成效；然后，由分管主任明确目标，布置工作，检查教研组工作计划与实施进度，配合体育组开展学校体育活动；再由体育教研组长制订教学计划与活动计划，将计划告知学生，组织学生提前做好准备工作，督促组内教师更新教育观念、改革教学方法及丰富教学手段。

根据分工与管理办法，责任到人，每周公布，按月小结，量化考核。学期结束作为评选优秀班集体、优秀体育班干、自我管理能力优秀学生等的重要依据。并且建立起利于下情上传、上情下达的建议通道，设立班级信箱、体育咨询处和校长建议箱等通道，及时解决学生在实现自我管理过程中出现的困难与问题。

对照《体育健康行为素养评价体系》中"自我管理健康能力"领域的相关指标（见表5-4）进行评价并提出合理建议，来促进学生自我管理健康能力的提升。

表５４ 自我管理健康能力指标体系

评价形式	二级指标	三级指标（等级说明）			
		具体表现			
		展示优越（85～100）	呈现良好（70～85）	需要加油（60～70）	急需努力（60以下）
基础性评价	锻炼与方法	积极参与并掌握较全面的锻炼方法，拥有健康的饮食、作息、卫生习惯。	基本能参与并能掌握一定锻炼方法，健康的饮食、作息、卫生习惯较好。	偶尔参与锻炼，掌握方法较少，饮食、作息、卫生习惯尚佳。	从不参与锻炼，且锻炼方法缺失，饮食、作息、卫生习惯较差。
	健康与技能	具备良好的锻炼习惯与健康技能。	基本具备良好的锻炼习惯与健康技能。	尚能具备锻炼习惯与健康技能。	锻炼习惯与健康技能缺失。
	管理与习惯	能拥有较好的健康管理能力与习惯。	能拥有一定的健康管理能力与习惯。	健康管理能力与习惯一般。	健康管理能力与习惯缺失。
表现性评价	锻炼与方法	在一定的体育学习阶段，积极参加锻炼，勇于参与各种校内外的体育活动，积极探究与掌握科学的锻炼方法。	能参加一定的各种校内外的体育活动，但主动性还不够，锻炼方法有待提高。	在体育学习过程中，尚能参与锻炼，参与校内外的体育活动热情不高，科学锻炼方法表现不强。	对校内外体育活动处于被动参与状态，从不主动参与，被动获得锻炼方法。
	健康与技能	在体育学习中能有意识地培育自我的锻炼习惯与掌握健康技能。	能积极培养自我锻炼习惯与掌握技能，但不够全面与深入。	在培养自我锻炼习惯于掌握技能上有所侧重，但重视不够。	对培养自我锻炼习惯与掌握技能缺乏意识。
	管理与习惯	有目的、有计划地进行科学有效的健康管理，养成良好的习惯。	能较好有地目的进行健康管理，但还需要做得更好。	对健康管理能力欲望不强。	无健康管理能力的培养意识。
获得性评价	锻炼与方法	通过学习，养成了参与校内外体育锻炼的意识，储备与掌握了科学锻炼方法与策略。	通过学习基本能养成参与校内外体育锻炼的习惯，科学锻炼方法与策略有很大提高，但有很大提升空间。	对参与校内外的体育锻炼的意识与习惯养成不够，科学锻炼方法与策略在原有基础上稍有提高。	在原有基础上，学习后基本无提升幅度，科学锻炼方法与策略在原有基础上提高有限。
	健康与技能	通过学习，已经具备了优越的锻炼习惯与健康技能。	通过学习，基本能掌握一定锻炼习惯与健康技能。	通过学习，锻炼习惯与健康技能有所提高有限。	通过学习，锻炼习惯与健康技能无提高。
	管理与习惯	学习后，拥有科学合理的健康管理能力。	学习后，掌握一定的科学合理健康管理能力。	学习后，尚能提高健康管理能力，但幅度不大。	在原有基础上基本无提升幅度。

美国教育家杜威曾说："努力使自己继续不断地生存，这就是生活的本性，因为生活的延续只能通过持久的更新才能达到。"当前社会生存环境下，适者生存的生物发展

规律对人类的生存意识和生存能力提出了更高的要求。这一更高要求主要表现在以下两个方面：第一，人类除应具备求生意识外，还应具备居安思危的危机意识。第二，人类必须具备良好的体质、健康的心理、生活自理能力、自我保护能力、职业劳动能力和交往能力等一系列的生存能力才能够生存。各项体育运动中或多或少都有人类谋求生存的影子，如正确的坐、立、行走姿势；各种跑、跳、投掷技能；游泳和攀登等。通过体育运动，干预学生生存能力的培养与提升。

案例链接

某学校设计为期1学期的深入、系统的体育和健康教学，对照《国家体质健康测试标准》和《体育健康行为素养评价体系》，通过对身体素质、整体自尊以及社会适应三个方面的数据对比，客观地记录、分析、评价学生生存和生活能力的发展情况。

表5 5 体育干预学生生存能力数据对比

项目	内容	性别	学习前	学习后	评价
身体素质	50米跑	男			
		女			
	立定跳远	男			
		女			
整体自尊	自尊自信	男			
		女			
社会适应	意志品质	男			
		女			
	合作交往	男			
		女			
	团结互助	男			
		女			

身体素质项目测试内容，对照《国家体质健康测试标准》进行测试，并且记录成绩；整体自尊和社会适应项目进行学期初与学期末两次测评，按照学生自评占25%、同伴互评占25%、家长评价占25%及教师评价占25%的比例进行测算，再由学生、同伴、家长及教师从过程性、结论性两个方面对学生进行评价。

三、重视个体个性发展的多元评价

对于健康，人们传统的观点就是"没有疾病"。但是健康在21世纪，作为国际社会共同关注的一个主题，学校教育责无旁贷。从《体育健康行为素养评价体系》的三个维度、八大领域我们可以看出，健康行为素养所涵盖的内容非常全面，不仅仅是身体健康或技能掌握这些方面；学生作为受教育者，是学习过程的主体，在健康行为素养培育的过程中，受教育者与周围的同伴、与教师、与家长在不同程度上都存在合作、交流的过程，他们也见证着受教育者的健康行为素养的提升与发展；随着信息化的迅猛发展，教育评价的形式也发展的改变，一改此前教师"一言堂"的评价形式，《成长手册》《成长记录袋》等评价形式越来越多地被学校所采用。

对于学生体育健康行为素养的评价，也是从多元化的内容、主体及方式上，对学生进行客观、公正、准确的评价。

（一）评价内容的多元化

在《体育健康行为素养评价体系》中，以基础性评价、表现性评价及获得性评价的形式，从自我管理健康能力、适应环境能力和生存与生活能力三个维度，锻炼与方法、健康与技能、管理与习惯、情绪与价值观、交际与合作、健康与生命、生活方式呈现、健康与生存八个领域对受教育者进行多元化的评价。

案例链接

以某次展示活动中一节高一年级《足球—脚内侧踢球（射门）》课为例：整节课以一系列的问题贯穿始终，教师设计将运动技能学习以组合技、战术基础配合和比赛为主，利用20分钟左右的时间采取结构化的知识技能的掌握，提升学生对知识和技能的运用能力；再给予10分钟的体能练习，以上下肢、腹背肌为主循环练习。在本节课中，促进学生身体控制能力、健康维护水平、健全人格和道德品质的全面发展。

课前开始采取谈话的形式，了解学生对知识、技能的掌握情况：谁知道足球脚内侧踢球的动作方法？其动作要领是什么？可以采取哪些方法进行练习？在比赛中如何将该项技能发挥好？课中教师以小组合作学习、分组游戏竞赛的方式组织学生进行练习、比赛；课后教师采取学生自评、同伴互评及教师评价的方式进行评价。

1. 通过本节课学习，你获得了什么？

2. 对于知识、技能的掌握存在的不足之处？

3. 课后可以采取哪些形式进行练习？

4. 在本节课中的心情变化过程？

5. 本节课后的感悟？

这节课的教学对学生体育健康行为素养的三个维度、八大领域都有涉及，教师针对部分领域采取访谈方式，进行评价，部分领域通过观察表现进行评价，多元化地对学生进行评价。

（二）评价主体的多元化

为了避免在评价中个人主观臆断，对学生评价造成偏差，在评价主体方面《体育健康行为素养评价体系》采取学生自评、同伴互评、教师评价与家长评价的评价主体多元化的形式，确保评价的客观、科学。

（三）评价方式的多元化

《体育健康行为素养评价体系》中各领域指向的目标与要求有所不同，所占比例也有所不同。在实际操作过程中，要求遵循客观性原则、发展性原则、差异性原则及科学性原则等。在基础性评价中，多采取访谈或调查问卷的形式为主；表现性评价中，则采用跟踪观察与分析的方法；在获得性评价中，则采取比较法与思维法为主。在评价的方式上，除体育教学中常用到的考核的办法外，能够借鉴《成长档案》和《成长日记》的形式记录，更可以采取服务积分的方式。

案例链接

学生参与到学校体育节或运动会中时，不仅可以以运动员的身份展示自己的运动技能和水平，还可以以组织者、裁判员、联络员、后勤人员等身份参与到活动中，根据不同的身份所承担的任务不同，为体育节或运动会提供服务后获得积分的方式，对学生体育健康行为素养进行评价。

健康行为加分表

在本学段内，在学校体育节或运动会中，每参与一项体育单项竞赛，可获得5分；在竞赛中获得第一名，加3分；第二名，加2分；第三名，加1分。代表学校参加区、市级比赛的在校级比赛积分的基础上按1.5倍和2倍计算。

在体质健康测试中，体重指数在正常范围内的同学每次测试获得3分，瘦弱与肥胖的学生获得1分，其他同学不得分。

能按时参加学校体育活动、体育课、体育课外活动、体育课余训练和体育社团活动，不迟到，不早退，无请假记录的同学，每学期加5分。

在各项体育竞赛或测试中，能够做到坚持不懈、克服困难，敢于挑战，具有坚强意志品质的同学加3分。

在体育竞赛或测试中，具有良好体育道德品质，诚信守纪、遵守规则的同学加3分。

在体育竞赛或测试中，具有良好的精神面貌，积极向上，能调控自身情绪的同学加3分。

在团队体育竞赛或测试中，能服从安排，表现出团队精神和配合意识的同学加2分。

平时能积极主动关注健康、珍爱生命及热爱生活的同学加2分。

具有良好的生活方式，能够做到"低碳生活"，且能够科学、合理安排自己学习生活作息时间的同学加2分。

作为学校体育节或运动会组织者、裁判员、联络员及后勤等人员，为他人提供服务的同学加2分。

参与校外体育兴趣活动者，每参加一项加1分。

坚持每天进行体育锻炼，能按时完成体育家庭作业的同学加1分。

能在学校内宣传科学的健康知识的同学加1分。

能科学安排自己学习生活作息时间，并且按照执行者加1分。

能够带动父母，向周围亲戚、朋友宣传健康生活习惯的同学加1分。

以每次学生参与各级各项体育活动中的表现，给予奖励性加分，采用定量和定性相结合的方式，对学生进行评价。

日常教学中，教育评价往往被置于教育过程的最后环节，更多的是利用其"评价功能"，然而教育评价还具备"诊断功能""导向功能""激励功能"和"育人功能"。我们可以利用评价发现教育教学过程中所存在的问题与不足，对教学活动进行方向性的指导与引领；督促师生在"实践—反思—再实践"的学习模式当中不断提升，进而对师生成长起到激励作用。

我们要充分利用教育评价"指挥棒"的作用，发挥其"诊断""导向""激励"和"育人"的功能，客观评价受教育者，促使受教育者全面发展的同时，也能够反馈与体育教师的日常教学工作，不断改进、完善。学生的健康行为素养在动态中生成，并且随着学习的不断深入，呈现螺旋上升的状态，教师作为教育教学评价中的关键点，对受教育者进行客观、科学的评价至关重要。

后 记

为全面深化课程改革,落实立德树人的根本任务,课堂的变革便成了教育改革的核心话题,需要教育教学研究者不断将课堂教学质量提升至新的高度,向着创新型的国家教育改革的样态不断迈进。历年来的教育改革最终实现的还是学校层面与课堂层面对教育教学理念的更新,以及改革的措施是否落实。当前教育教学改革的方向与重心,还是对学生健康全面发展开展行之有效的措施,使得对学生核心素养的培育"落地生根"。

健康行为素养是体育学科三大学科素养之一,其对学生的发展与价值不可言喻。从2019年9月开始,常州市吴爱军名师工作室全体成员积极探索体育教育教学的改革切入点,探寻课堂教学变革的路径与策略,通过前期的专家论证,以及后期的理论研究与教学实践,《深度学习视域下体育健康行为素养培育的实践探索》作为工作室开展的项目研究。在项目的研究中,发挥团队的实践能力、科研能力,积极提炼科研成果,在2020年12月启动了《深度学习视域下健康行为素养培育的体育课堂教学实践》一书的撰写工作,经过近一年努力,本书终于和大家见面了。这是常州市吴爱军名师工作室项目组的专家,以及工作室全体成员共同努力、智慧奉献的结果。

在本书的撰写过程中,特别感谢常州市教育科学研究院的专家给予鼎力的支持与帮助。无论是工作室项目前期的论证与立项,还是后期的实践与科研成果的提炼表达,对项目的深入高效开展建设提供了理论支撑与实践指导。在项目建设研究过程中,常州市教育科学研究院王俊博士、王渺一教授、刘成兵老师、张勇卫老师等多次莅临本工作室,自始至终关注了工作室项目的研究与推进工作,为深度学习视域下健康行为培育项目的理论框架和教学实践探索贡献了他们的智慧。尤其在书稿撰写期间,他们的建议以及提供的相关评价数据使得书稿内容更加丰富翔实,框架与思路更加清晰,使得本书稿的借鉴与学习价值更高,增强了项目研究的影响力与辐射力。

本书具体撰写分工如下:绪论由吴爱军撰写,第一章由吴斌、沈凯、马俊波撰写,第二章由吴爱军、黄健、罗延娟、李勇吉撰写,第三章由吴爱军、钱旭东、傅超、蒋虹、李吉、徐天强撰写,第四章由张小瑜、高雪艳、尹剑明、赵芸、王薛斌、沈勇撰写,第五章由吴爱军、林毓强、崔亚丽、张琪撰写，后记由吴爱军撰写，本书由黄健、钱旭东统稿。

本书稿的撰写中，参阅和引用了相关论著的材料与观点，吸收了学术界研究的新成果，在此表示衷心的感谢。

此外，本项目成果提炼写作团队成员水平有限，书中难免会存在问题与谬误。真诚期待读者朋友们批评指正。

是为记。